W0259900

Beiträge zur Wirtschaftsinformatik

Band 5: G. A. Kainz
Computergestützte Distribuierung von Informations- und Kommunikationssystemen
1993, ISBN 3-7908-0664-1

Band 6: D. Steinmann
Einsatzmöglichkeiten von Expertensystemen in integrierten Systemen der Produktionsplanung und -steuerung (PPS)
1993, ISBN 3-7908-0665-X

Band 7: J. Walther
Rechnergestützte Qualitätssicherung und CIM
1993, ISBN 3-7908-0684-6

Band 8: O. Petrovic
Workgroup Computing – Computergestützte Teamarbeit
1993, ISBN 3-7908-0705-2

Band 12: T. Myrach
Konzeption und Stand des Einsatzes von Data Dictionaries
1995, ISBN 3-7908-0822-9

Band 13: J. Schmalzl
Architekturmodelle zur Planung der Informationsverarbeitung von Kreditinstituten
1995, ISBN 3-7908-0840-7

Band 14: D. Schreiber
Objektorientierte Entwicklung betrieblicher Informationssysteme
1995, ISBN 3-7908-0846-6

Band 15: B. Reuter
Direkte und indirekte Wirkungen rechnerunterstützter Fertigungssysteme
1995, ISBN 3-7908-0850-4

Band 16: S. Hesse
Strategische Datenbanken
1996, ISBN 3-7908-0884-9

Band 17: M. Rundshagen
Computergestützte Konsistenzsicherung in der objektorientierten Systemanalyse
1996, ISBN 3-7908-0903-9

Band 18: H. Boden
Multidisziplinäre Optimierung und Cluster-Computing
1996, ISBN 3-7908-0935-7

Band 19: Z.-Y. Xu
Prinzipien des Entwurfs und der Realisierung eines Organisationsinformationssystems
1996, ISBN 3-7908-0936-5

Band 20: H. Schmidt
Objektorientierte Entwicklung wiederverwendbarer Bausteine für betriebliche Anwendungssysteme
1997, ISBN 3-7908-0976-4

Band 21: S. Kuhlins
Objektorientiertes Design für C++
1997, ISBN 3-7908-0983-7

Band 22: R. Rieg
Architektur und Datenmodell eines koordinationsorientierten Controlling-Informationssystems
1997, ISBN 3-7908-1010-X

Band 23: K. Baumann
Unterstützung der objektorientierten Systemanalyse durch Softwaremaße
1997, ISBN 3-7908-1018-5

Band 24: S. Marx
Datenmanagement in wissensbasierten Statistiksystemen
1997, ISBN 3-7908-1027-4

Frank Josef Brüggemann

Objektorientierte und verteilte Lösung von Optimierungsproblemen

Mit 52 Abbildungen
und 17 Tabellen

Physica-Verlag

Ein Unternehmen
des Springer-Verlags

Reihenherausgeber
Werner A. Müller
Peter Schuster

Autor
Dr. Frank Josef Brüggemann
Arndtstr. 19
D-44135 Dortmund

Die Deutsche Bibliothek – CIP-Einheitsaufnahme
Brüggemann, Frank Josef: Objektorientierte und verteilte Lösung von Optimierungsproblemen / Frank Josef Brüggemann. – Heidelberg: Physica-Verl., 1997
(Beiträge zur Wirtschaftsinformatik; Bd. 25)

ISBN 978-3-7908-1034-9 ISBN 978-3-642-51734-1 (eBook)

DOI 10.1007/978-3-642-51734-1

Dieses Werk ist urheberrechtlich geschützt. Die dadurch begründeten Rechte, insbesondere die der Übersetzung, des Nachdrucks, des Vortrags, der Entnahme von Abbildungen und Tabellen, der Funksendung, der Mikroverfilmung oder der Vervielfältigung auf anderen Wegen und der Speicherung in Datenverarbeitungsanlagen, bleiben, auch bei nur auszugsweiser Verwertung, vorbehalten. Eine Vervielfältigung dieses Werkes oder von Teilen dieses Werkes ist auch im Einzelfall nur in den Grenzen der gesetzlichen Bestimmungen des Urheberrechtsgesetzes der Bundesrepublik Deutschland vom 9. September 1965 in der jeweils geltenden Fassung zulässig. Sie ist grundsätzlich vergütungspflichtig. Zuwiderhandlungen unterliegen den Strafbestimmungen des Urheberrechtsgesetzes.

© Physica-Verlag Heidelberg 1997

Die Wiedergabe von Gebrauchsnamen, Handelsnamen, Warenbezeichnungen usw. in diesem Werk berechtigt auch ohne besondere Kennzeichnung nicht zu der Annahme, daß solche Namen im Sinne der Warenzeichen- und Markenschutz-Gesetzgebung als frei zu betrachten wären und daher von jedermann benutzt werden dürften.

Umschlaggestaltung: Erich Kirchner, Heidelberg

SPIN 10632710 88/2202-5 4 3 2 1 0 – Gedruckt auf säurefreiem Papier

Geleitwort

Für die wachsenden Ansprüche an die Modellierung, Simulation und Optimierung komplexer Aufgabenstellungen aus der betriebswirtschaftlichen Praxis, der Ingenieurtechnik und der Informatik bieten Workstation-Cluster eine wirtschaftliche Alternative zu traditionellen Groß- oder Superrechnern, um die benötigte Rechenleistung bereitzustellen. Jedoch sind die in diesen Anwendungsbereichen genutzten Softwarekomponenten i.d.R. nicht für den verteilten Einsatz in Rechnernetzen ausgelegt. Um die qualitativ hochwertigen und mit hohen Investitionen erworbenen Modellierungs- und Simulationswerkzeuge zusammen mit den verwendeten Optimierungsalgorithmen weiterhin nutzen zu können, bedarf es neuer Konzepte und Vorgehensweisen.

In der vorliegenden Arbeit wird dabei eine Lösung für die drei zentralen Anforderungen multidisziplinärer Optimierung entworfen. Diese liegen erstens in dem extrem hohen Bedarf an Rechenleistung für die Analysewerkzeuge und Optimierungsalgorithmen, die nur über verteilte Lösungsstrategien zur Verfügung gestellt werden können. Zweitens in dem Fehlen genormter Schnittstellen und Protokolle, um Analysetools und Verfahren verschiedener Hersteller auch mit eigenentwickelten Systemen kombinieren zu können, wo sich insbesondere ein offenes und erweiterbares Klassenkonzept zur Lösung anbietet und drittens dem sehr hohen Anspruch an die Benutzerschnittstelle zur Verwaltung und Steuerung der asynchronen und verteilten Bearbeitungsprozesse.

Dabei wird mit einem Klassenmodell verteilter Optimierung die Basis für ein erweiterbares graphisch interaktives System gelegt, das über eine visuelle Sprache (visuelle Optimierungsschemata) verfügt, mit der multidisziplinäre Optimierungsprobleme als grobgranular-verteilte Optimierungsprozesse auf einem Cluster gelöst werden können. Die offene Klassenstruktur für Algorithmen und Probleme zeichnet sich durch ihre einfache Erweiterbarkeit aus, mit der selbst die effiziente Integration von Finite-Elemente Systemen und Aufgaben der Strukturoptimierung gelingt.

Der Verfasser hat mit seiner Arbeit in eindrucksvoller Weise die Nutzung von Objektorientierung und visueller Sprachen zur Nutzung von Workstation-Clustern für die Optimierung multidisziplinärer Probleme konzeptionell erschlossen, mit der Implementierung dieses Konzeptes die Anwendbarkeit erfolgreich nachgewiesen und damit den Weg für weitere Forschungsarbeiten und Anwendungen aufgezeigt.

Siegen, im April 1997

Manfred Grauer

Danksagung

An dieser Stelle möchte ich mich bei allen bedanken, die mich bei der Anfertigung meiner Dissertation unterstützt haben. Sie ist unter dem Titel „Visuelle Optimierungsschemata zur objektorientierten und verteilten Lösung multidisziplinärer Optimierungsprobleme" am 19.12.1996 vom Fachbereich 12 - Elektrotechnik und Informatik - der Universität-Gesamthochschule Siegen angenommen worden (Referat Prof. Dr. Bernhard Freisleben, Korreferat Prof. Dr. Manfred Grauer). Sie entstand während meiner Tätigkeit als wissenschaftlicher Mitarbeiter der Fachgruppe Wirtschaftsinformatik und des Forschungszentrums für multidisziplinäre Analysen und Angewandte Strukturoptimierung (FOMAAS). Nur durch die engagierten Diskussionen und fachlichen Gespräche in diesen im besten Sinne multidisziplinär arbeitenden Gruppen konnte die vorliegende Arbeit gelingen.

Meinem langjährigen akademischen Lehrer, Herrn Prof. Dr. Manfred Grauer, danke ich herzlich für die vielen konstruktiven Anregungen und Denkanstöße, die die Arbeit in ihrer vorliegenden Form reifen ließen. Er ermöglichte mir mit seiner hohen Motivation und seiner weitgefächerten Interessenlage, die vielfältigen Fragestellungen der multidisziplinären Optimierung anzugehen. Herrn Prof. Dr. Bernhard Freisleben danke ich für die wertvollen Diskussionen und die fachlich fundierte Unterstützung in der letzten Phase der Promotion. Sein unmittelbares Interesse und seine Genauigkeit bei der Durchsicht der Arbeit trugen wesentlich zum Gelingen bei. Bei Herrn Prof. Dr. Wolfgang Merzenich bedanke ich mich für die Mitarbeit in der Promotionskommision.

Allen Kollegen der Fachgruppe Wirtschaftsinformatik und des FOMAAS, insbesondere Herrn Prof. Dr. Hans Eschenauer, Frau Dipl.-Kffr. Anke Schüll, Herrn Dipl.-Ing. Hans Jürgen Wahl, Herrn Dr. Dirk Schreiber, Herrn Dr. Harald Boden, Herrn Dipl.-Inform. Udo Merten und Herrn Dominik Ritter danke ich für die ständige Kooperationsbereitschaft und ihre freundliche Unterstützung. Mein ganz persönlicher Dank gilt Herrn Dipl.-Inform. Thomas Barth. Seine unermüdliche Hilfe bei der Erstellung einzelner Meßwerte und verschiedener Korrekturen der Arbeit ließen in kurzer Zeit eine enge Freundschaft entstehen.

Meinen Eltern gebührt ein ganz besonderer Dank, ihre Liebe und Unterstützung legten die Grundlage für mein Studium und schufen so die Voraussetzung für diese Arbeit. Zuletzt, aber um so herzlicher, danke ich meiner Frau Lioba für ihre liebevolle Hilfe zusammen mit der unerschütterlichen Geduld an langen einsamen Abenden.

Dortmund, im April 1997 Frank Josef Brüggemann

Inhaltsverzeichnis

Abbildungsverzeichnis

Tabellenverzeichnis

Kapitel 1

Einleitung und Zielsetzung

1.1 Einführung und Motivation

Gestiegener marktwirtschftlicher Druck durch eine globale Weltwirtschaft, komplexere Produkte und Produktionsprozesse, knapper werdende Ressourcen, Kostensteigerungen, erhöhte Qualitätsansprüche, um nur einige Faktoren direkt zu nennen, zwingen zu immer stärkeren Verbesserungen in den betroffenen Wirtschaftsbereichen und Wissenschaftszweigen. Zur Lösung dieser Aufgaben wurden in den letzten Jahren viele Simulationsprogramme, Modellierungssysteme und Optimierungspakete entwickelt. Als zentrale Aufgabenklassen lassen sich dabei der ingenieurtechnische Entwurf, die Produktionsplanung und -steuerung, die ökonomischen Planung sowie die allgemeine Entscheidungsunterstützung benennen.

Bei dem ingenieurtechnischen Entwurf [Hörn93], z. B. aus den Bereichen Strukturoptimierung und Strömungsmechanik handelt es sich typischerweise um Optimierungsprobleme mit hohem nichtlinearen Anteil, die auf Differentialgleichungen beruhen oder daraus abgeleitet werden. Die Produktionsplanung und -steuerung befaßt sich mit Problemen der Maschinenbelegung und Reihenfolgeplanung [Mül70], um u. a. Fertigungsprozesse unterschiedlicher Tiefe und Komplexitätsstufen in der kostenoptimale Art zu fertigen. Sie beruht entweder auf linearen Gleichungssystemen, teilweise auch mit ganzzahligen Nebenbedingungen oder kombinatorischen Optimierungsaufgaben. Die ökonomische Planung [Mill84] reicht von eher abstrakten volkswirtschaftlichen Modellen bis hin zu konkreten Planungsaufgaben für die Energieversorgung und basiert in der Regel auf linearen Gleichungssystemen, die oft aus weit über tausend Variablen bestehen. In der allgemeinen Entscheidungsunterstützung [Göpf86], auch als Decision Support Systeme bekannt, werden Fakten und Regeln aus einem Anwendungsbereich computerbasiert ausgewertet und für die Entscheidung durch einen Menschen vorbereitet. Dazu befinden sich Branch- und Bound-Verfahren im

Einsatz, mit denen der zulässige Lösungsbereich auf erfolgversprechende Teilmengen reduziert und dann systematisch durchsucht wird. Viele Graphen- und Netzwerkprobleme zählen zu diesem Bereich.

Allen Problemfeldern sind jedoch die folgenden Eigenschaften gemeinsam:

- Es existieren mehrere Algorithmen, die zur Suche nach der optimalen Lösung eingesetzt werden können und es läßt sich nicht im vorhinein bestimmen, welcher Algorithmus der geeignetste ist. Unter Umständen kann das Problem auch nur durch einen angepaßten Algorithmenmix gelöst werden [Bode95].
- Komplexe Aufgabenstellungen weisen vielfach eine zusammengesetzte Problemstruktur auf, die eine Dekomposition in Subsysteme erlaubt. Diese können einzeln gelöst und über Koordinierungstechniken wieder zur Lösung des Gesamtproblems zusammengefügt werden [Esch93].
- Die Verfeinerung der verwendeten Modelle, durch Einführung weiterer Gleichungen und Variablen bewirkt einen exponentiell wachsenden Bedarf an Rechenzeit zur Bestimmung der optimalen Lösung. Daher bietet es sich an, mit Dekompositionstechniken unabhängige Teilsystemen zu ermitteln, die verteilt auf mehreren Prozessoren optimiert werden.
- Die Lösung aller Problemen vollzieht sich unabhängig von der jeweiligen Aufgabenklasse in den Teilschritten:
  1. Problembeschreibung und Optimierungsmodellbildung,
  2. Auswahl und Parametrisierung von Algorithmen, sowie
  3. Steuerung der eigentlichen Optimierungsrechnung.

Zur Modellierung von Problemen in den einzelnen Fachgebieten sind in den letzten 20 Jahren zahlreiche Programmpakete entstanden. Dabei wurden spezielle Eingabe- und Modellierungssysteme entwickelt, mit denen der zu untersuchende Sachverhalt beschrieben wird, aber auch Programmbausteine, die in konventionellen Hochsprachen erstellt werden, finden Verwendung. Als Vertreter der erstgenannten Kategorie sind vor allem Finite-Elemente Programme bekannt geworden. Manuell oder automatisch werden daraus Module generiert und mit Algorithmen aus einer Bibliothek zu einem ausführbaren Programm zusammengestellt. Ebenso sind umfangreiche Bibliotheken entwickelt worden, die eine Vielzahl von Optimierungsalgorithmen mit unterschiedlichen Ausprägungen umfassen.

Der Zwang, immer realitätsnähere Modelle in den einzelnen Aufgabenklassen zu erstellen, führt dazu, mehrere Fachdisziplinen in die Modellierung mit einzubeziehen. Dieses Vorgehen, die Teilaspekte eines Problemfeldes aus unterschiedlichen Fachrichtungen gemeinsam abzubilden, wird als multidisziplinäre Optimierung [Cram94] bezeichnet. Sie hat drei wichtige Konsequenzen im Umgang mit den bisher verwendeten Optimierungssystemen und für die Entwicklung weiterer Werkzeuge:

- Multidisziplinäre Optimierungsaufgaben gehören mit zur Klasse des „wissenschaftlichen Höchstleistungsrechnens" (High Performance Scientific Computing - HPSC) für deren effektive Lösung sich verteilte Ansätzen anbieten [SOF92].
- Die Verwendung umfangreicher gewachsener Softwarepakete mit unterschiedlichen Programmieransätzen und Sprachen benötigt eine leistungs- und anpassungsfähige Schnittstelle, um die unabhängigen Bausteine gemeinsam nutzen zu können. Genau dafür stellen objektorientierte Methoden eine Vielzahl von Techniken bereit [Rumb91].
- Komplexe Modellierungswerkzeuge mit schwierigen fachlichen Anforderungen, die in einer verteilten Ausführungsumgebung ablaufen sollen, brauchen für ihre einfache Bedienbarkeit und Steuerung eine interaktive graphische Oberfläche [McIn92].

Demzufolge ist diese Arbeit der Aufgabe gewidmet, einen objektorientierten Ansatz zur verteilten Lösung multidisziplinärer Optimierungsprobleme auf Basis eines graphischen Systems mit einer interaktiven Oberfläche konzeptionell zur erarbeiten und in einen Prototypen umzusetzen. Das erfordert die Bearbeitung von zwei sich ergänzenden Schwerpunkten, nämlich die Entwicklung eines Klassenmodells zur verteilten Optimierung und einer visuellen Sprache zur Formulierung und Steuerung verteilter Optimierungsaufgaben. Da existierende Algorithmen zur numerischen Optimierung und Simulationsprogramme eine hohe Qualität und numerische Stabilität aufweisen, ist ihre Weiterverwendung unerläßlich. Sie sind aber weder für den Einsatz in verteilten Umgebungen, noch für die Kombination mit anderen multidisziplinären Aufgabenstellungen entwickelt worden. Außerdem ist die große Inhomogenität der verwendeten Sprachen und Konzepte dabei ein schwieriges Problem. Mit einer integrierenden Klassenbibliothek läßt sich jedoch erreichen, daß der existierende Code über Abstraktionen und Kapselungen auf unterschiedlichen verteilten Systemen eingesetzt werden kann, ohne seinen numerischen Kern verändern zu müssen. Die Steuerung der verteilten und damit inhärent komplexen Programme soll die graphische Oberflächen mit visueller Interaktion benutzerfreundlich ermöglichen. Dazu wird unter dem Begriff der visuellen Optimierungsschemata eine visuelle Sprache eingeführt und erläutert, die über spezielle Sprachkonstrukte für die Optimierung mit unterschiedlichen Modellierungswerkzeugen auf einem verteilten System verfügt.

1.2 Aufgabenstellung und Vorgehensweise

Die einführende Problemdarstellung und Anforderungsdefinition des vorherigen Abschnitts soll hier konkretisiert und zu einer detaillierten Aufgabenstellung erweitert werden. Ziel dieser Arbeit ist die Entwicklung einer graphisch interaktiven Softwareumgebung zur Steuerung der verteilten Lösung von Optimierungsaufgaben in einem Netzwerk aus heterogenen Rechnern. Die Formulierung einzelner Optimierungsaufgaben erfolgt mit problemspezifischen Editoren in der graphischen Oberfläche. Diese werden über Icons der neuentwickelten visuellen Sprache repräsentiert und dienen auch der Ablaufsteuerung während des Lösungsfindungsprozesses. Dazu wird der Ansatz der **visuellen Optimierungsschema** eingeführt, mit dem die Verteilung und Kommunikation von Optimierungsaufgaben beschrieben sowie der Lösungsweg skizziert wird. Der gesamte Lösungsprozeß erstreckt sich auf die Festlegung der Optimierungsschemata, die Problemmodellierung und -formulierung, die Auswahl und Zuordnung von Algorithmen zu Problemen und die Parametrisierung. Zur Ausführungszeit werden die Zuordnungen aus Optimierungsaufgaben und parametrisierten Algorithmen automatisch in grobkörnig parallele Prozesse eines virtuellen Parallelrechners abgebildet. Die Umgebung wird als **OpTiX-Workbench** bezeichnet und umfaßt einen Algorithmen-Pool, mehrere Problemformulierer und die visuelle Steuerung als Schnittstelle zum Anwender. In tieferen Schichten der Systemarchitektur (Abb. 1) ist über das Klassenkonzept der verteilten Optimierung und einen virtuellen Rechner die Anbindung an den Cluster realisiert.

Die OpTiX-Workbench soll in ihrem Kern über die gleiche Funktionalität wie die OpTiX-I [Grau89] und OpTiX-II [Bode94, Bode95] Softwareumgebungen verfügen, diese aber neukonzipiert als objektorientierte Klassenstruktur realisieren. Die Ablaufsteuerung mit visuellen Optimierungsschemata hat eine direkte interaktive

Manipulation des Optimierungsprozesses zu gestatten und stellt somit eine prinzipielle Neuerung dar. Die Vorgängerversionen entstanden in einem mehrjährigen Entwicklungsprozeß mit unterschiedlichen Beteiligten, der zu einer gewachsenen Softwarestruktur führte, die ein objektorientiertes Redesign erforderlich macht. Hinzu kommen unterschiedliche Schwerpunkte der beiden Versionen. In der ersten OpTiX-Version lag dieser auf einer leicht bedienbaren graphischen Oberfläche, der Gestaltung einer einfachen, mathematischen Problemformulierungssprache mit einem Interpreter und dem sequentiellen Einsatz mehrerer Optimierungsalgorithmen bei der Lösung eines Problems. Die Konzeption der zweiten Version beruht auf einem Compiler für die Optimierungsmodellbildung und mehreren parallelen Problemlösungen. Außerdem sollte der Einsatz unterschiedlicher Hardwaresysteme und paralleler Rechnerarchitekturen (Transputer) untersucht werden. Darüberhinaus wurde die Formulierung dekomponierter Probleme durch die Einführung von Sprachelementen zur Formulierung von Sub- zu einem Mastersystem angegangen. Zusätzlich ist eine Schnittstelle für das ingenieurtechnische Modellierungs- und Optimierungswerkzeug SAPOP (Structural Analysis Program and Optimization Procedure) [Esch93] geschaffen worden. Sie ermöglicht die Einbindung von Strukturoptimierungsaufgaben als weiterer Problemklasse. Diese Erweiterungen verursachen jedoch eine starke Erhöhung von Umfang und Komplexität der OpTiX-Sprache und des gesamten Softwaresystems, so daß eine Überarbeitung der Konzepte notwendig wurde. Insbesondere die Steuerung des Lösungsprozesses durch Strategieskripte in OpTiX-II kann den Anforderungen aus Sicht der Bernutzerfreundlichkeit nicht mehr genügen. Für die Einbindung weiterer Problemformulierer im Rahmen der multidisziplinären Optimierung müssen neue Konzepte erarbeitet werden.

Dies wird mit dem Entwurf des objektorientierten Klassenkonzepts verteilter Optimierung sowie einer klaren Trennung zwischen der Problemformulierung und der Steuerung der Lösungsfindung auf einem Cluster angestrebt. So kann bei gleicher Funktionalität der Sprachumfang von OpTiX bei der Integration weiterer Modellierungswerkzeuge reduziert werden. Zur Formulierung dekomponierter und paralleler Aufgaben finden visuelle Prinzipien Verwendung. Der OpTiX-III Editor wird sprachabhängig und syntaxorientiert aufgebaut. Das Klassenkonzept gestattet es, für weitere Problemformulierer jeweils einen spezifischen graphischen Editor zu definieren, über den sie integriert werden. Die OpTiX-Workbench koppelt so die Funktionalität herkömmlicher Optimierungssysteme mit der gesteigerten Rechenleistung verteilter

Systeme und der vereinfachten Bedienbarkeit graphisch interaktiver Editoren. Der Entscheidungsträger konfiguriert den Lösungsprozeß mit der visuellen Sprache in einem direkt manipulierbaren graphischen Editor, der über die einzelnen Optimierungsprozesse, ihre Datenkommunikation, die zeitliche Koordination und Interaktion mit Blackboards und Queues als Elemente des visuellen Alphabets verfügt. Das System bildet dann die einzelnen Optimierungsprobleme auf Prozesse des verfügbaren Clusters ab.

Die Analyse der OpTiX-I und -II Softwaresysteme ergab die folgenden Vorgaben für die Konzeption und Realisierung der OpTiX-Workbench, die allerdings die Modellierung eines benutzerfreundlichen Gesamtsystems stark erschweren:

1. Da existierende Softwarepakete zur Optimierung in das System eingebunden werden sollen, liegt ein Schwerpunkt im Bereich der Schnittstellendefinition. Hierzu wird ein flexibles Protokoll entwickelt, das es ermöglicht, Quellcode oder Bibliotheken in den Sprachen Fortran, C und C++ gemeinsam zu nutzen. Die Integration kommerzieller und frei verfügbarer Algorithmenpakete unter einem einheitlichen Ansatz erfordert die Definition eines allgemeinen objektorientierten Schnittstellenprotokolls für die Verfahrensbibliotheken.

2. Die Formulierung multidisziplinärer Optimierungsproblemen ist durch die jeweilige Fachdisziplin bestimmt und braucht darauf abgestimmte Werkzeuge. Dies erzwingt die Definition einer Klassenbasis für die Modellierung, die geeignet ist, sehr unterschiedliche Werkzeuge in einen Optimierungsprozeß zu integrieren. Sowohl offene als auch geschlossenen Modellierungswerkzeuge müssen eingebunden werden können. Dazu ist ein objektorientiertes Redesign der OpTiX-Sprache mit einem syntaxorientierten Editor zur Problemformulierung notwendig. Zusätzlich soll die Möglichkeit gegeben werden, weitere Modellierungssysteme einzubinden und die dort benutzten Problemformulierer in das graphische Oberflächensystem einzubinden. Darunter fällt die Integration von SAPOP als strukturmechanisches Modellierungssystem über eine weitere Subklasse.

3. Der Anwender muß bei der Auswahl von Algorithmen aus dem gemeinsamen Algorithmenpool, der Zuordnung zu einzelnen Problemen und der Belegung von Algorithmen mit den bestmöglichen Parameterwerten durch das System umfas-

send unterstützt werden. Hierzu ist die Bildung einer Wissensbank über Algorithmen und Parametereinstellungen nötig, die auch die individuelle Definition von Dialogboxen zur Parametrisierung für jeden verfügbaren Algorithmus umfaßt.

4. Die Verteilung der so gestellten Aufgaben soll auf einem Rechnernetz im Sinne grobkörnig paralleler Prozesse unter Nutzung einer Message-Passing Bibliothek erfolgen.

5. Die Kontrolle und Steuerung des verteilen Lösungsprozesses kann nur mittels einer graphisch visuellen Oberfläche benutzerfreundlich erfolgen.

Diese zentralen Punkte münden direkt in die Architektur der OpTiX-Workbench, wie sie in Abb. 1 als Schichtenmodell wiedergegeben ist. Die Workbench baut auf drei tragenden Säulen, den Algorithmen, den Modellierungswerkzeugen und den visuellen Optimierungsschemata auf, die wiederum über das Klassenkonzept verteilter Optimierung portabel auf verschiedenen Knoten eines virtuellen Rechners einsetzbar sind.

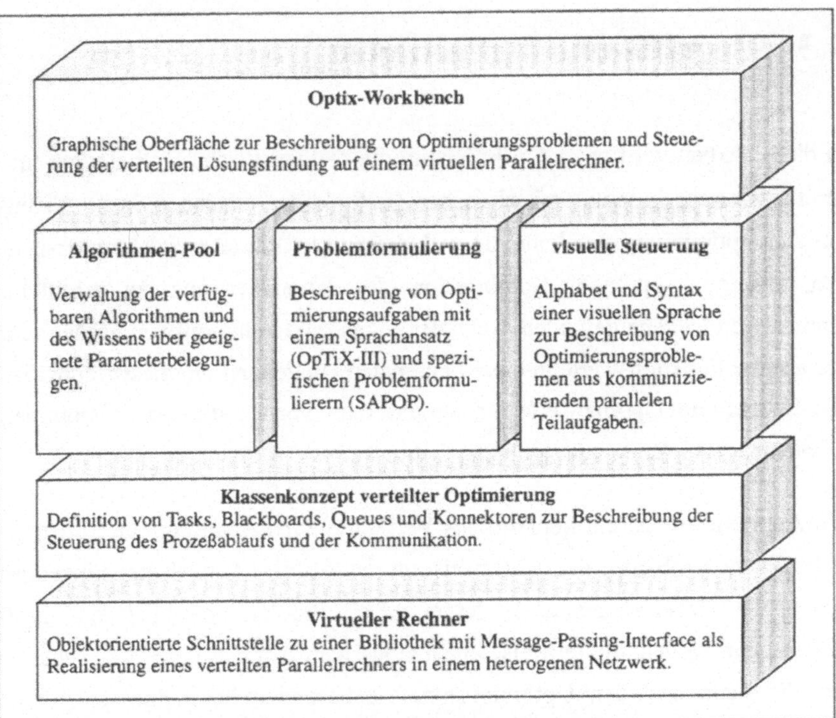

Abb. 1: Die Architektur der OpTiX-Workbench mit ihren zentralen Bausteinen

Der Rest dieses Kapitels dient der Definition zentraler Begriffe. In Kapitel 2 werden Grundlagen der objektorientierten Softwareentwicklung und Konzepte graphischer Editoren sowie visueller Sprachen dargelegt. Kapitel 3 dient der Einführung in die verteilte Optimierung. Dabei wird ein Überblick zur multidisziplinären Optimierung und verschiedener Optimierungsalgorithmen gegeben. Anschließend erfolgt eine Einführung in Prinzipien der Parallelverarbeitung und zu verfügbaren Werkzeugen. In Kapitel 4 wird dann das Konzept und die Architektur der OpTiX-Workbench vorgestellt. Eine kritische Analyse der bisherigen Entwicklungen dient dabei als Grundlage des Systementwurfs. Kapitel 5 ist der Präsentation des Prototypen und seines Einsatzes gewidmet. Es werden Anwendungsbeispiele vorgestellt, die prinzipielle Formen visueller Optimierungsschemata charakterisieren und die Arbeit mit dem Prototypen zeigen. Schließlich wird in Kapitel 6 die Entwicklung der OpTiX-Workbench zusammengefaßt und ein Ausblick auf offene Tätigkeitsbereiche gegeben.

1.3 Begriffe und Definitionen

In dieser Arbeit wird unter **Optimierung** die mathematische Optimierung im Sinne der Parameteroptimierung mit einfacher Zielfunktion verstanden, in der Eigenschaften von Optimierungsproblemen in wohldefinierten Wertebereichen untersucht werden, um eine optimale Kombination der Parameterwerte zu ermitteln. Ein Optimalwert ist dann gefunden, wenn der zugehörige Funktionswert größer oder kleiner als alle Funktionswerte in einer begrenzten Umgebung um diesen Punkt ist. Existieren mehrere Optimalwerte, so spricht man von multimodalen Optimierungsproblemen mit lokalen oder globalen Optima.

Ein **Algorithmus** ist ein numerisches Verfahren zur Ermittlung einer Lösung eines Optimierungsproblems, das schrittweise in der Abfolge festgelegter Einzeloperationen erfolgt. Dabei können in der Regel auf ein Problem verschiedene Algorithmen angewendet werden, die teilweise einen zulässigen Anfangsdatensatz benötigen, mit dem die Suche nach dem Optimum startet. Insbesondere bei multimodalen Optimierungsproblemen kann die Suche in einem lokalen Optimum enden.

Ein Algorithmus besitzt mehrere **Parameter** unterschiedlichen Datentyps, mit denen sein Verhalten von außen gesteuert wird. Die Einstellung einer günstigen Parameterbelegung zur Lösung des vorgegebenen Problems für den gewählten Algorithmus ist ein nicht triviales Problem, für das nur wenige Heuristiken und der Rückgriff auf eigene Erfahrungen Hilfestellungen bieten.

Eine **visuelle Sprache** dient der Programmierung mit visuellen Elementen oder Symbolen, also Graphiken und Texten in mindestens zweidimensionaler Art. Die so erstellten visuellen Ausdrücke können in Programmierumgebungen als graphische Schnittstellen für textuelle Programmiersprachen eingesetzt werden, syntaktische Bauteile eines visuellen Programms mit dem Paradigma des „programming by demonstration" sein, oder aber zur Repräsentation des Verhaltens bzw. der Struktur von Programmen verwendet werden [McIn92, BGL94].

Parallelität bezeichnet die gleichzeitige Ausführung mehrerer Prozesse auf einem Rechner oder einem Workstation-Cluster im Gegensatz zu der pseudoparallelen Abarbeitung von Prozessen auf einem Multitasking Einprozessor-Rechner. Dabei wird unter dem Begriff **Granularität** das Verhältnis von Ausführungszeit zu dem durch die Parallelität verursachten Overhead verstanden. Ohne präzise Definition werden die beiden Ausprägungen grob oder fein unterschieden [Krus88]. Im Kontext dieser Arbeit bedeutet grobe Granularität die Ausnutzung der strukturellen Parallelität des Problems (z.B. Dekompositionsansätze) und/oder den parallelen Einsatz von mehrere Algorithmen für das gleiche Optimierungsproblem. Feine Granularität bezeichnet die Entwicklung paralleler Optimierungsverfahren (z.B. Matrizeninvertierungen) und ist kein Anliegen der folgenden Untersuchungen.

Ist der Nachrichtenaustausch zwischen Prozessen sowohl das grundlegende Paradigma für den Transport von Daten, als auch für die Synchronisation der beteiligten Prozesse, so wird dies als **Message-Passing** bezeichnet. Unter dem Begriff **MPI** (Message Passing Interface) [MPI94] ist eine Standardisierung dieses Nachrichtenaustausches erarbeitet worden, der gerade in verschiedene Softwarebibliotheken umgesetzt wird .

Eine **virtuelle Maschine** oder Meta- bzw. Hypercomputer bezeichnet eine transparente Verbindung auch heterogener Rechner eines Netzwerkes mittels Softwareschichten zu einem virtuellen Rechner, der über die Summe der Betriebsmittel seiner Komponenten verfügt [Cap93].

Bei der **objektorientierten Programmierung** (OOP) basiert die Softwareentwicklung darauf, die wesentlichen Objekte des Problembereiches mit ihren Abhängigkeiten zu erkennen und zu modellieren. Dabei ist ein Objekt durch seinen Zustand, sein Verhalten und seine Identität definiert, auf die von außerhalb nur über eine wohldefinierte Schnittstelle zugegriffen werden kann. Objekte mit gleicher Struktur und Verhalten werden zu **Klassen** zusammengefaßt und in Vererbungshierarchien strukturiert [Booc91, S. 77].

Kapitel 2

Objektorientierte Softwareentwicklung und visuelle Sprachen

Die Wiederverwendung gewachsener Programmpakete der multidisziplinären Optimierung in parallelen Systemen mit intuitiv graphischer Bedienung benötigt leistungsfähige Softwareengineering-Methoden. Diese sind in Form objektorientierter Systeme und Entwurfsmethoden vorhanden und sollen hier eingeführt werden. Insbesondere die „Objekt Modeling Technique" (OMT) [Rumb91] gewinnt als Methode zunehmend an Bedeutung. Sie wurde zum Entwurf der OpTiX-Workbench eingesetzt und soll deshalb in ihren Grundzügen erläutert werden. In einem zweiten Teil werden graphische Oberflächensysteme und visuelle Sprachen als modernes Konzept der Benutzerinteraktion eingeführt. Sie sind i.d.R. nach objektorientierten Konzepten gestaltet und in objektorientierten Programmiersprachen realisiert. Der Einsatz visueller Paradigmen und Designprinzipien gestattet es, die Schwierigkeiten im Umgang mit komplexen Softwaresystemen erheblich zu reduzieren.

2.1 Objektorientierte Softwareentwicklung

2.1.1 Grundlagen objektorientierter Systeme

Der langwierige, fehlerbehaftete Weg von der Beschreibung eines Problems hin zu einem lauffähigen Programm sowie die Wartung und Anpassung an neue Anforderungen ist eines der zentralen und immer noch ungelösten Probleme der Informationstechnologie. Allein die Unternehmungen in den USA hatten 1994 ca. 100 Milliarden Zeilen Programmcode im Einsatz, die sie rund 2 Billionen US$ kosteten und einen Aufwand von ca. 30 Milliarden US$ jährlich an Wartungskosten verursachten [Cong94, S. 1]. Entsprechend ist eines der elementaren Probleme, Konzepte zu finden, mit denen der Aufwand für Entwicklung und Wartung erheblich reduziert werden können. Neben den klassischen prozeduralen und funktionalen Methoden gewinnt seit den achtziger Jahren der objektorientierte Ansatz erheblich an Bedeutung. Grundlegend hierfür ist die Idee, Software so zu gestalten, daß sie von ihrem Entwurf her direkt mit den Objekten, also Problemen, Gegenständen und Abläufen der Anwendungsbereiche arbeitet und dies als ihr bestimmendes Paradigma aufweist. Die folgenden Charakteristika kennzeichen diesen Ansatz im einzelnen:

- Der zentrale Punkt des objektorientierten Ansatzes ist die Definition und das Verständnis des Begriffs **Objekt**, für das mehrere sich ergänzende Definitionen existieren. Ein Objekt hat einen Zustand, ein Verhalten und eine Identität [Booc91, S. 77]. Es weist eine wohl definierte Grenze auf [Cox91, S. 45]. Ein Objekt ist ein Konzept, eine Abstraktion oder ein Gegenstand, mit einer wohldefinierten Grenze und einer offensichtlichen Bedeutung für den untersuchten Problembereich [Rumb91, S. 21]. Die Abstraktion einer Menge von Dingen der realen Welt stellt ein Objekt dar, wenn alle dieselben Charakteristiken aufweisen und denselben Regeln gehorchen [Shla88, S. 44]. Ebenso wird eine Abstraktion von „etwas" in einem Problembereich, das dazu dient, Informationen über dieses zu halten und damit zu interagieren, als Objekt bezeichnet [Coad91a, S. 53]. Bei objektorientierter Softwareentwicklung wird folglich das eigentliche Problem darin gesehen, die bedeutungsvollen Objekte zu erkennen und sie dem Anwendungsbereich entsprechend zu modellieren. Oft wird die Bezeichnung **Instanz** (einer Klasse) als Synonym für den Begriff Objekt gebraucht.
- Das Prinzip der **Einkapselung**, auch unter den englischen Begriffen **„Encapsulation"** und **„Information Hiding"** bekannt, bezeichnet eine wichtige Technik, mit der zwischen wesentlichen und unwesentlichen Aspekten im Sinne der Bedeutung des Objektes für den Problembereich unterschieden wird. Unwesentliche Details eines Objekts können verborgen werden [Booc91, S. 45]. Außerdem verhindert die Kapselung, daß interne Details der Objektimplementierung von außen zugreifbar sind und nur die Aspekte eines Objekts, die für externe Adressaten bestimmt sind, werden freigegeben [Rumb91, S. 7].
- Gleichartige Objekte werden zu Klassen zusammengefaßt, die nach hierarchischen Klassifikationsschemata geordnet werden. Ein **Klasse** spezifiziert eine Struktur von Datenelementen, Eigenschaften, Funktionalitäten und Beziehungen zu ande-

ren Objekten oder Klassen. Sie ist demnach eine abstrakte Notation aller Gemeinsamkeiten der ihr zugeordneten Objekte, die wiederum als Instanzen dieser Klasse bezeichnet werden. Bei Booch lautet das: „A class is a set of objects that share a common structure and a common behavior.“ [Booc91, S. 93]. In logischer Konsequenz sind **Meta-Klassen** Klassen, die das Verhalten und die Ausprägung von Klassen definieren. Sie werden in unterschiedlicher Weise von den einzelnen objektorientierten Sprachen unterstützt.

- Mit **Vererbung** wird das Beziehungsgeflecht zwischen Klassen bezeichnet, die zur selben Grundgesamtheit gehören, aber durch verschiedene Ausprägungen Spezialfälle darstellen. Sie kann somit vergleichbar der Vererbung im biologischen Sinn gebraucht werden. Auf diese Weise stehen **Verallgemeinerung** und **Spezialisierung** als elementare Konzepte zur Verfügung. Dabei wird von Ober-, Vater-, Elter- und Basisklasse auf der eine Seite, bzw. von Unter-, Kind-, Nachfahre- und abgeleiteter Klasse auf der anderen Seite gesprochen; die Beziehung selbst wird als „*Ist-Ein*“ oder „*Ist-Ein-Kind-Von*“ bezeichnet [Rumb91, S. 39]. Die Umsetzung dieses Konzepts weist in den Softwareentwurfsmethodiken und den objektorientierten Programmiersprachen große Unterschiede auf. Eine Erweiterung findet sich in der **mehrfachen Vererbung**, bei der eine Kind- von zwei oder mehr Elternklassen abgeleitet ist. Auch ihre Relevanz für die Darstellung von Beziehungen zwischen Objekten ist aus der Biologie bekannt, wo i.d.R. ein Nachkomme Eigenschaften zweier Eltern ererbt. Da jedoch Schwierigkeiten bei der Umsetzung in eine Programmiersprache auftreten [Stro91, S. 204], ist sie nicht in jedem objektorientierten System verfügbar.
- Eine **Methode** gehört zu einer Klasse und dient dazu, den internen Zustand eines Objektes dieser Klasse durch die Anwendung von Operationen und Operatoren zu verändern. Sie kann die eingekapselten Datenelemente, für die von außen kein Zugriff besteht, in kontrollierter Weise modifizieren. Methoden sind also vergleichbar mit Prozeduren oder Funktionen, deren erster Parameter das Objekt ist, auf das sie angewendet werden sollen.
- Im Gegensatz zum prozeduralen Paradigma, wo auf passive Datenstrukturen Funktionen oder Prozeduren angewendet werden, sind Objekte aktive Elemente, die über **Nachrichten** miteinander kommunizieren und mitteilen, welche Methode des Empfängerobjektes auf die Nachricht des Senderobjekts reagieren soll. Der Aufruf

einer Methode geschieht, indem einem Empfängerobjekt eine Nachricht mit den benötigten Parametern zugesandt wird, etwa in der Form:

Empfaenger.Nachrichten_Name (Parameter_1, Parameter_2, ..., Parameter_n).

- Wenn ein Objekt oder ein Name in mehreren Ausprägungen vorkommen soll, dann wird dazu **Polymorphismus** (griech. Vielgestaltigkeit) verwendet. Am bekanntesten ist sein Einsatz bei der Nutzung des gleichen Namens für verschiedene Funktionen, die sich nur in ihren Parametern unterscheiden und als *polymorphe Funktionen* bezeichnet werden. [Stro91, S. 209]. Eine weitere Variante ist die des *einschließenden Polymorphismus*: ein Objekt kann zu mehreren nicht disjunkten Klassen gehören. *Polymorphe Typen* liegen dann vor, wenn Operationen dieses Typs auf Operanden unterschiedlicher Typen angewendet werden können. Der *parametrische Polymorphismus*, auch als generische Funktion bekannt, tritt auf, wenn über einen Parameter der aktuelle Typ festgelegt wird [Card85].
- Im Zusammenspiel mit Vererbung und Polymorphismus gewinnt das **dynamische Binden** eine zentrale Bedeutung. Es wird eingesetzt, um erst zur Laufzeit eines Programms festzulegen, welche Operation in Abhängigkeit des aktuellen Objekts auszuführen ist.
- Die **Aggregation** oder „Ist-Teil-Von" Hierarchie stellt einen Beziehungstyp in objektorientierten Systemen dar, mit dem ausgedrückt wird, daß ein Objekt vornehmlich aus der Komposition von anderen besteht [Rumb91, S. 57]. Dieser Beziehungstyp ist nicht spezifisch objektorientiert, sondern verfügt über eine lange Tradition im Umgang mit Entity-Relationship Modellen.

Erst im Zusammenspiel dieser Konzepte erzielt das objektorientierte Vorgehen seine Vorteile gegenüber klassischen Ansätzen [Balz82, Lewi91], die es als aussichtsreiche Basis für den Entwurf und die Implementierung komplexer Systeme erscheinen lassen [Halb87, Henr93]. Zusammenfassend seien hier folgende Vorteile hervorgehoben:

1. Die Konzeption von Klassen ist der zentrale Ansatzpunkt für modulare Programme mit übersichtlichen Schnittstellen [Tell89, S. 22; Wu90].

2. Die Wiederverwendung von Code wird in Form einheitlicher Programmierbausteine (Software ICs) ermöglicht, die eine bessere Wartbarkeit [Cox91, Meye87] bieten.

3. Die semantische Lücke zwischen Problem und Programm kann geschlossen werden. [Edge92, Wegn89].
4. Graphische Oberflächen und objektorientierte Ansätze ergänzen sich nahezu ideal [Bart86, Doda89, Lint88, Schm86].

Wie diese kurze Erläuterung objektorientierter Ansätze zeigt, bieten sie viele problemadäquate Formulierungsmöglichkeiten an. Sie erlauben, auf erheblich höherem Niveau eine Softwarelösung für einen Problembereich zu ermitteln, als das imperative oder prozedurale Paradigma. Der oft genannte Nachteil geringerer Effizienz durch Objektverwaltung und dynamisches Binden ist demgegenüber vernachlässigbar.

2.1.2 Objektorientierte Sprachen und C++

Die erste objektorientierte Sprache war Simula 67 und wurde schon 1967 als general-purpose Programmiersprache eingeführt [Birt73]. Doch erst mit der kommerziellen Verfügbarkeit von Smalltalk 80 ab 1983 [Gold83] und der Konzeption von C++ [Stro91] setzte ein breites Interesse und der Einsatz in der Praxis ein. Mittlerweile existiert eine Vielzahl objektorientierter Programmiersprachen wie Tab. 1 oder [Saun89, Hath94] zu entnehmen ist.

Name	Klassifikation	Hinweise
Actor	basiert auf Actor Konzept	The Whitewater Group Inc.; 600 Davis, Evanston, IL 60201
Classic-Ada	hybrid, Ada	Software Productivity Solutions
BETA	nebenläufig, Simula	http://www.daimi.aau.dk/~beta/beta-language-faq.html
C++	hybrid, C	sun.soe.clarkson.edu:pub/C++/FAQ
CLOS	hybrid, Lisp	parcftp.xerox.com:pcl
Eiffel	rein objektorientiert	ftp.cm.cf.ac.uk:/pub/eiffel/eiffel-faq ftp.informatik.uni-stuttgart.de:/pub/eiffel
Modula-3	hybrid, Modula	http://froh.vlsi.polymtl.ca/m3/m3-faq.html.
Objective-C	hybrid, C	ftp://prep.ai.mit.edu:/pub/gnu/gcc-2.4.5.tar.gz
Sather	basiert auf Eiffel	ftp.ICSI.Berkeley.EDU:pub/sather
Self	Prototyp Ansatz	otis.stanford.eduself.stanford.edu
Smalltalk	rein objektorientiert	xcf.Berkeley.EDU:misc/smalltalk/FAQ/SmalltalkFAQ.entire

Tabelle 1: Zusammenstellung weitverbreiteter objektorientierter Programmiersprachen

In dieser Arbeit wurde die Sprache C++ zur Implementierung ausgewählt, da sie über alle genannten objektorientierten Sprachkonzepte verfügt [Elli90, Stro91] und sich außerdem durch eine hohe numerische Effizienz auszeichnet. Trotz einiger Mängel, insbesondere bei der dynamischen Speicherverwaltung und Methodenbindung [Joyn92], sind jedoch die folgenden Vorteile ausschlaggebend für ihren Einsatz:

- C++ ist direkt link-kompatibel zu C und es kann somit auf Module in vielen Programmiersprachen zugriffen werden.
- C++ besitzt eine sehr effiziente Implementierung und weist bei numerischen Verfahren ein ähnlich gutes Laufzeitverhalten wie C oder FORTRAN [Dong93] auf.
- Es existieren viele numerische Bibliotheken in C++. Bibliotheken in C oder FORTRAN können verhältnismäßig einfach eingebunden werden.
- C++ ist eine der wichtigsten Sprachen zur Implementierung graphischer Oberflächen (s. Abschnitt 2.3.3).
- Die meisten Pakete zur Parallelverarbeitung unterstützen C und C++ (s. Abschnitt 3.2.3).

2.1.3 Methoden objektorientierter Softwareentwicklung im Überblick

Zur Entwicklung komplexer Softwaresysteme gehört neben einem grundlegenden Paradigma, wie dem prozeduralen, funktionalen oder objektorientierten, auch eine Entwurfsmethode, die diesen Prozeß geeignet unterstützt. Dieser Abschnitt soll in die damit verbundenen Fragestellungen einführen, einen Überblick zu den verfügbaren Methoden geben und die Auswahl der in dieser Arbeit verwendeten Methode begründen. Die systematische Beschäftigung damit, wie dieser Prozeß kostengünstig unter Einhaltung von Zeitrestriktionen abgeschlossen werden kann, ist ein drängendes Problem aller Softwaresysteme [Broo75] und gliedert sich in die Fragen:

- Wie können alle Anforderungen, die an die Lösung gestellt sind, vollständig und nachvollziehbar ermittelt werden (Anforderungsdefinition, Requirements Engineering)?
- Wie können diese Anforderungen spezifiziert werden und zwar formaler als durch textuelle oder bildliche Darstellung, damit eindeutig festgelegt ist, **was** das Softwareprodukt leisten soll (Analyse)?

- Wie lassen sich diese Modelle am wirkungsvollsten verfeinern, damit alle Aspekte erfaßt und nicht wesentliche Details übersehen werden, so daß feststeht, **wie** die Software arbeiten wird und Konsistenzprüfungen durchführbar sind (Entwurf)?
- Wie kann der (semi-)formale Entwurf automatisch — oder zumindest einfach und konsistent — von seiner Spezifikation in Software umgesetzt werden (Implementierung)?
- Wie kann die korrekte Funktionsweise verifiziert oder zumindest annähernd vollständig getestet werden (Test)?
- Wie kann die entstandene Software (kostengünstig) gewartet und neuen Anforderungen gemäß erweitert werden und welche Möglichkeiten der Wiederverwendung bestehen (Wartung, Software-IC)?
- Wie sollte eine sinnvolle Koordination der anfallenden Tätigkeiten aussehen, die berücksichtigt, daß unterschiedlich ausgebildete und motivierte Menschen mit eingeschränkten Ressourcen die Arbeitsschritte ausführen (methodisches Vorgehen)?

Auch hier bieten objektorientierte Methoden eine vielbeachtete Alternative zu klassischen Ansätzen [Balz82, DeMa79]. Einen Ausschnitt aus den bekanntesten objektorientierten Methoden findet sich in Tab. 2.

Methode	**Kurzname**	**Autoren**	**Literatur**
Object-Oriented Requirements Specification	OORS	Bailin	[Bail89]
Object-Oriented Software Engineering	OOSE	Berard	[Bera93]
Object-Oriented Design with Applications	OODA	Booch	[Booc94]
Software Construction by Object-Oriented Pictures	SCOOP	Cherry	[Cher90]
Object-Oriented Analysis & Object-Oriented Design	OOA/OOD	Coad/Yourdon	[Coad91a, Coad91b]
Object-Oriented Development - The Fusion Method	FUSION	Coleman et al.	[Cole94]
Better Object Notation	BON	Nerson	[Ners92]
Object-Oriented Software Development Method	OOSDM	Colbert	[Colb89]
Object-Oriented System Development	OOSD	de Champeaux et al.	[deCh93]
Object-Oriented Systems Analysis	OOSAM	Embley	[Embl92]
Semantisches Objekt Modell	SOM	Ferstel, Sinz	[Fers90]
Object-Oriented Analysis, Design and Implementing	OOADI	Henderson-Sellers	[HS92]
Hierarchical Object-Oriented Design	HOOD	HOOD Working Group	[Grou89]
System Object Model	IBM SOM	IBM	[IBM89]
Object-Oriented Software Engineering, Use-Case	OOSE, Use-Case	Jacobson et al.	[Jaco92]
Ada Object-Oriented Development	EVB AOOD	Jurik	[Juri92]
Object-Oriented Analysis and Design	OOAD	Martin/Odell	[Mart92]

Tabelle 2: Übersicht zu bekannten objektorientierten Softwaremethoden

Methode	Kurzname	Autoren	Literatur
Object-Oriented Role Analysis Method (Object-Oriented Role Analysis, Synthesis, and Structuring)	OOram, (OORASS)	Reenskaug et al.	[Reen92]
Object Behaviour Analysis	OBA	Rubin, Goldberg	[Rubi92]
Object Modeling Technique	OMT	Rumbaugh et al.	[Rumb91]
Real-Time Object-Oriented Modeling	ROOM	Selic, Gulleson, Ward	[Seli94]
Object-Oriented Systems Analysis	OOSA	Shlaer and Mellor	[Shla88]
Object-Oriented Software Design	OOSD	Wasserman et al.	[Wass90]
Designing Object-Oriented Software	DOOS	Wirfs-Brock et al.	[WB90]

Tabelle 2: Übersicht zu bekannten objektorientierten Softwaremethoden

Die Entscheidung für oder gegen eine Methode muß im wesentlichen auf Tests und Sekundärquellen beruhen, da das zeitintensive vollständige Erlernen aller existierenden Verfahren nicht durchgeführt werden kann. Dementsprechend wurden hier die umfangreichen Vergleiche objektorientierter Analyse- und Entwurfsmethoden aus [deCh92, Fowl93, Fich92 und Stei93] berücksichtigt. Insbesondere in [Stei93] wird ein sehr ausführlicher Anforderungskatalog aus 3 Makrokomponenten, 13 Methodenkomponenten und 88 Mikrokomponenten aufgestellt, der die Grundlage von Analyse, Vergleich und Bewertung der Methoden bildet. Bei dieser Untersuchung von neun der hier genannten Analysemethoden erhalten OMT und OODA die höchsten Bewertungen. Auch bei den anderen Vergleichen erscheint die Softwareentwicklung nach OMT als führender Ansatz. Zusätzlich zu diesen Gründen weist die Object Modeling Technique noch die folgenden Vorteile hinsichtlich ihrer praktischen Anwendbarkeit auf und wurde deshalb zur Modellierung verwendet:

1. Die Beschreibung der Methode durch die Autoren ist leicht erlernbar und mit verständlichen Beispielen aus verschiedenen Bereichen dargestellt, darunter einem graphischen Editor zur Eingabe von OMT-Diagrammen selbst [Rumb91].

2. Die graphische Notation ist einfach und trotzdem umfassend. Außerdem lehnt sie sich an die schon bekannte Notation für erweiterte Entity-Relationship Diagramme an. Sie wird einheitlich durch alle Phasen der Softwareentwicklung hindurch beibehalten.

3. Die Methode unterstützt die Modellierung der statischen Klassen- und Objektstruktur, des dynamischen Systemmodells und der funktionalen Beschreibung der Datenflüsse.

4. Die Methode ist werkzeugunterstützt und es existieren sowohl kommerzielle Tools von Martin Marietta Corp. (OMTool), Interactive Development Environments (IDE), Westmount Technology B.V. (WMT), als auch eine public-domain Variante, der OODesigner von Prof. Taegyun Kim (ktg@taejo.pufs.ac.kr). Für die Entwicklung standen WMT und der OODesigner zur Verfügung.

Im folgenden Abschnitt wird diese Methode kurz vorgestellt, da sie Grundlage der Modellierung und Beschreibung der entwickelten Klassenmethode zur verteilten Optimierung und der visuellen Interaktion ist.

2.2 Objektorientierte Modellierung mit der Object Modeling Technique

Die *Object Modeling Technique* (OMT) [Rumb91] unterstützt den Prozeß der objektorientierten Softwareerstellung in den Phasen Analyse, Entwurf (OMT-spezifisch unterteilt in Objektentwurf und Systementwurf) und Implementierung. Für die Wartungsphase wird implizit auf die Vorteile der Nutzung objektorientierter Konzepte verwiesen. Die Modellierung erfolgt in drei orthogonalen Sichten, nämlich der Objekt-, der dynamischen und der funktionalen Sicht, unabhängig von Programmiersprachen in der Ausdrucksweise und Vorstellungswelt des untersuchten Problembereiches.

2.2.1 Das Objektmodell

Zur Beschreibung der statischen Strukturen und Elemente wird das Objektmodell verwendet. Damit werden Attribute und Operationen ähnlicher Objekte zu Klassen zusammengefaßt. Die Beziehung zwischen Objekten werden in Vererbungshierarchien, Aggregationen oder binären bzw. ternären (auch tertiär genannten) Beziehungstypen dargestellt. Das Objektmodell dient als Basis für die Beschreibung der dynamischen und funktionalen Zusammenhänge zwischen den Objekten.

Es wird eine graphische Notation verwendet, die über Diagramme und Linien das Modell beschreibt. Zur Darstellung von Klassen dienen Rechtecke, in denen der Klassenname, Attribute und Operationen aufgeführt werden. Attribute sind im Gegensatz zu Objekten einfache Datenwerte und besitzen keine eigene Identität. Operationen realisieren das Verhalten von Objekten in Form von Funktionen oder Transformationen, die auf die Objekte angewendet werden dürfen. Operationen können Parameter besitzen, die in runden Klammern mit Kommata getrennt hinter dem Namen angegeben werden. Die Beziehungen zwischen Objekten bzw. Klassen werden über Verbindungslinien dargestellt. Bei Vererbungshierarchien führt eine Linie von der Elternklasse über ein Dreieck zu den Kindklassen. Ein schwarz gefülltes Dreieck stellt eine nicht-disjunkte Vererbung dar. Aggregationen werden mit einer Raute an

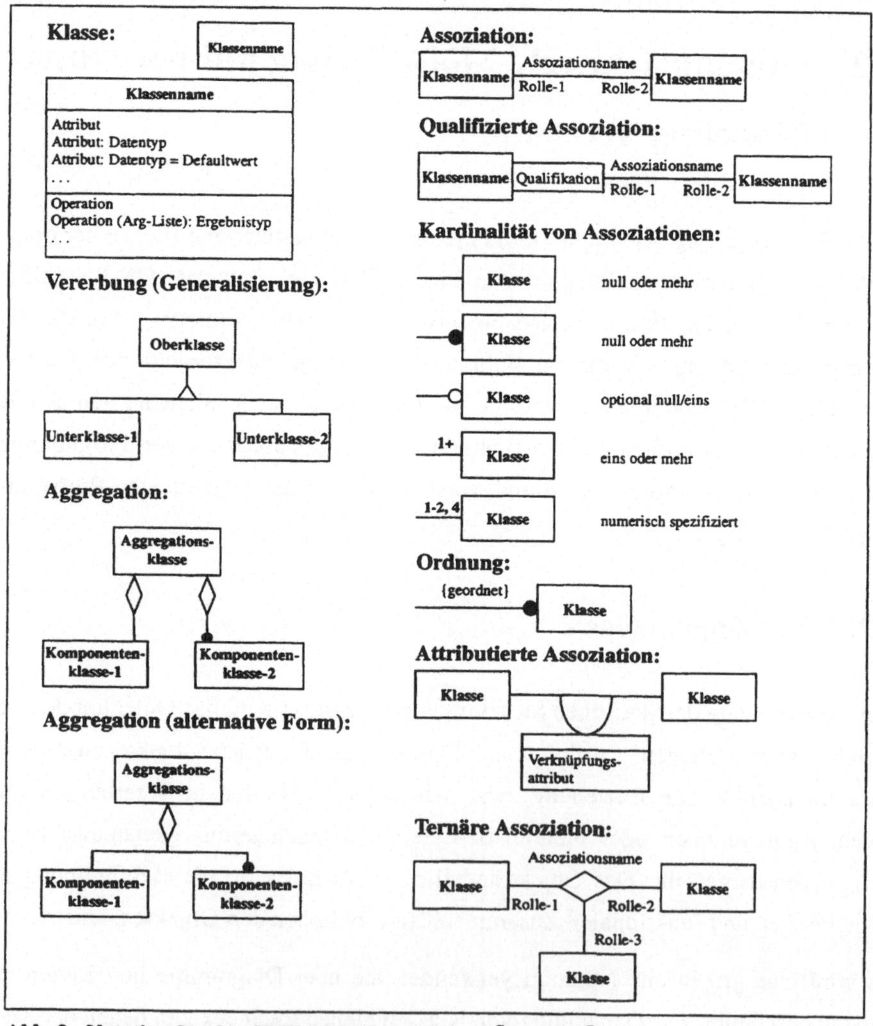

Abb. 2: Notation für das OMT Objektmodell nach [Rumb91]

der übergeordneten Klasse kenntlich gemacht, von wo je eine Linie zur jeweiligen Teilklasse führt. Die graphische Darstellung von Assoziationen geschieht bei binären Assoziationen durch direkte Linien zwischen den Klassendiagrammen und bei ternären durch eine Raute zwischen den Verbindungslinien. Zusätzlich können unterschiedliche Kardinalitäten und Rollen der einzelnen Klassen angegeben werden.

Die wesentlichen Elemente der graphischen Notation sind in Abb. 2 zusammengefaßt, in Anhang A findet sich eine vollständige Übersicht aller Konstrukte. Die graphische Sprache ist gekennzeichnet durch ihre leichte Erlernbarkeit und liegt vom Umfang her zwischen der sehr knappen Formulierung nach Coad/Yourdon und der sehr ausführlichen Notation von Booch.

2.2.2 Das dynamische Modell

In der OMT-Methode ist die Beschreibung der Dynamik eines Systems i.d.R. der zweite Schritt bei der Modellierung. Ziel des dynamischen Modells ist es, die Veränderungen der Objekte und ihrer Beziehungen im zeitlichen Ablauf zu analysieren und zu beschreiben. Dazu werden *Ereignisse* als externe Auslöser von Aktionen und *Zustände* als aktuelle Wertekonstellationen von Objekten eingeführt. Die Wechselwirkungen zwischen beiden und die Auswirkung von Ereignissen auf die Zustände von Objekten werden in Zustandsdiagrammen wiedergegeben.

Bei der Beschreibung des dynamischen Modells (Abb. 3, Anhang A) folgt die OMT-Notation der Darstellung aus [Hare87]. Ereignisse werden als Pfeile dargestellt, die zwischen den Zuständen den Fluß der Ereignisse repräsentieren. Den Ereignissen werden Attribute in runden und Bedingungen als Wächter in eckigen Klammern mitgegeben. Aktionen, die von den Ereignissen ausgelöst werden, sind unter Verwendung eines Schrägstrichs anzuhängen. Sie stellen Operationen dar, die unmittelbar ausgeführt werden und deren Dauer vernachlässigbar ist. Die Zustände selbst werden als Rechtecke mit runden Ecken dargestellt und geben die sie beschreibende Menge von Werten wieder. Ein Zustand wird über seinen Namen, eine charakterisierende Bezeichnung und Ereignis-Aktivitäten-Kombinationen definiert. Aktivitäten stehen für Operationen, die eine signifikante Zeitspanne aufweisen und bis zur nächsten Zustandsänderung andauern.

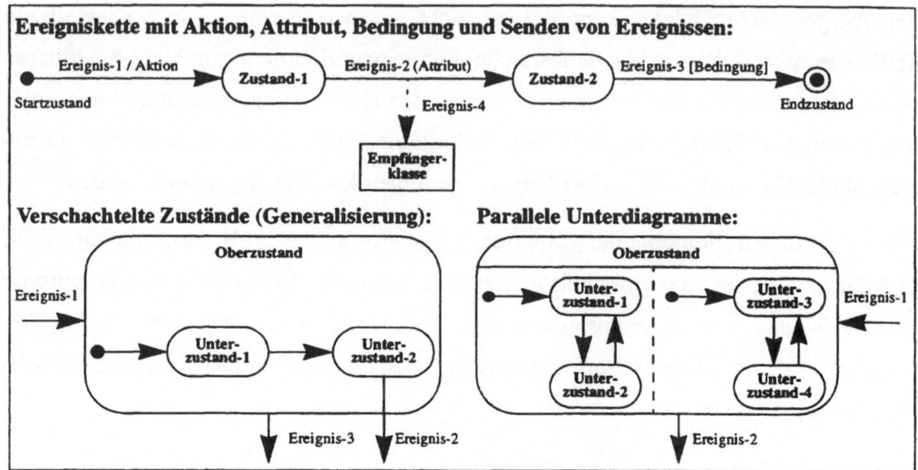

Abb. 3: Notation für das dynamische Modell in OMT [Rumb91]

Ein ausdrucksstarkes Mittel, die Probleme flacher Zustandsdiagramme zu verhindern, sind verschachtelte Teildiagramme. Darüberhinaus können Zustände und Ereignisse in Anlehnung an objektorientierte Konzepte mit Generalisierung und Aggregation strukturiert werden. Die Generalisierung eines Zustands entspricht dabei einem Oberzustand, der exakt einen seiner Unterzustände annimmt. Die Aggregation dient der Formulierung paralleler Zustände, die bei der Zusammenstellung von Objekten aus Einzelkomponenten auftreten und deren eigene, unabhängige Zustände wiedergeben. Ereignisse können analog zu Objekten in Klassenhierarchien modelliert werden.

Das dynamische Modell beschreibt demzufolge die zeitlichen Systemzusammenhänge durch Zustandsdiagramme, die über gemeinsame Ereignisse kommunizieren. Die Verbindung von Objekt- und dynamischem Modell geschieht entweder implizit über die Definition von Zuständen zu den Objekten oder aber explizit über Nachrichten, die als Ereignisse versendet werden. Unterzustände dienen dazu, Klassen auf Wertebereiche zu beschränken, was im statischen Objektmodell allein schwer formulierbar ist. Außerdem vererbt sich das dynamische Modell einer Klasse an alle Nachfahren.

2.2.3 Das funktionale Modell

Das funktionale Modell ist die dritte Säule von OMT mit der Berechnungen und Datentransformationen abgebildet werden. Es besteht aus Datenflußdiagrammen, die Veränderungen von Datenströmen zwischen Quellen und Senken darstellen. Dadurch ergänzt es die Definitionen der Klassen/Objekte und der Kontrollflüsse der beiden vorgenannten Modelle. Im einzelnen besteht ein funktionales Modell aus Prozessen, Datenflüssen, Aktoren, Datenspeichern, evtl. Kontrollflüssen und eingeschachtelten Datenflußdiagrammen, deren graphische Repräsentation in Auszügen in Abb. 4 wiedergegeben ist. Eine vollständige Beschreibung findet sich im Anhang A.

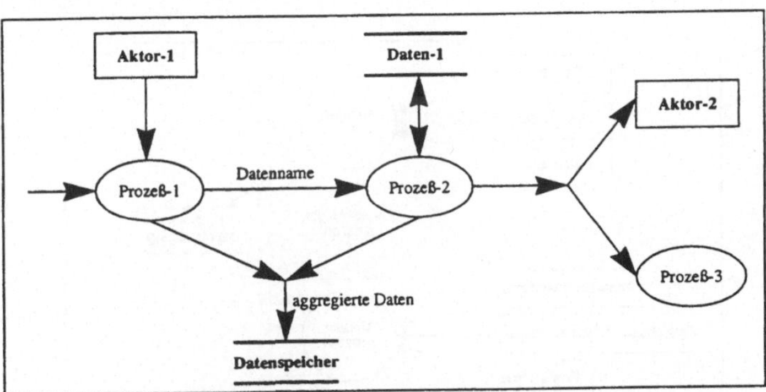

Abb. 4: Datenflußdiagramm mit Aktoren, Prozessen und Datenspeicher

Die Veränderung von Daten, also die Transformation von Eingabe- in Ausgabedatensätze erfolgt durch **Prozesse**, die von einer Ellipse symbolisiert und meist mit dem Namen der entsprechenden Methode aus dem Objektmodell bezeichnet werden. Die Datenflüsse sind gerichtete Pfeile, die den Erzeuger mit dem Verbraucher verbinden und über eine Beschreibung der Daten verfügen. Soll der **Datenfluß** in seine Komponenten aufgeteilt werden, so geschieht dies durch eine Verzweigung und Benennung der einzelnen Datenflußelemente. Wird dagegen ein und derselbe Datensatz an zwei verschiedene Verbraucher (Senken) weitergeleitet, entfallen die Beschriftungen. Aktive Elemente, die Daten erzeugen oder verbrauchen und so den Datenfluß steuern, werden als **Aktoren** bezeichnet und mit benannten Rechtecken symbolisiert. Passive Objekte dagegen, sogenannte **Datenspeicher**, werden durch zwei parallele Linien dargestellt, zwischen denen ihr Name steht. Aktoren und Datenspeicher sind Objekte, die über gesonderte Symbole verfügen, da sie eine zentrale Bedeutung in den Datenflüssen haben. Bei Bedarf können Informationen über die Reihenfolge der Berechnung als **Kontrollflüsse** in das Diagramm aufgenommen werden (ein Pfeil mit gepunkteter Linie und Boole'schem Wert). Sie sollten äußerst selten verwendet werden, da sie eigentlich Bestandteil des dynamischen Modells sind.

Ein Großteil der Prozesse und Operationen wird durch Methoden des Objektmodells realisiert. Ihre Spezifikation kann über mathematische Funktionen, Gleichungssysteme, axiomatisch, tabellarisch, natürlich-sprachlich oder mittels Pseudocode geschehen, wobei die Verständlichkeit der Formulierung das entscheidende Kriterium ist. Das funktionale Modell soll beschreiben, was getan werden muß und welche Objekte daran beteiligt sind und das Objektmodell, wer die Operationen ausführt.

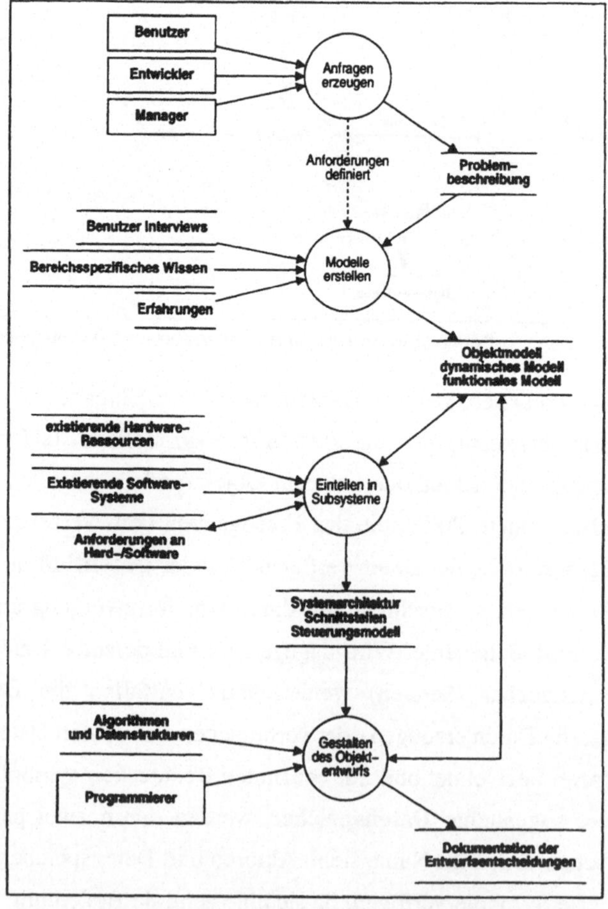

Abb. 5: Die Phasen des OMT Modellierungsprozesses

2.2.4 Der OMT Modellierungsprozeß

Die Object Modeling Technique definiert ein systematisches Vorgehen, wie ein objektorientiertes Modell aus seinen drei dargestellten Teilmodellen ermittelt und beschrieben wird. Sie gliedert sich im einzelnen in die Phasen Analyse, Systementwurf, Objektentwurf und Implementierung, die zyklisch durchlaufen werden. Die Behandlung der Test und Wartungsphase des Softwarelebensszyklus' ist jedoch kein Gegenstand von OMT, da sich die hier auftretenden Probleme nicht von denen anderer Modellierungstechniken unterscheiden. Es wird aber versichert, daß ein objektorientierter Ansatz einen klaren und besser verständlichen Entwurf hervorbringt, der somit einfacher zu testen, zu warten und zu erweitern ist als dies prozedurale Techniken vermögen [Rumb91, S. 144]. In Abb. 5 wird das Vorgehen als funktionales OMT-Modell selbst dargestellt.

Der erste Schritt in der **Analyse** ist, den Anwendungsbereich zu verstehen und eine textuelle Beschreibung des Problemgebietes anzufertigen. Diese dient als Basis für das Objektmodell. Dazu sollte das folgende Vorgehen eingehalten werden ([Rumb91, S. 261 ff.]):

Aufstellen des Objektmodells in den Teilschritten:

1. Heraussuchen der Objekte und Klassen des Anwendungsbereichs entlang der Substantive der Problembeschreibung.
2. Vorbereiten eines Data-Dictionary, das Beschreibungen der Klassen, Objekte, Assoziationen und Attribute enthält.
3. Herausfinden aller Assoziationen und Aggregationen zwischen Objekten und Klassen; oft werden die Beziehungen durch Verben oder verbale Beschreibungen formuliert.
4. Sammeln der Attribute von Objekten und Beziehungen; sie sind Bestandteile bzw. Eigenschaften der zugehörigen Objekte, besitzen aber keine eigene Identität.
5. Einsatz von Vererbungshierarchien zur Vereinfachung der Klassenstrukturen.
6. Iterative Verfeinerung des Modells, das sich durch Hinzunahme neuer Klassen und Objekte verändert hat.
7. Gruppieren von Klassen in Module durch Aufteilen und Umstellen der Diagramme.
8. Überprüfen der Namensgebung für Objekte, Klassen etc.; treffende Namen sind eine zentrale Voraussetzung für ein gutes Modell.

Ermittlung des dynamischen Modells entlang der Schritte:

1. Vorbereiten typischer Folgen von Benutzereingaben und von Fehlersituationen, um ein Gefühl für das zu erwartende Systemverhalten zu bekommen.
2. Auffinden aller Ereignisse, die zwischen Objekten ausgetauscht werden und Einteilen der Ereignisse in Klassenhierarchien.
3. Aufstellen einer Ereigniskette für alle unter 1. ermittelten Szenarien.
4. Erstellen des Zustandsdiagramms für jede Objektklasse mit nichttrivialer Dynamik, indem den Ereignisketten gefolgt wird.
5. Überprüfen der Konsistenz zwischen Objekten und Ereignissen; jedes Ereignis sollte ein Sende- und Empfangsobjekt haben.

Entwickeln des funktionalen Modells in der Reihenfolge:

1. Identifizieren von Ein- und Ausgabewerten entlang der Problembeschreibung und der Szenarien nach der Festlegung des Objekt- und des dynamischen Modells.
2. Erzeugen der Datenflußdiagramme wobei die unter 1. ermittelten Werte in Ebenen mit zunehmend detaillierterem Niveau dargestellt werden.
3. Verständliche Beschreibung von Funktionen und Operationen zu allen Prozessen, ohne den genauen Algorithmus für die Implementierung festzulegen.
4. Untersuchen von Optimierungsmöglichkeiten des funktionalen Modells, Einschränkungen funktioneller Abhängigkeiten zwischen den Objekten und weiterer nützlicher Operationen.

Im **Systementwurf** wird die Architektur des Gesamtsystems festgelegt. Hierunter fällt die Aufteilung auf Teilsysteme, die Verteilung paralleler Komponenten auf Prozessoren, die Festlegung von Datenspeichern und ihrer Verwaltung, die Regelung der Nutzung globaler Ressourcen und die Planung der Steuerung des Gesamtsystems. Die Teilsysteme sollen in einem Schichtenmodell mit klaren Schnittstellen von dem Anwendungsbereich hin zur Computer-Hardware/-Basissoftware aufgeteilt und entsprechend verfeinert werden. Hierhin gehören auch die Überlegungen zur optimalen Ausnutzung der vorhandenen oder der Planung zu beschaffender Soft- und Hardwarekomponenten, bei großen Systemen z.B. die Planung eines Rechnernetzes. Am Ende des Systementwurfs muß eine weitgehend optimale Architektur stehen, die allen Anforderungen genügt.

In der letzten Phase des Entwurfs, dem **Objektdesign**, wird unter Berücksichtigung des Systementwurfs das in der Analyse gewonnene Modell für die Implementierung aufbereitet. Hierzu werden Objektmodell, dynamisches und funktionales Modell übernommen und in einem iterativen Prozeß verfeinert. Die vom Problembereich bestimmten Modelle werden auf Veränderungen und Ergänzungen untersucht, die ihre Umsetzung in ein System aus Software und Hardware ermöglichen. Dies geschieht in den folgenden Schritten, die auch einen Wiedereinstieg in die Analysephase notwendig machen können:

1. Die drei Modelle werden aufeinander abgestimmt, indem alle Aktivitäten und Prozesse des dynamischen und funktionalen Modells als Methoden ins Objektmodell transformiert werden.
2. Für alle Operationen des funktionalen Modells müssen Algorithmen definiert werden. Erfordert dies weitere Datenstrukturen, sind sie als interne Klassen ins Objektmodell einzubinden.
3. Die problemspezifische Gestaltung des Analysemodells ist in optimierte Strukturen für die Implementierung unter Verwendung zusätzlicher Assoziationen umzusetzen.
4. Die Zustandsdiagramme können als Kontrollstrukturen in Form einer konventionellen Programmschleife oder als ereignisgesteuertes System oder durch konkurrierende Prozesse realisiert werden.
5. Einführen von abstrakten Klassen oder neuen Oberklassen, damit die Klassenhierarchien entsprechend der Implementierungsbedürfnisse angepaßt/erweitert werden.
6. Für die Assoziationen müssen Implementierungsstrategien festgelegt werden, die eine einheitliche Umsetzung in ausführbaren Code sicherstellen.
7. Die Modularisierung des Codes und Aufteilung in Pakete/Dateien ist zu planen.
8. Alle Entwurfsentscheidungen sind zu dokumentieren.

2.3 Graphische Oberflächen und visuelle Systeme

Ein Bereich, in dem objektorientierte Konzepte und Vorgehensweisen von Anfang an wegweisend waren, sind graphische Oberflächensysteme und -Toolkits. Gerade in ihrem Umfeld sind objektorientierte Ansätze bekannt geworden, wie Smalltalk [Gold83] oder InterViews [Lint89] zeigen. Graphische Problemstellungen lassen sich in idealer Weise mit den Prinzipien Kapselung und Vererbung modellieren und verhältnismäßig einfach lösen [Vlis90]. Die Trennung zwischen den mathematischen

Gleichungssystemen, ihren anschaulichen graphischen Darstellungen und der visuellen Kontrolle bei interaktiven Arbeiten motivierten das MVC (Model-View-Controler) Paradigma [Kras88], welches eine zentrale Grundlage der Gestaltung von Mensch-Maschine-Interaktionen ist. Der langandauernde wechselseitige Austausch zwischen objektorientierten Prinzipien und graphischer Interaktion ist eine treibende Kraft in der Computerinnovation, wie die aktuelle und umfassende Übersicht zur Objektorientierung bei interaktiven und graphischen Programmierumgebungen in [Drak93] zeigt. Besonders graphische Oberflächensysteme und visuelle Programmiersprachen bieten sich für die benutzerfreundliche Bedienung komplexer (verteilter) Systeme an [Smit77, Weir91].

2.3.1 Überblick zum Design graphischer Oberflächen

Der Entwurf guter Oberflächensysteme hängt eng mit dem Verständnis der kognitiven Fähigkeiten, dem Ausbildungsstand und der Motivation des menschlichen Benutzers zusammen. Dabei soll die Mensch-Maschine Kommunikation in Form von Dialogen zur Kontrolle und Manipulation von Daten bis hin zur Steuerung komplexer Programmabläufe mit einer möglichst guten Problemlösungsunterstützung für den Benutzer erfolgen [Star94]. Der Mensch als Systemkomponente ist somit ein wesentlicher Faktor. Insbesondere sind zu starke Belastungen seiner Wahrnehmungsorgane sowie des lang- und kurzfristigen Gedächtnisses zu vermeiden, wie entsprechende Untersuchen der Psychologie und der Kognitionswissenschaften belegen [Mill56, ACM81, Hela88 und Hoc91]. Zunehmend kommen außerdem rechtliche Bestimmungen über Computer-/Bildschirmarbeitsplätze hinzu.

Zur Lösung der bestehenden Probleme bei der Mensch-Maschine Interaktion wurden Designregeln entwickelt, die den kognitiven Fähigkeiten des Menschen Rechnung tragen sollen. Man kann sie unterscheiden in allgemeine Entwurfsregeln, die generelle Angaben zur Gestaltung interaktiver Systeme machen und Style Guides, die eine Umsetzung allgemeiner Regeln in ein bestimmtes graphisches Toolkit aufweisen und festlegen, wie unter Verwendung und konform zu den entsprechenden Bibliotheken Oberflächen erstellt werden sollen.

Die bekanntesten Vertreter der Toolkit-spezifischen Regeln sind „Apple Desktop Interface" von Apple Computer [Appl87], „Systems Application Architecture/Commmon User Access“ von IBM [IBM89], „NeXTSTEP User Interface Guidelines“ von NeXT Inc. [NeXT92], „OSF/Motif“ der Open Software Foundation [Foun93], „OPEN LOOK Style Guide“ von Sun [Micr90], und „Application Design Guide“ von Microsoft [Micr92]. Diese Gestaltungsempfehlungen dienen aber auch dazu, sich durch ein einheitliches „look and feel“ deutlich von den Produkten der Konkurrenz abzuheben. Die Marktorientierung und Einhaltung von Trademarks führt dann zu teilweise gegensätzliche Empfehlungen.

Wichtiger erscheinen allgemeine Designregeln [Bati85, Smit86, Marc90, Lee94, Gamm93, Star94, Mull95], deren zentrales Anliegen ausschließlich die optimale Gestaltung der Mensch-Maschine Interaktion ist. Da in dieser Arbeit ein plattformunabhängiges Produkt anvisiert ist und bei der Implementierung gegebenenfalls auf unterschiedliche Basis-Toolkits zurückgriffen werden muß, stehen diese Regeln im Vordergrund. Sie sind in der angegebenen Literatur mit unterschiedlichem Detaillierungsgrad aufgeführt. Insbesondere [Mull95] verfolgt einen ingenieurmäßigen Ansatz, indem aus den vorgestellten allgemeinen Designprinzipien eine Reihe konkreter Regeln gefolgert werden. Deren praktische Umsetzung wird dann für graphische Oberflächen erläutert. Dabei spielen folgende Prinzipien des Designs eine zentrale Rolle:

- Eleganz — das Aussehen soll einen möglichst eleganten Eindruck machen, wobei dies sehr von dem Geschmack des Designers/Benutzers abhängig ist. Da aber Komplexität i.a. nicht elegant erscheint, ist Einfachheit ein wesentlicher Schritt zur Eleganz.
- Einfachheit — die Beachtung von drei Prinzipien erleichtert das Erstellen einfacher Oberflächensysteme, erstens die Beschränkung auf die absolut notwendigen Elemente in ihrer wesentlichen Ausprägung, zweitens die Beachtung von Regelmäßigkeit und Ordnung der Elemente und drittens die Verhinderung von Redundanzen durch verstärkten Einsatz von Grundelementen für unterschiedliche Aufgaben. Fehler, die oft gemacht werden: Unordnung und Überladen mit zuvielen Elementen!
- Größenordnung — die Wahl der passenden Größen einzelner Elemente und ihre Relation zu anderen Elementen ist entscheidend, um eine geeignete Gewichtung und Balance für den menschlichen Betrachter zu wahren.

- Kontrast — in diesem Zusammenhang sind Gegensätze in Form, Größe, Farbe, Muster oder Schraffierung, Position, Orientierung und Bewegung ein Stilmittel, um die Bedeutung einzelner Elemente in den Vordergrund zu bringen und den Betrachter auf sie aufmerksam zu machen.
- Proportionen — als Verhältnis zweier Dimensionen zueinander, bestimmen Harmonie und Ausgeglichenheit graphischer Elemente, wie Höhe und Breite beim „goldenen Schnitt".

Eine Ergänzung erhalten diese Prinzipien durch Untersuchungen aus der Psychologie. Die Zahl „7" hat eine signifikante Bedeutung für das menschliche Kurzzeitgedächtnis [Mill56]. Mehr als sieben gleiche Merkmale beeinträchtigen die Auffassungsgabe deutlich und sollten somit als Obergrenze für Menüs, Elemente einer Gruppe usw. gelten. Generell sollten einfache und klare Strukturen mit wenigen Kontrasten genutzt werden und insbesonders auf genügend große Zwischenräume geachtet werden. Zusätzlich muß die Symmetrie und Balance zwischen den und die Ausrichtung der verwendeten Elementen aufeinander abgestimmt sein.

Ein weiteres Fazit aus diesen Entwurfsregeln lautet, daß das Design der graphischen Oberfläche eines Softwareproduktes integraler Bestandteil des Entwurfs des Produktes selber sein muß. Nur so kann die notwendige Effizienz erzielt werden [Mull95, S. 7]. Dementsprechend wird in dieser Arbeit die Gestaltung der visuellen Interaktion eng mit der Modellbildung gekoppelt.

2.3.2 Einführung in die visuelle Programmierung

Der Einsatz graphischer Ansätze in der Mensch-Maschine Interaktion ermöglicht es, viele Fehlerquellen kommandoorientierter Systeme zu vermeiden. Visuelle Darstellungsweisen sind außerdem oft ein adäquateres Mittel als rein textuelle Darstellungen, um komplexe Informationen und Systeme zu beschreiben und zu benutzen [Drak93]. Das Denken in Bildern und Piktogrammen nutzt die Fähigkeit zu holistischer Wissensverarbeitung, die der Mensch bei komplexen Vorgängen erfolgreich einsetzt [Smit77].

Die Kombination aus flexibler Darstellung konventioneller Kommando- und Programmiersprachen mit der Ausdrucksstärke graphischer Interaktion motivierte die Einführung **visueller Programmierung (VP)** bzw. **visueller Programmiersprachen** oder kurz **visueller Sprachen**. Die Begriffe sind nicht formal definiert. Sie bezeichnen aber in Anlehnung an die Definition textueller Programmierung Systeme und Sprachen, die visuelle Elemente benutzen, um Aufgaben in mindestens zweidimensionaler Art zu formulieren. Visuelle Programmierung (**VP**) umfaßt alle Systeme, die es einem Benutzer erlauben, Programme in zwei oder mehrdimensionaler Art zu spezifizieren. Dabei werden textuelle Sprachen als eindimensional angesehen, da sie von Compilern oder Interpretern als eindimensionaler Bytestrom verarbeitet werden [Myer86]. Kennzeichnend für visuelles Programmieren ist auch der Einsatz von visuellen Ausdrücken wie Icons und Zeichnungen bei der Programmierung oder der Einsatz von Graphiken und festen bzw. bewegten Bildern, um Programme, Daten, komplexe oder dynamische Systeme zu erläutern. Mit visuellen Sprachen bezeichnet [Chan90] den systematischen Einsatz visueller Ausdrücke, um Bedeutungen und Absichten zu vermitteln. Aus diesen und weiteren Definitionen [Selk88, IEE88, Glin90] lassen sich folgende Merkmale und Prinzipien ableiten, die visuelle Sprachen charakterisieren:

- **visuelles Alphabet:** Die Basis einer visuellen Sprache bildet ihr Alphabet. Es besteht aus verschiedenen Arten von ikonisierten Darstellungen, die sich in drei Klassen einteilen lassen. Die erste hat konkret bildhafte Funktion und besteht aus Bildern und Zeichnungen von Objekten der realen Welt oder digitalisierten Versionen von Photographien. Die nächste Klasse hat die abstraktere Funktionalität eines Symbols und dient als stilisierte Wiedergabe der sie repräsentierenden Objekte. Die dritte Klasse umfaßt willkürlich entworfene Darstellungen, die als Zeichen meist abstrakte Begriffe und Vorstellungen repräsentieren.
- **visuelle Syntax:** In Analogie zu konventionellen Programmiersprachen dient auch bei visuellen Sprachen die Syntax zur Festlegung aller Regeln, die auf Elemente des Alphabets angewendet, korrekte „Sätze“ der visuellen Sprache definieren. Hierbei ist zwischen Regeln zur Kombination von Elementen und des graphischen Layouts zu unterscheiden. In textuellen Sprachen beschreiben Kombinationsregeln, wie korrekte Worte und Sätze aus den Buchstaben des Alphabets gebildet werden. Bei visuellen Sprachen wird analog mit Kombinationsregeln festgelegt, welche graphischen „Buchstaben“ zu Sätzen zusammengefaßt werden dürfen. Mit Layoutregeln wird festgelegt, wie die visuellen Elemente (Buchstaben, Worte, Sätze) räumlich anzuordnen sind.

- **Interaktion:** Hierunter fallen alle Ein-/Ausgabetechniken im Rahmen der Mensch-Maschine Interaktion. Sie umfaßt die graphischen Editierfunktionen und Rückkopplungen (Feedback Methoden), Antwortzeiten und die Behandlung von Fehler- bzw. Ausnahmefällen. Ihre Definition geschieht über die Beschreibung des graphischen Editors, als Tool zur Konstruktion syntaktisch korrekter Sätze der zugrundeliegenden visuellen Sprache.

Die Schwierigkeit bei der Definition einer visuellen Sprache besteht in der räumlichen Erweiterung der Konzepte textueller Sprachen und der Wahl eines geeigneten graphischen Alphabets für den Anwendungsfall. Die Layoutregeln müssen nicht nur die zuvor dargelegten Designregeln für graphische Systeme berücksichtigen, sondern auch eine verständliche Interpretation ihrer Semantik erlauben. Denn bei Editieroperationen wie Einfügen und Löschen von Teilausdrücken kann es für den Benutzer zu überraschenden Auswirkungen in der graphischen Darstellung kommen. Darüberhinaus müssen die Piktogramme den kognitiven Erfordernissen des Problembereichs, den sie repräsentieren sollen, entsprechen.

In Anlehnung an konventionelle Programmiersprachen wird eine visuelle Sprache als Tupel (ID, G_o, B) definiert. Das Icon Dictionary ID ist eine Menge aller erlaubten Piktogramme. Die Grammatik G_o ist in den meisten Fällen kontextfrei und definiert die visuelle Syntax vergleichbar einer Backus-Naur Form mit zusätzlichen Layoutregeln. Mit B wird das bereichspezifische Wissen symbolisiert, das mit der visuellen Sprache manipuliert wird. Das Dictionary ID ist wiederum ein Tupel $i = (i_l, i_p, type(i))$ aus primitiven Icons, zur Festlegung des graphischen Alphabets. Dabei stellt i_l den logischen Teil oder auch Namen des Icon als Verbindung zur repräsentierten Funktionalität dar, i_p bezeichnet meist ein Piktogramm als graphische Darstellung und die Funktion $type(i)$ liefert die zugehörigen Typ- oder Klasseninformationen. Diese und modifizierte Definitionen dienen als Grundlage einer Theorie visueller Sprachen mit dem Ziel, für diese Sprachfamilie eine automatische Generierung von Scanner, Parser und Compiler zu erzielen [Chan89, Cost90 und Tort90].

In Kapitel 4 wird eine visuelle Sprache vorgestellt, mit der die parallele Berechnung und Lösungsfindung von Optimierungsaufgaben in einem Netzwerk heterogener Rechner gesteuert werden kann. Die Verbindung visueller Sprachen mit den komplexen Aufgabenstellungen der Dekomposition und Steuerung verteilter Prozesse ist ein realistischer Ansatz zur benutzerfreundlichen Lösung von Optimierungsproblemen auf einem Cluster [Brüg94].

2.3.3 WxWindows und Toolkits für graphische Oberflächensysteme

Die Umsetzung des Entwurfs einer graphisches Oberfläche oder einer visuellen Sprache bedarf leistungsfähiger Werkzeuge, da sie den größten Aufwand bei der gesamten Systemimplementierung verursacht. Viele graphische Oberflächensysteme und Toolkits sind vorhanden, die unterschiedlichen Programmierparadigmen und -sprachen folgen. Zwar ist ein objektorientierter Entwurf auch mit prozeduralen und funktionalen Programmiersprachen implementierbar, aber die Codierung in einer objektorientierten Sprache ist vorzuziehen [Rumb91, S. 340]. Die Untersuchungen und Schlußfolgerungen aus Abschnitt 2.1.2 legen auch hier die Nutzung von C++ als Implementierungssprache nahe.

Gegenwärtig bilden vier Plattformen die Basis der meisten graphischen Bibliotheken. Es sind dies erstens verschiedene Versionen von Microsoft Windows, insbesondere Windows 95, zweitens OS/2 Presentation Manager von IBM, drittens die MacIntosh Oberfläche und viertens X11 in der Version R6 vom X Consortium. Bei den auf X11 basierenden Systemen sind OpenLook von Sun Microsystems und Motif von der Open Software Foundation die bekanntesten. Im Rahmen der COSE-Vereinbarungen (Common Open Software Environment) wird der Versuch unternommen, Motif als neuen Industriestandard festzulegen. Beinahe alle Bibliotheken weisen ein objektoriententiertes Design ihrer graphischen Primitiva auf, auch dann, wenn sie nicht in einer objektorientierten Sprache implementiert wurden. Ein weiterer Trend geht dahin, plattformunabhängige Bibliotheken zu gestalten. Diese bieten eine einheitliche Klassenstruktur graphischer Basiselemente, die in die jeweils verwendeten Toolkits umgesetzt werden. So wird eine portable Realisierung graphischer Oberflächen ermöglicht. Eine Zusammenstellung entsprechender Werkzeuge, die auf [Guth95] basiert, findet sich in Tab. 3.

Name	unterstützte Sprachen	ASCII	DOS	WINDOWS	WIN/NT	OS/2	Motif	OPENLOOK	MAC	Bezugsquelle/Information
C++/Views	C++ Bibliothek			+	+	+	+		+	Liant Software Corp., support@lpi.liant.com
Common Lisp Interface Manager	Erweiterung von Common Lisp						+	+		Symbolics Concord, MA, Lucid, Menlo Park, CA u.a.
Don's Class Application	C/C++ Bibliothek			+			+		+	Don Gilbert, dclap@bio.indiana.edu
Galaxy	C/C++ Bibliothek			+	+	+	+	+	+	Visix, Reston Virginia, galaxy@visix.com
Guild	C Bibliothek			+	+	+			+	Guild, San Mateo California,
ILOG Views	C++ Bibliothek			+	+		+			ILOG Inc., Mountain View, CA, http://www.ilog.fr/ilog/home.html
JAM/Pi	C Bibliothek	+	+	+			+	+		JYACC, Inc., New York
libWxm	emuliert MS Windows WIN32/s			+	+		+			Visual Solutions, Westford, MA, sales@vissol.com
MAINWin/CDK	C/C++			+	+		+			MAINSoft Corporation, Sunnyvale, CA, http://www.mainsoft.com/
Menuet/CPP	C/C++		+	+		+	+	+		Autumn Hill Software, Inc., Boulder, CO
MEWEL User Interface Library	C Bibliothek	+	+	+	+	+	+			Magma Systems, Millburn, NJ, ftp://ftp.uu.net/vendor/uno/
Microsoft Foundation Classes	Visual C++			+	+				+	Microsoft Corporation, Redmond, Washington; ftp://ftp.microsoft.com
NuTCRACKER X/SDK	C/C++				+		+			DataFocus, Inc., Fairfax, VA
ObjectViews C++	C++ Bibliothek, InterViews basiert			+	+		+		+	Quest Windows Corporation, Santa Clara, CA
Open Interface Elements	C++-Wrapper	+	+	+	+	+	+	+	+	Neuron Data, Palo Alto, CA
OpenUI	Pascal, COBOL, C, Ada, C++	+		+		+	+		+	Open Software Associates, Nashua, NH, http://www.osa.com.au/
Object Window Library	C++		+	+		+				Borland International, Inc., Scotts Valley, CA, http://www.borland.com/
Presentation Services Manager	Script Sprache			+			+			Lancorp Pty Ltd, Australia
Screen Machine	Ada	+	+	+			+			Objective Interface Systems, Inc.Reston, VA, info@ois.com
StarView	C++ Bibliothek			+	+	+			+	Star Division, Hamburg, Deutschland oder Menlo Park, CA, Email: svinfo@stardiv.de
Simple User Interface Toolkit (SUIT)	C Bibliothek		+	+			+	+	+	University of Virginia, suit@uvacs.cs.virginia.edu
VisualWorks	Smalltalk			+		+	+		+	ParcPlace, info@parcplace.com
Wind/U	Visual C++			+	+		+			Bristol Technology, http://www.bristol.com
WM_MOTIF User Interface Library	C Bibliothek MS Windows API			+	+		+			Software UNO, Ltd., Millburn, NJ, info@uno.com
WNDX	C Bibliothek		+	+	+		+	+	+	WNDX, Calgary, Alberta Canada, support@wndx. com
wxWindows	C++ Bibliothek			+	+	+	+	+	+	University of Edinburgh, http://www.aiai.ed.ac.uk/~jacs/wxwin.html
XVT Portability Toolkit	C/C++ Bibliothek	+	+	+	+	+	+	+	+	XVT Software Incorporated, Boulder, CO, http://www.xvt.com
Yet Another Class Library	C++ Bibliothek			+			+			M. A. Sridhar, University of South Carolina, sridhar@usceast.cs.scarolina.edu
zApp	C++ Bibliothek		+	+	+	+	+			Inmark, Mountainview, CA; sales@inmark.com
Zinc	C++ Bibliothek	+	+	+	+	+	+		+	ZINC Software Incorporated, Pleasant Grove, UT, http://www.zinc.com/

Tabelle 3: Portable Bibliotheken zur Programmierung graphischer Oberflächen (GUI)

Aus den obigen Bibliotheken wurde *WxWindows* [Sma95] für die Implementierung gewählt. Dabei handelt es sich um eine Softwarebibliothek, die am Artificial Intelligence Applications Institute der Universität Edinburgh entwickelt und gewartet wird. Gegenwärtig wird *WxWindows* in der Version 1.6.4 eingesetzt. Die Bibliothek zeichnet sich durch eine klare und leicht verständliche Konzeption aus, die alle Grundelemente einer ansprechenden graphischen Oberfläche enthält (s. Anh. B „Übersicht zu WxWindows"). Neben der objektorientierten Grundkonzeption und der direkten Unterstützung von C++ waren folgende Punkte für ihre Nutzung ausschlaggebend:

- alle benötigten Elemente einer graphischen Oberfläche werden unterstützt,
- eine Bibliothek direkt manipulierbarer graphischer Objekte als Basis der visuellen Sprache ist verfügbar,
- Dokumentation und Beispielprogramme sind gut verständlich und in ausreichendem Umfang vorhanden,
- sie ist auf mehreren Betriebssystemen, inkl. SunOS und X11 basierten Graphik-Plattformen einsetzbar,
- eine aktive Benutzergemeinde existiert, die über eine E-Mail Liste intensiv Erfahrungen und Informationen austauscht,
- eine gute Erreichbarkeit von Updates und Patches ist durch FTP oder WWW sichergestellt, und
- sie ist public-domain.

Kapitel 3

Optimierung und Parallelverarbeitung auf Workstation-Clustern

Optimierung bedeutet, „unter mehreren möglichen Realisationen eine Alternative zugunsten der besseren oder besten – nach Leibniz: optimalen – herbeizuführen" [Schw77, S. 5]. Das Ermitteln dieser optimalen Lösung ist ein aufwendiger Prozeß mit einem hohen Rechenzeitbedarf. Die multidisziplinäre Optimierung (Koppelung mehrere Analysemethoden mit der Optimierung) zählt aufgrund der verwendeten Programmsysteme zu den Aufgabenstellungen des „wissenschaftlichen Höchstleistungsrechnens" (High Performance Scientific Computing - HPSC [SOF92]). Sie stellt Anforderungen von hundert Megaflops und mehr an die verfügbaren Rechnerressourcen. Wie neuere Ansätze zur multidisziplinären Optimierung [Cram94, Schn94] zeigen, sind gerade diese Probleme aufgrund ihrer inhärenten Struktur für die Berechnung auf Workstation-Clustern geeignet. Mit Dekompositionstechniken lassen sich Zerlegungen erreichen, die von Systemen mit geringeren Ressourcen verteilt bearbeitet werden können. In die Dekomposition und Verteilung eines Problems auf einen Cluster sowie die Kontrolle des Lösungsfindungsprozesses mit einem klassenbasierten Ansatz soll hier eingeführt werden.

Trotz der großen Bedeutung von Optimierungssystemen in der industriellen Praxis sind die vorhandenen Optimierungspakete bisher nicht für den Einsatz in verteilten Umgebungen angepaßt. Allein durch die Nutzung neuerer, sequentieller Algorithmen werden Leistungssteigerungen von bis zu „zwei Größenordnungen" als realisierbar erachtet [Spie88]. Weitere Leistungssteigerungen durch Dekompositionstechniken und die parallel durchgeführte Optimierung von Teilproblemen sind dabei nicht berücksichtigt. Gerade die hybride Verwendung mehrerer Optimierungsverfahren [Bode91], die parallel an der Lösung des selben Problems arbeiten und Teilergebnisse austauschen, sollte den gesamten Optimierungszyklus beschleunigen. Die verteilte

Berechnung kann auch zu einer gleichmäßigeren Ausnutzung vorhandener Rechnerressourcen, weiteren Synergieeffekten und Kostensenkungen führen.

Die enge Verzahnung von Optimierung und Parallelverarbeitung durch die benötigten Prozessorleistungen einerseits und die vorhandenen Rechenressourcen andererseits motiviert die Entwicklung eines Modells der verteilten Optimierung. In diesem Kapitel sollen die Grundlagen zum Verständnis der Designentscheidungen und der verwendeten Terminologie gelegt werden. In einem ersten Schritt wird ein kurzer Überblick zur multidisziplinären Optimierung und zugehöriger Lösungsalgorithmen gegeben. Hierbei werden vor allem die fachspezifischen Vorgehensweisen bei der Formulierung von Optimierungsproblemen aufgezeigt. Außerdem werden die Schwierigkeiten bei der Auswahl geeigneter Algorithmen für ein Problem und deren bestmögliche Parametrisierung dargestellt. In einem zweiten Teil folgt eine Einführung in Prinzipien der Parallelverarbeitung sowie eine Zusammenstellung vorhandener Softwarelösungen für verteilte Systeme.

3.1 Grundlagen multidisziplinärer Optimierung

Die Bearbeitung multidisziplinärer Optimierungsaufgaben läßt sich prinzipiell in drei Phasen (s. Abb. 6) unterteilen, die iterativ durchlaufen werden. Dies sind im einzelnen:

1. die Problemmodellierung und -formulierung,
2. die Algorithmenauswahl und Parametrisierung sowie
3. die Optimierungsrechnung.

Die Nachbereitung der Ergebnisse, oft als sogenanntes Post-Processing bezeichnet, gehört nicht direkt zum Optimierungslauf, sondern reicht wieder zurück zur Aufgabe der Problemformulierung, da hier die Ergebnisse in Aussagen über das Modell einer speziellen Fachdisziplin umgesetzt werden. Die Problemformulierung wiederum kann in die fachspezifische Modellierung und die daraus resultierende Bildung des Optimierungsproblems, dann auch Optimierungsmodell genannt, unterteilt werden. Diese Unterteilung ist wichtig, da die fachspezifische Modellierung oft mit komplexen und nach außen abgeschlossenen Softwaresystemen, wie Finite-Element Programmen

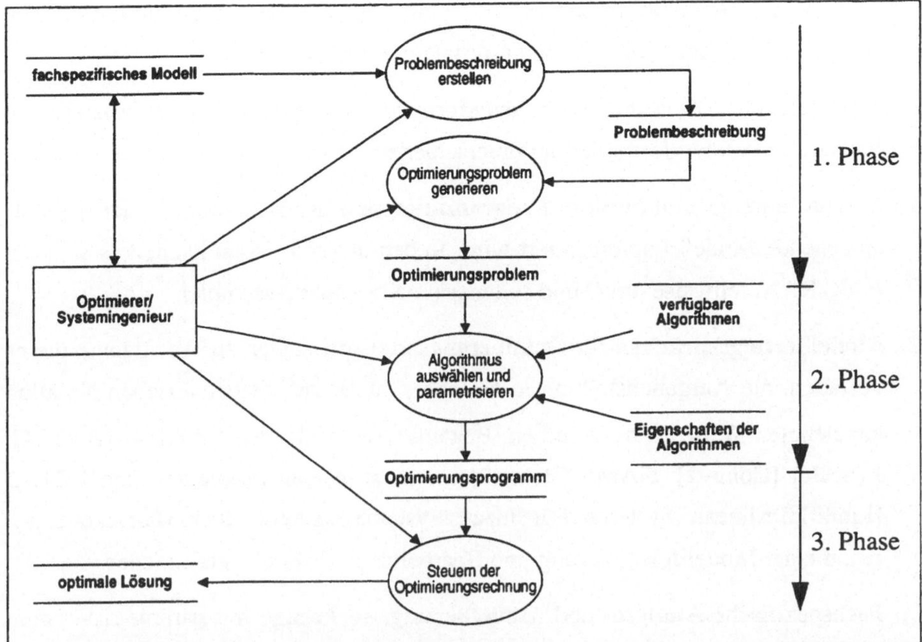

Abb. 6: Phasen multidisziplinärer Optimierung

erfolgt und die Umsetzung zu einem Optimierungsmodell getrennt davon vorgenommen werden muß.

3.1.1 Formulierung von Optimierungsproblemen

Die erste Phase des Optimierungszyklus' beginnt mit der Erstellung der Problembeschreibung. Hierzu wird ein von der jeweiligen Fachdisziplin geprägtes Modell erstellt und mit den problemspezifischen Modellierungswerkzeugen rechnergestützt in eine Form transformiert, die mit einem Optimierungsprogramm o.ä. weiterverarbeitet werden kann. Das Modell basiert auf mathematischen Gleichungssystemen, Konstruktionszeichnungen, allgemeinen Beschreibungen der Funktionalitäten, undokumentiertem Expertenwissen u.ä. Eine konkrete Problembeschreibung wird daraus abgeleitet und liegt dann im Datenformat des gewählten Problembeschreibungswerkzeugs vor, worin die große Bandbreite inkompatibler Darstellungen als ein Grundproblem der multidisziplinären Optimierung begründet liegt. Die einzelnen Darstellungsarten reichen von general-purpose Programmiersprachen, speziellen Modellierungssprachen bis hin zu Steuerdaten parametrisierbarer Modellierungswerkzeuge. Zur Bearbeitung des Problems benötigt der Benutzer unterschiedliche „Editoren", die auf das jeweilige Datenformat angepaßt sind.

Entsprechend der „Editoren" und Datenformate kann zwischen drei prinzipiellen Techniken der Problemformulierung unterschieden werden:

1. Es wird eine general-purpose **Programmiersprache** verwendet, in der das entsprechende Modell implementiert wird. In den meisten Fällen handelt es sich um FORTRAN, teilweise um C und seltener um C++ oder Assembler.

2. **Modellierungssprachen** für Optimierungsprobleme stehen zur Verfügung, die es gestatten, die Aufgabenstellung in einfacher, meist der mathematischen Notation angelehnten Weise zu beschreiben. Bekannte Beispiele sind OpTiX-II [Bode94], Lancelot [Conn92], GAMS [Broo88] bei nichtlinearen Problemen und LINDO [Lin88] für lineare Systeme. Für lineare Systeme existieren auch Matrixgeneratoren, die die Modellformulierung und Bearbeitung erheblich vereinfachen.

3. Fachspezifische **Analyse**- und **Modellierungswerkzeuge** mit parametrisierbaren Komponenten und speziellen Editoren oder Simulationspaketen, die einen eng begrenzten Einsatzbereich haben, darin aber eine sehr hohe Funktionalität aufweisen. Hierunter fallen vor allem Finite-Element Programme z.B. Ansys [Ans89] oder konkrete strukturmechanische Analysesysteme, wie beispielsweise SAPOP [Esch93].

Der vordergründig effizienteste Ansatz ist der erstgenannte, der aber oft unpraktikabel ist. Der Entscheidungsträger muß den gesamten Software-Entwicklungszyklus vollständig durchlaufen, um eine problemkonsistente Realisierung zu gewährleisten. Analytisch gegebene Systeme lassen sich noch relativ einfach in den Code einer Programmiersprache umsetzen, bei Aufgabenstellungen mit ingenieurtechnischem Hintergrund jedoch ist ein erheblicher Programmieraufwand nötig, um eine realitätsnahe Modellierung zu erzielen. Ein guter Optimierer muß bei diesem Ansatz ein guter Programmierer sein. Der englische und deutsche Sprachgebrauch trägt diesem Problem mit den Termini *linear/nonlinear programming* bzw. *lineare/nichtlineare Programmierung* Rechnung. Dabei geht der Begriff *linear programming* auf Georg B. Dantzig[1] zurück, dessen Entwicklung linearer Optimierungsverfahren mit der Entstehung

1. Auf Anregung von T. C. Koopmans benutzt Dantzig seit 1951 den Ausdruck „lineare Programmierung" anstatt des vorher verwendeten „Programmierung in einer linearen Struktur" [Dant66].

digitaler Rechenmaschinen zusammenfiel. Die reine Implementierung des gegebenen Modells in einer konkreten Programmiersprache weist ein großes Potential an Fehlerquellen auf und stellt selbst für geübte Programmierer ein sehr zeitaufwendiges Unterfangen dar, das sich von der eigentlichen Optimierungsaufgabe weit entfernt:

- Beherrschen von Syntax, Semantik und plattformspezifischen Details der verwendeten Programmiersprache, oft sind Algorithmen in mehreren unterschiedlichen Sprachen implementiert.
- Kenntnisse über Binder- und Lader-Anweisungen der verwendeten Betriebssysteme in heterogenen Umgebungen sowie der zugehörigen Softwarebibliotheken.

Die zweite Variante ist dahingehend wesentlich einfacher zu erlernen und bei analytisch gegebenen Problemen auch mit einem erheblich geringeren Fehlerpotential direkt umsetzbar. Hier stehen oft Hilfen in Form syntaxgesteuerter Editoren bei Sprachansätzen oder Matrixgeneratoren bei Paketen zur Linearoptimierung zur Verfügung [Wasi89]. Sie sind darüberhinaus meist mit einem Laufzeitsystem zur Steuerung der Optimierungsrechnung gekoppelt. Jedoch sind sie in der Regel nicht für eine parallele Lösung unter Nutzung eines Rechnernetzes ausgelegt, so daß der Anwender bei mehreren parallelen Optimierungsläufen diese selbst auf unterschiedlichen Rechnern durchführen muß. Außerdem können hiermit nicht alle Probleme formuliert werden und für die Anbindung von externen Simulationspaketen muß entweder die Sprache um spezielle Konstrukte erweitert, oder aber auf die Einbindung von Funktionen einer general-purpose Programmiersprache zurückgegriffen werden.

Der unmittelbare Vorteil fachspezifischer Analysewerkzeuge, wie z.B. der Finite-Element Systeme, findet sich in ihrer direkten Ausrichtung auf die zu modellierende Disziplin. Sie sind die Werkzeuge, mit denen der Entwurfsingenieur täglich arbeitet und stellen in vielen Fällen die einzige praktikable Variante zur Formulierung der Aufgabenstellungen dar. Allerdings ist ihre Kopplung mit Optimierungssystemen selten oder nur rudimentär gegeben [Hörn93]. In den wenigen Fällen, wie bei SAPOP, bei denen eine Integration von Analysewerkzeugen und Optimierungsprozeduren stattgefunden hat, fehlt aber meist die Möglichkeit, den hohen Ansprüchen an die benötigte Prozessorleistung durch parallele Abarbeitung zu genügen.

Die folgenden Unterabschnitte verdeutlichen diese Situation anhand der exemplarischen Darstellung einer mathematischen Modellierungssprache (OpTiX-II) und eines Modellierungswerkzeugs für strukturmechanische Aufgabenstellungen (SAPOP).

3.1.1.1 Problemformulierung mit OpTiX-II

Einen neueren Ansatz zur Optimierung nichtlinear restringierter Probleme stellt OpTiX-II [Bode95] dar. Es handelt sich hierbei um eine Softwareumgebung mit graphischer Oberfläche, die eine parallele und verteilte Lösung mathematisch formulierter Aufgabenstellungen auf einem Netzwerk heterogener Workstations erlaubt. Dabei wird zwischen einer Problemformulierungsphase, einer Übersetzungsphase und einer Ausführungsphase unterschieden.

In der ersten Phase wird unter Verwendung der OpTiX-II-Sprache die Beschreibung von Minimierungs- und Maximierungsproblemen nichtlinear restringierter Aufgabenstellungen erstellt, wobei von einer analytisch gegebenen Darstellung des Problems ausgegangen wird. Somit reduziert sich die Problemformulierung auf das Erstellen von OpTiX-Programmen mit einem konventionellen Texteditor. Die OpTiX-Problemformulierung ermöglicht die Definition von Variablen (Skalare und Vektoren) und Konstanten, der Angabe einer skalaren Zielfunktion und von Nebenbedingungen sowie Grenzen für einzelne Variablen. Das gesamte Problem kann mit Startwerten für die Optimierungsrechnung initialisiert werden. Eine wichtige Teilkomponente des Systems ist der symbolische Ableiter, der dem Optimierer die fehlerträchtige Berechnung und Codierung der 1. und 2. Ableitungen der Zielfunktion und der Nebenbedingungen erspart. Bei der Definition der Sprache wurden zwei wesentliche Entwurfsentscheidungen getroffen, die Sprache sollte Konstrukte enthalten, die eine parallele Verarbeitung ermöglichen und solche, um externe Systeme anzukoppeln; zwei Entscheidungen, die im Redesign (Abschnitt 4.1.2.2) grundlegend geändert wurden.

In der zweiten Phase wird der OpTiX-Code in Quelltext der Programmiersprache „C“ umgesetzt und nach einer Übersetzung zu ausführbaren Programmodulen zusammengebunden. In der Ausführungsphase werden diese in einer Laufzeitumgebung auf ausgewählte Rechner des vorhandenen Netzwerks verteilt und gestartet. Dazu wird zunächst für jeden Optimierungsserver ein Algorithmus bestimmt und in einem Dialogfenster parametrisiert. Die nachfolgende Steuerung der Optimierungsläufe geschieht über interaktiv zu erstellende Steuerskripte aus der Laufzeitumgebung heraus und ermöglicht so eine verhältnismäßig einfache Ausnutzung der durch das Rechnernetzwerk gegebenen Prozessorleistung.

3.1.1.2 Beschreibung von Strukturoptimierungsproblemen mit SAPOP

In der Angewandten Mechanik wird das Verhalten mechanischer Strukturen untersucht, um die Gesetzmäßigkeiten und das Strukturverhalten von Konstruktionen bestimmen zu können. Daraus sollen für Bauteile aussagekräftige Strukturmodelle zur Berechnung des mechanischen Verhaltens ermittelt werden. Diese mathematisch-physikalischen Ersatzmodelle basieren in der Regel auf Differentialgleichungen und dienen als Nachweis, daß eine Struktur die an sie gestellten Spezifikationsanforderungen einhält. Dabei sollen vor allem Verformungen von Bauteilen, Spannungen und Eigenwerte als Kennzeichnung des Schwingungsverhaltens innerhalb der jeweils benötigten Toleranzen liegen. Liegt ein aussagekräftiges Strukturmodell vor, so besteht die Möglichkeit, am Computer Simulationen durchzuführen, die zu einem großen Teil kostspielige und zeitaufwendige Versuchsreihen ersetzen können. Zur Berechnung der Strukturmodelle werden Strukturanalyseverfahren benötigt; das sind entweder speziell angepaßte Strukturanalyseprogramme oder aber allgemeine Finite-Element Programmsysteme. Die bei der Berechnung ermittelten Werte für die Variablen des Strukturmodells werden i.a. Zustandsgrößen des gegeben Entwurfs genannt. Dabei muß stets zwischen der Modellgenauigkeit, also der Übereinstimmung von Modell und realer Struktur und dem notwendigen Analyseaufwand ein Kompromiß eingegangen werden.

Innerhalb der Strukturoptimierung wird nun das Ziel verfolgt, die Gestaltung und die Dimensionierung von Bauteilen unter Einhaltung aller physikalischen und mechanischen Randbedingungen zu optimieren. Dazu zählen insbesondere die optimale Gestaltsfindung von Strukturen der Luft- und Raumfahrttechnik, des Automobilbaus, der Fördertechnik, des Walzwerkbaus sowie der Teleskoptechnik, aber auch der Einsatz neuartiger Materialien. Eine optimale Formgebung umfaßt nicht nur die Bestimmung von einzelnen Bauteilabmessungen, sondern vor allem die Lösung gestaltsbeschreibender Funktionen, denen nicht selten gegenläufige Zielvorstellungen zugrunde liegen. Diese Gestaltsänderungen können sehr deutliche Auswirkungen auf die gegebene Struktur aufweisen. So entfallen z.B. bei dem Zehnstabsystem aus Abschnitt 5.3.2 vier Stäbe der Ausgangslösung (Abb. 39), da sie zu Null-Stäben geworden sind, was der berechneten Dicke von 1mm in dem Modell entspricht. In dem optimalen Entwurf (Abb. 42) werden sie nur noch als Linie skizziert. Die Optimierungsmodellbildung ist demzufolge die zentrale Aufgabe beim Lösen eines Strukturoptimierungsproblems und erfordert Kreativität und Erfahrung, zumal die numerischen Ergebnisse wieder aus Sicht des Strukturmodells interpretiert werden müssen.

Ein leistungsfähiges Softwaresystem für Strukturoptimierungsaufgaben stellt die modular aufgebaute Optimierungsprozedur SAPOP (Structural Analysis Program and Optimization Procedure) [Esch93] dar, die am Forschungszentrum für Multidisziplinäre Analysen und angewandte Strukturoptimierung (FOMAAS) entwickelt wurde. SAPOP verfügt über eine Reihe von Optimierungsalgorithmen und Strukturanalyseverfahren, die die Bildung von Optimierungsmodellen zu mehreren Analyseverfahren gestatten, wobei die Optimierungsverfahren speziell für die Belange der Strukturoptimierung angepaßt wurden. Die Strukturoptimierungsaufgabe gliedert sich in die Erstellung des Strukturmodells, der Optimierungsmodellbildung und der Lösung des so gegebenen skalaren Parameteroptimierungsproblems. In einer Optimierungsschleife (siehe Abb. 7 aus [Esch93]) können dann viele praktische Aufgabenstellungen mit unterschiedlichen Algorithmen gelöst werden. Die Strukturanalyse ist dort als

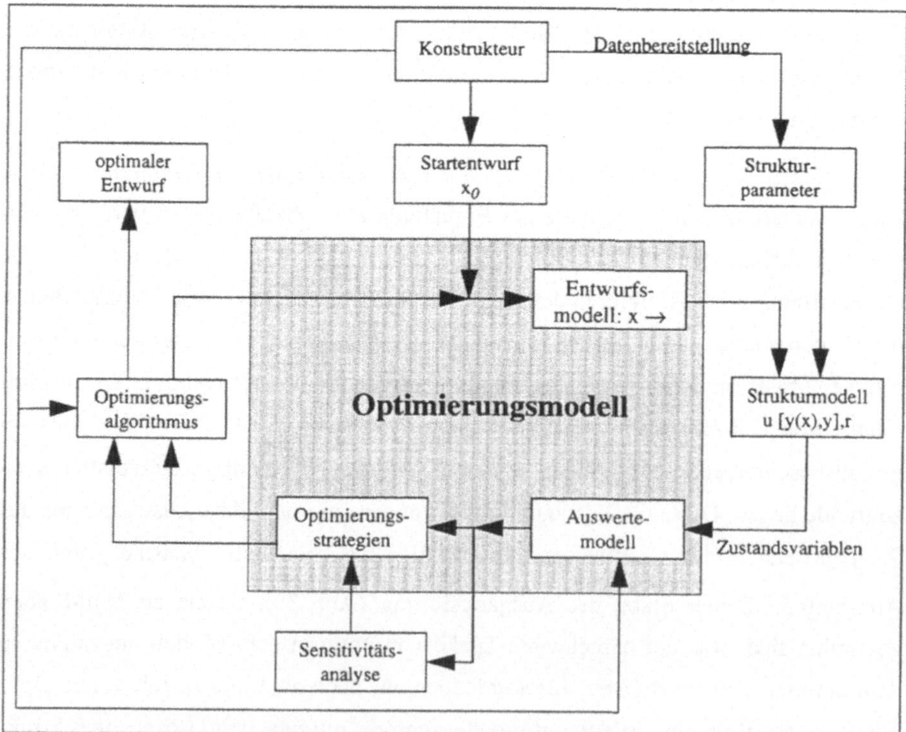

Abb. 7: Die Optimierungsschleife des SAPOP Systems aus [Esch93]

Funktion **„u[y(x), y], r“** wiedergegeben und ermittelt die Zustandsvariablen des Strukturmodells. Die meisten in neuerer Zeit vorgestellten Optimierungsprozeduren verwenden i.d.R. nur die Finite-Element Methode als Strukturanalyse und verfügen nur über begrenzte Möglichkeiten der Optimierungsmodellbildung [Hörn93]. SAPOP zeichnet sich demnach durch seine größere Flexibilität aus und erlaubt, zum Teil sehr problemspezifisch angepaßte Analyseverfahren mit eigenen Dateiformaten integriert anzuwenden. Je nach gegebener Aufgabenstellung kann zwischen Eigenentwicklungen des FOMAAS und kommerziellen Analyseverfahren gewählt werden:

- ABAQUS: Allgemeines FEM Strukturanalyseprogramm, von Hibbitt, Karlsson & Sorensen, Inc. (http://www.hks.com/), das bevorzugt für nichtlineare Probleme eingesetzt wird. Die Problembeschreibung wird zumeist mit I-DEAS erstellt und mit dem dort vorhandenen ABAQUS Filter exportiert.
- ABSOR: Hierbei handelt es sich um ein erweitertes Übertragungsmatrizenverfahren für beliebige nicht-rotationssymmetrische Belastungen. Eine Eigenentwicklung mit speziellem Dateiformat für die Eingabedatensätze, bei dem zur Zerlegung in Teilsysteme das SAPOP SUBSYN-Modul verwendet wird. Mit diesem Programm kann eine Substruktursynthese auf Basis der Verschiebungsgrößenmethode durchgeführt werden. Es beinhaltet auch Transformationsmodule zur Kopplung von Rotationsschalen mit nicht-rotationssymmetrischen Schalen [Esch89].
- ANSYS: Kommerzielles Strukturanalyseprogramm auf Basis der Methode der Finite-Elemente als general-purpose Werkzeug [Ans89].
- BEOS: Von der Deutschen Forschungs- und Versuchsanstalt für Luft- und Raumfahrt (DLR) entwickeltes und am FOMAAS verbessertes Programm zur Beulanalyse (Stabilitätsanalyse) von Schalenstrukturen aus CFK auf Basis der Methode der Finite-Elemente. Es besitzt ein spezielles Format für Eingabedatensätze, hat aber keinen Prä- oder Postprozessor [Rohw84].
- DYNOST: Programm zur dynamischen Analyse vorgespannter Rotationsschalen, einschließlich der Berücksichtigung von Flüssigkeitsfüllungen. Es werden Übertragungsmatrizen für die Modellierung der Schalenstrukturen und die Randelementmethode (Boundary Element Method, BEM) zur Berechnung der Flüssigkeit angesetzt. Weiter sind eine

Reihe effizienter Reduktionsverfahren für die dynamische Substrukturtechnik enthalten. DYNOST ist eine Entwicklung von MBB/ERNO mit Prä- oder Postprozessor [Diek91].

- I-DEAS: Das Master Series Release (CAE)-Programm von SDRC (Structural Dynamics Research Corporation, http://www.sdrc.com), dessen Berechnungsmodule auf der Finite-Elemente Methode basieren. Es ist ein wesentlich komplexeres Softwarepaket als Ansys mit erweiterter Funktionalität und kann direkt zur Steuerung von NC- oder CNC-Maschinen genutzt werden. Außerdem existieren Filter für den Datenaustausch mit ABAQUS, Ansys und weiteren Analysewerkzeugen.

Die Formulierung des Optimierungsproblems geschieht somit in zwei Schritten. In einem ersten wird das Strukturmodell erstellt und in den zugehörigen Datenformaten gespeichert. In einem zweiten Schritt wird ein Optimierungsmodell definiert, bei dem ein Teil der Parameter des Strukturmodells zu Entscheidungsvariablen der Optimierungsrechnung wird und andere Parameter zu Zielfunktions- oder Restriktionsausdrücken zusammengestellt werden. Dieses Optimierungsmodell steht als parametrisierbarer Datensatz in einer Steuerdatei für die Optimierungsrechnung zur Verfügung und beinhaltet auch die zur Optimierung notwendigen Algorithmen mitsamt einer Parameterbelegung. Die anschließende Optimierung wird durch den Aufruf des SAPOP-Hauptprogramms im Batchbetrieb durchgeführt. Die Resultate der Optimierung können mit Hilfe der Analysewerkzeuge interpretiert werden und dienen als Grundlage weiterer Modellierungs- und Optimierungsläufe.

3.1.2 Klassifikation von Optimierungsproblemen

Als Ergebnis der Problemformulierungsphase entsteht ein Optimierungsproblem, auch Optimierungsaufgabe oder Optimierungsmodell genannt. Dies ist die konkrete Umsetzung des Modells in eine Datenstruktur und ein Programmsystem, das von einem Rechnersystem abgearbeitet werden kann. Um über prinzipielle Eigenschaften des Optimierungsproblems zu sprechen, verwendet man in der Regel eine abstrakte mathematische Klassifizierung. Sie charakterisiert den Entscheidungsraum, der durch die verwendeten Funktionen oder Funktionale (linearen oder nichtlinearen Typs) definiert wird und dessen zulässiger Lösungsbereich durch Grenzen weiter eingeschränkt werden kann. Durch diese Klassifizierung wird eine grobe Abschätzung benötigter Ressourcen und anwendbarer Algorithmen zur Lösung der jeweils gegebenen Aufgabenstellung ermöglicht. Auf das Problem der Auswahl und Parametrisierung einzelner Algorithmen wird in Abschnitt 3.1.3.1 näher eingegangen.

Bisher existiert keine einheitliche Klassifikation, da je nach Zielsetzung und Schwerpunkt unterschiedliche Systeme aufgestellt und verwendet werden und sich für viele Anwendungen eigene Ausprägungen etabliert haben [Pete91]. Für den hier vorliegen-

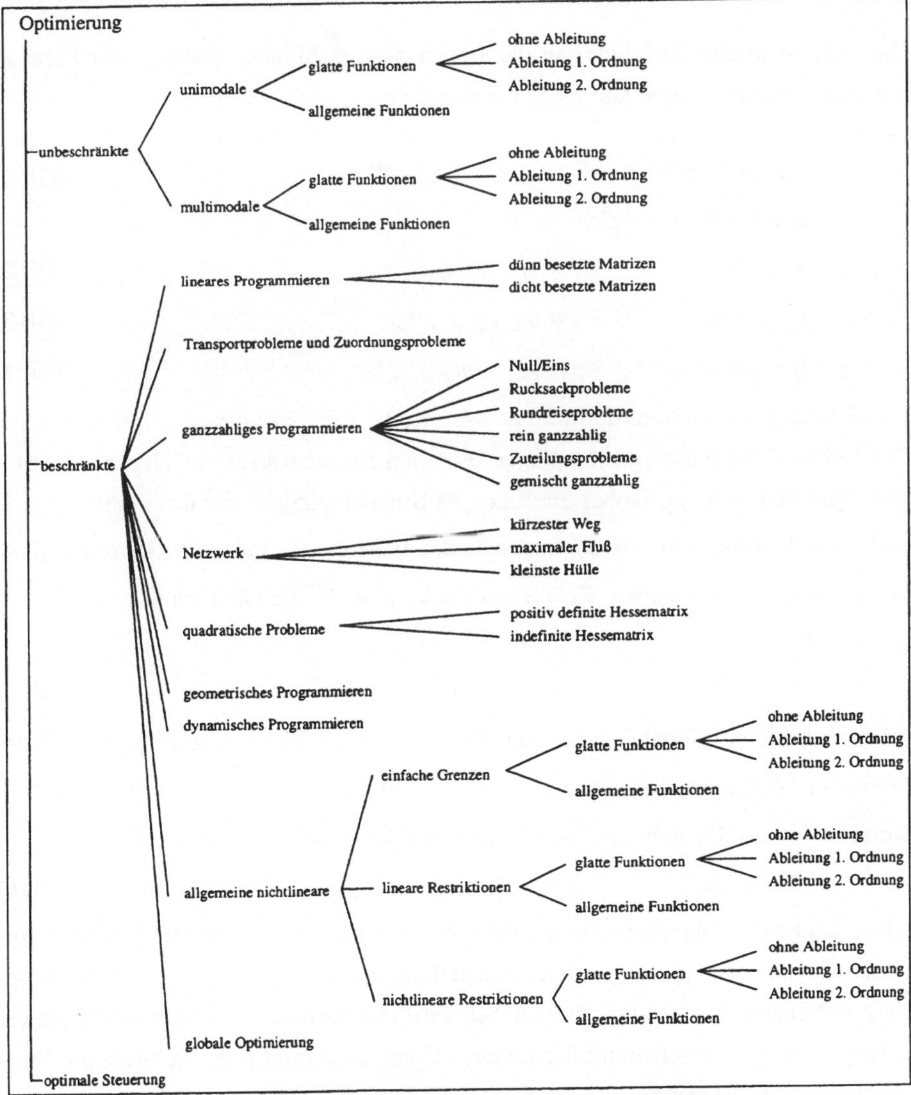

Abb. 8: Klassifikation von Optimierungsproblemen nach GAMS [Bois94]

den Bereich wird die Einteilung aus Abb. 8 verwendet. Sie ist dem „Guide to Available Mathematical Software“ (GAMS) [Bois94] angelehnt, in dem mathematische Software für Wissenschaftler des NIST (National Institut of Standard and Technology) klassifiziert wird. Zur Beschreibung eines Problems und der Herleitung von Algorithmen werden für die einzelnen Zweige dieser Klassifizierung angepaßte mathematische Darstellungen verwendet. Diese gestatten es, mathematisch exakt die funktionalen Zusammenhänge, insbesondere auch die Definition der Optima anzugeben.

Die mathematische Formulierung der Unterklasse nichtlinear restringierter Parameteroptimierungsprobleme lautet beispielsweise:

minimiere $f(x)$

mit $x \in G \subseteq R^n, f : R^n \rightarrow R,\ G : R^n \rightarrow R^m$ (GL 1)

und G definiert durch:

$g_j(x) = 0, \qquad j = 1, \ldots, m_e$ (GL 2)

$g_j(x) \leq 0, \qquad j = m_{e+1}, \ldots, m_n$ (GL 3)

$l_j \leq x_j \leq u_j, \qquad j = 1, \ldots, m_b$ (GL 4)

Dabei stellt f die Zielfunktion (Güte- oder Kostenfunktion) dar, die optimiert wird. Das Gebiet G der zulässigen Lösungen setzt sich zusammen aus den Nebenbedingungen (Restriktionen) g_j, wobei zwischen Nebenbedingungen in Gleichheits- (GL 2) und Ungleichheitsform (GL 3) unterschieden wird sowie einfachen Grenzen (GL 4) der Entscheidungsvariablen. Erfüllt ein Punkt $x^* \in R^n$ die Gleichungen (GL 1) und gilt ferner:

$f(x^*) \leq f(x) \qquad \forall x \in G \subseteq R^n$ (GL 5)

so wird dieser als globale Lösung des Optimierungsproblems und $f(x^*)$ als globales Optimum (Minimum) bezeichnet. Ein lokales Optimum $f(x^*)$ liegt dagegen dann vor, wenn es nur eine Umgebung U von x^* gibt, die die Gleichung (GL 6) erfüllt:

$f(x^*) \leq f(x) \qquad \forall x \in G \cap U(x^*),\ U \subseteq G \subseteq R^n$ (GL 6)

Diese mathematische Darstellung des Optimierungsproblems und ihre nach rein formalen Gesichtspunkten gegliederte Aufstellung abstrahiert von der engen Verknüpfung mit einem Anwendungsbereich. Sie wird in Abschnitt 4.1.2 verwendet, um ein klassenbasiertes Modell multidisziplinärer Optimierungsaufgaben zu erhalten. Dazu werden drei Basisklassen:

1. zur Definition der Problembeschreibung,
2. zur Anbindung des zugehörigen Problemeditors oder Analyseverfahrens und
3. zur Darstellung der abstrakten mathematischen Funktionalität eingeführt.

Zu jeder Beschreibungsklasse wird ein Generator definiert, der eine konkrete Ausprägung der Zielfunktion und Restriktionsfunktionen des gegebenen Problems erzeugt.

3.1.3 Optimierungsmethoden und -algorithmen

Nach der Formulierung des Optimierungsproblems beginnt die zweite Phase des Optimierungslaufs mit der Auswahl und Parametrisierung von Algorithmen, in die hier eingeführt wird. Im folgenden bezeichnet der Begriff „Methode“ eine allgemeine Beschreibung einer numerischen Vorgehensweise und „Verfahren“ oder „Algorithmus“ eine konkrete Beschreibung numerischer Vorschriften [Göpf86]. Dieser Abschnitt schließt mit Hinweisen zur Einbindung existierender Verfahren und Algorithmenbibliotheken.

3.1.3.1 Auswahl und Parameterbelegung von Algorithmen

Zur Lösung der Optimierungsaufgabe muß ein Algorithmus verwendet werden, der die Ermittlung des gesuchten Optimums möglichst effizient erreicht. Da nicht für jedes konkrete Problem ein eigener Algorithmus implementiert werden kann, stellt sich die Aufgabe, aus einer gegebenen Verfahrensbibliothek einen oder mehrere Algorithmen auszuwählen. Prinzipiell können auf eine spezielle Klasse von Optimierungsproblemen (s. Abb. 8) eine Reihe von Optimierungsalgorithmen angesetzt werden, die sich jedoch sehr stark hinsichtlich Konvergenzgeschwindigkeit und -sicherheit unterscheiden. Zusätzlich besitzt jeder Algorithmus eine Reihe von Steuerparametern, die das Verhalten des Algorithmus in starkem Ausmaß beeinflussen. Damit ist die Auswahl eines geeigneten Algorithmus und seine Steuerung ein schwieriges Problem, dessen Lösung zum Teil mit dem Einsatz von Expertensystemen angegangen wird [CP89, Pete91]. Diese wissensbasierte Steuerung eines Algorithmus wird als Metaoptimierverfahren bezeichnet.

Bei der Auswahl eines Algorithmus muß seine Eignung, ein gegebenes Problem lösen zu können, untersucht werden. Dies entspricht der Beantwortung folgender drei Fragen:

1. Ist der Algorithmus/die Methode prinzipiell geeignet, das gegebene Problem zu lösen?

2. Ist die Anwendung des Algorithmus aus implementierungstechnischer Sicht gestattet?

3. Ist die Effizienz des Algorithmus ausreichend?

Zur Klärung der ersten Frage werden Klassifizierungsansätze zu den Optimierungsalgorithmen verwendet, die sich nach Eigenschaften des zu optimierenden Problems oder dem methodischen Prinzip des Verfahrens und seinen Fähigkeiten unterscheiden lassen. Da sich beide Klassifizierungsmerkmale wechselseitig beeinflussen, ist eine einfache hierarchische Anordnung der Eigenschaften nicht ausreichend [Pete91]. Deshalb wird dort eine tabellarische Zusammenstellung aller charakterisierenden Merkmale entworfen, die als Basis der Auswahl dient. Diesem Vorgehen wird in Abschnitt 4.1.4 im wesentlichen gefolgt. In derselben Weise läßt sich auch die zweite Frage beantworten. Hier handelt es sich zum Beispiel darum, ob das gewählte Verfahren für die gegebene Anzahl an Entscheidungsvariablen einsetzbar ist. Diese Überprüfung läßt sich relativ einfach anhand einer Tabelle implementierungsspezifischer Eigenschaften und Beschränkungen durchführen.

Das eigentliche Problem stellt die dritte Frage dar. Hier ist eine simple Auswahl des effizientesten Algorithmus anhand eines Merkmalkatalogs nicht möglich. Als Lösung scheinen sich zwei Wege anzubieten. Entweder ist der Einsatz umfassender Heuristiken nötig, die eine automatische Auswahl eines oder mehrerer Verfahren gewährleisten, oder aber das Expertenwissen der Bediener muß genutzt werden. Diesem zweiten Ansatz wird in der vorliegenden Arbeit gefolgt. Bei multidisziplinären Aufgabenstellungen lassen sich die Klassen der geeigneten Verfahren sehr gut über Merkmalskataloge soweit eingrenzen, daß der Optimierungsexperte seine Auswahl nur noch aus einer kleinen Grundgesamtheit zulässiger und verfügbarer Algorithmen treffen muß. Die Anforderungen der einzelnen Analyseverfahren geben hinreichend starke Einschränkungen. Auch bei einer regelbasierten Auswahl wird in den meisten Fällen mehr als ein geeignetes Verfahren als Ergebnis der Suche erscheinen, so daß auch dort der Benutzer die Entscheidung treffen muß (dies allerdings aus einer kleineren Grundgesamtheit). Also muß dem Optimierer genügend Information über das Verhalten der Algorithmen zur Verfügung gestellt werden, um ihn bei der Entscheidungsfindung zu unterstützen.

Zur Anwendung eines Verfahrens im anschließenden Lösungsfindungsprozeß wird eine Parameterbelegung benötigt, die die Leistungsfähigkeit des Verfahrens optimal nutzt. Die Steuerparameter bestehen sowohl aus laufzeitorientierten Größen, wie maximaler Iterationszahl oder maximaler zeitlicher Dauer, aber auch aus Abbruchgenauigkeiten und Konvergenzkriterien sowie weiteren verfahrensspezifischen Werten. Da diese Steuergrößen zum Teil starke Interdependenzen aufweisen, ist die richtige Einstellung eines Algorithmus auf ein Problem auch ein Optimierungsproblem von hoher Komplexität.

Dem Ansatz, dieses Meta-Optimierungsproblem genauso wie das Auswahlproblem mit Hilfe eines Expertensystems zu lösen, steht die Idee gegenüber, das menschliche Expertenwissen bei der Lösung stärker zu nutzen. Ein zentrales Problem bei dem Expertensystemansatz ist, daß hinreichende Informationen über das Optimierungsproblem vorliegen müssen; dies bedeutet genauer, Informationen über das funktionale Verhalten anzusammeln bzw. auszuwerten, was gleichzusetzen ist mit Berechnungen der Zielfunktion und der Restriktionen. Damit werden bei multidisziplinären Verfahren aber die aufwendigen numerischen Analyseverfahren durchlaufen, die wesentlich mehr Rechenzeit in Anspruch nehmen als der eigentliche Optimierungsalgorithmus beansprucht. Systemingenieure, die hingegen das Problem modelliert haben, besitzen genau diese Information über das Problem und erwerben bei der regelmäßigen Arbeit mit einem Werkzeug zur multidisziplinären Optimierung sehr schnell eine gute Einschätzung der Effizienz verfügbarer Verfahren. Für gelegentliche Nutzer scheint die längere Rechenzeit bei dem Einsatz weniger effizienterer Verfahren als zulässig.

Dem benutzerorientierten Ansatz, mit einer Vorselektion bei der Algorithmenwahl und einer auf die Bedienung durch einen Menschen abgestimmten Hilfe bei der Parameterbelegung wird in der vorliegenden Arbeit gefolgt.

3.1.3.2 Verfügbare Algorithmen-Bibliotheken

Umfangreiche Softwarepakete bieten eine Vielzahl implementierter Verfahren zur Optimierung, die zum einen der Klassifizierung der zugeordneten Probleme (s. Abb. 8) folgen oder nach dem Grundprinzip des Algorithmus angeordnet werden. Dabei unterscheiden sich viele Verfahren nur durch geringfügige Änderungen der grundlegenden Methode, die aber große Auswirkungen auf das Laufzeitverhalten haben. Bei der ständig wachsenden Zahl neuer und modifizierter Verfahren soll hier ein kurzer Überblick zu wesentlichen Informationsquellen genannt werden, die zum Studium grundlegender Zusammenhänge notwendig sind, oder aktuelle Neuerungen und Trends zeigen.

Die in der OpTiX-Workbench verfügbaren Algorithmen beruhen im wesentlichen auf [Flet87, Gill81] (Schwerpunkt: generelle Einführung), [Dixo78] (Schwerpunkt: globale Optimierung), [Schw77] (Schwerpunkt: evolutionäre Algorithmen); [Dant66] (Schwerpunkt: lineare Algorithmen) und [Hörn93] (Schwerpunkt: Strukturoptimierung). Weitere existierende Pakete können [Moir93] sowie den Dissertationen [Bode94, Pete91] entnommen werden. Über Internet-Verbindungen existieren viele Quellen, die aktuelle Informationen bereitstellen. Es sind dies die Zusammenstellungen der gängigsten Fragen, die sogenannten FAQ‘s („frequently asked questions“) mit ihren World Wide Web Adressen, zu den Themen:

- **Lineare Probleme**:
  http://www.skypoint.com/subscribers/ashbury/linear-programming-faq.html
  von Gregory, John W. (jwg@cray.com) „Linear Programming FAQ“, (1995).
- **Nichlineare Probleme**:
  http://www.skypoint.com/subscribers/ashbury/nonlinear-programming-faq.html
  von Gregory, John W. (jwg@cray.com) „Nonlinear Programming FAQ“, (1995).

Oder die folgenden Online-Dienste zum Bezug von Quelltexten und Informationen:

- **GAMS**: http://gams.nist.gov
  Informationsdienst des „National Institute of Standards and Technology (NIST)“, Gaithersburg, MD; GAMS steht für „Guide to Available Mathematical Software“.
- **NETLIB**: http://www.netlib.org
  Online-Dienst des Oak Ridge National Laboratory, Knoxville, TN und der AT&T Bell Laboratories, Murray Hill, NJ. Gewartet werden die Informationen von Jack Dongarra, ORNL (dongarra@cs.utk.edu) und Eric Grosse, Bell Labs (ehg@research.att.com).
- **EMS**: http://www.emis.de/ oder http://www.zblmath.fiz-karlsruhe.de/
  Informationsdienst der „European Mathematical Society“ in Kooperation mit dem FIZ Karlsruhe und dem Zentralblatt für Mathematik mit Bernd Wegner, TU Berlin, als Koordinator und Herausgeber des Zentralblatt für Mathematik wegner@math.tu-berlin.de.

- **ZIB**: http://elib.zib-berlin.de/
  Software des Konrad-Zuse-Zentrum für Informationstechnik Berlin (ZIB).

Ein besonderes Problem der praktischen Nutzung der in den obigen Quellen verzeichneten Algorithmen stellt sich bei ihrer Integration in die OpTiX-Workbench, da sie in der Regel in den Programmiersprachen Fortran, C und C++ implementiert sind. Hierin liegt ein weiterer Grund dafür, daß C++ als Implementierungssprache gewählt wurde (s. auch Abschnitt 2.1.2 und Abschnitt 2.3.3), denn C++ ermöglicht sowohl eine Algorithmen-Klassenhierarchie als auch eine Einbindung existierender Codesegmente in FORTRAN, C oder andere prozedurale Sprachen mit akzeptablem Aufwand (s. Abschnitt 4.1.4).

3.2 Ansätze und Werkzeuge zur Parallelverarbeitung auf einem Workstation-Cluster

Dieser Abschnitt gibt einen Einblick in die Begriffe und Konzepte des Clustercomputings und schließt mit einer Darstellung der verfügbaren Werzeuge zur Programmierung von Workstation-Clustern. Da die Arbeit der Nutzung von Rechnernetzen zur Lösung multidisziplinärer Optimierungsaufgaben gewidmet ist, liegt ein Schwerpunkt auf nachrichtenbasierten Konzepten zur Verteilung grobkörnig paralleler Systeme. Dabei wird insbesondere die Auswahl von PVM (s. Abschnitt 3.2.3.2) als Basis der Prototypimplementierung motiviert.

3.2.1 Einsatz eines Workstation-Clusters als Alternative zu klassischen Parallelrechnern

Anwendungsbereiche mit hohen und höchsten Anforderungen an die verfügbare Rechenleistung, wie komplexe Simulationen und Optimierung, aber auch Echtzeitsysteme für die Robotersteuerung und Bildverarbeitung oder Prozeßsteuerung sind klassischerweise eine Domäne der Parallelrechner-Systeme. Es handelt sich dabei vor allem um Multi-Vektorrechner und hoch- bis massiv parallele Rechner (Tab. 4) und mit zunehmender Bedeutung auch um Workstation-Cluster.

Hersteller	Rechner	Parallelität	Internet Verweis
Chen Systems	CS-1000	bis 8 Prozessoren, SM	http://www.chensys.com
CONVEX Computer Corp.	SPP1200	2-128 Prozessoren, SM	http://www.convex.com
Cray Research, Inc.	T3D T90 Serie	32-2048 Prozessoren, MPP 4 -32 Prozessoren, Vektor, SM	http://www.cray.com
Digital Equipment Corp.	ACCS Model 5000 AlphaServer 8400	4-16 Prozessoren Cluster, SM 1-12 Prozessoren, SM	http://www.digital.com/info/hpc/hpc.html
Fujitsu	VPP300 SERIES	1-16 Prozessoren Vektor, SM	http://www.fujitsu.co.jp
IBM POWER Parallel Systems	SP-1, SP-2	bis zu 64 Prozessoren, MPP	http://lscftp.kgn.ibm.com/pps
Integrated Computer Engines	MeshSP	MPP	http://www.iced.com
Intel Supercomputer Systems Division	Pargon, Touchstone Delta, Touchstone SIGMA	bis zu 4000 Prozessoren bis zu 500 Prozessoren über 2000 Proz., 150 GFLOPS	http://www.ssd.intel.com/home-page.html
MasPar Computer Corp.	MP 1100, MP 1200	1 bis 16 Boards mit je 1024 Prozessoren	ftp://ftp.maspar.com/pub/SysOver.ps.Z, Email: support@maspar.com
Meiko	CS-1, CS-2	bis zu 256 Prozessoren, MPP	http://www.meiko.com
NEC	SX-4	bis zu 512 Prozessoren, MPP	http://www.nec.co.jp
nCUBE	2S	bis zu 8192 Prozessoren, MPP	http://earthcube.mit.edu
Parsytec Computer GmbH	Parsytec CC	über 1000 Prozessoren	http://www.parsytec.de
Siemens Nixdorf Informationssysteme AG (SNI)	RM1000	mehrere hundert Prozessoren	http://www.sni.de/
Sandia National Laboratories	Tera Computer	mehrere tausend P6 Prozessoren	http://www.cs.sandia.gov/teraflop.html
Thinking Machines Corp.	CM-5	bis zu 16384 Prozessoren	http://www.think.com/
(SM = Shared Memory, MPP = Massively Parallel Processing, DM = Distributed Memory)			

Tabelle 4: Zusammenstellung von Parallelrechner- und Supercomputersystemen

Die **Multi-Vektorrechner** (mit bis zu 16 Prozessoren, von Herstellern wie Cray, Fujitsu, SNI oder IBM) zeichnen sich durch hohe Anschaffungs- und Wartungskosten aus, so daß sie nur in wenigen Institutionen und Unternehmungen eingesetzt werden und daher nur in eingeschränktem Umfang zur Verfügung stehen. Die **massiv parallelen Computersysteme** (ab etwa 100 bis 1000 Prozessoren, von Herstellern wie Cray, nCUBE, Thinking Machines, Intel oder Parsytec) sind eine relativ neue Rechnerklasse mit ebenfalls hohen Anschaffungs- und Betriebskosten (Kaufpreis oberhalb 10 Millionen US $). Diese Rechnerklasse wird für massiv parallele Anwendungen in der Regel mit automatisch parallelisierenden Compilern angewendet. Allerdings müssen neben den hohen Kosten auch gewachsene Algorithmenbibliotheken oder Modellierungssysteme durch neu konzipierte und implementierte ersetzt werden. **Workstation-Cluster** gehören zu den weitverbreiteten Arbeitsumgebungen in Universitäten, Forschungseinrichtungen und CAD- bzw. CAE-Abteilungen in Unternehmen. Dabei ist festzustellen, daß diese Systeme in der Regel nur zu einem geringen Teil wirklich ausgelastet werden. Der durchschnittliche Lastfall liegt nach Literatur-

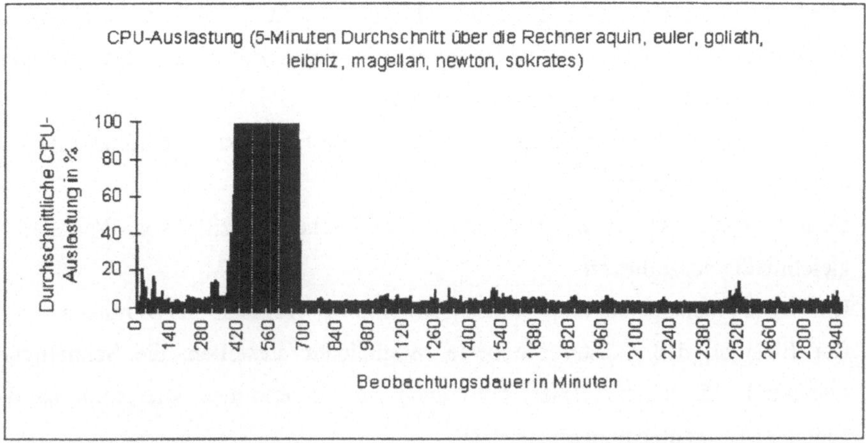

Abb. 9: Typische CPU-Auslastung am Fachgebiet Wirtschaftsinformatik, Uni-GH Siegen [Bode95]

angaben [SOF92, Cap94] zwischen 5% und 20%, was auch durch eigene Messungen am FOMAAS bestätigt wurde (Abb. 9, [Bode95]). Diese geringe durchschnittliche Auslastung muß aber relativiert werden, da die hohen freien Kapazitäten von durchschnittlich 90% systembedingt vielfach notwendig sind. Es handelt sich um Arbeitsplatzrechner mit hochauflösenden graphischen Monitoren, die für akzeptable Antwortzeiten im interaktiven Benutzerbetrieb eine hohe CPU-Leistung aufweisen müssen und in dieser Zeit auch keinem Betrieb unter Vollast ausgesetzt sein dürfen. Erst wenn der einzelne Rechner nicht für die interaktive Arbeit benötigt wird, z.B. außerhalb der Regelarbeitszeit, oder wenn der lokale Benutzer anderen Tätigkeiten nachgeht, kann diese Rechenleistung auch für weitere Aufgaben genutzt werden. Dies ist der Ansatzpunkt für das sogenannte Workstation-Cluster Computing, das die Rechner eines existierenden Netzes als Knoten eines virtuellen Parallelrechners zusammenfaßt.

Die wesentlichen Vorteile des Einsatzes von Workstation-Clustern gegenüber klassischen Parallelrechnersystemen liegen in [Frei95]:

- Der Möglichkeit, bei einem kostengünstigen Einsatz von Rechnerressourcen ausreichende CPU-Leistung für die Berechnung wissenschaftlicher Aufgabenstellungen bereitzustellen.
- Trotz der permanent zurückgehenden Budgets, den ständig wachsenden Ansprüchen an Rechenleistung zu genügen.
- Den Preis-/Leistungsvorteil von RISC-Prozessoren zu nutzen.

- Der Notwendigkeit, während der normalen Arbeitszeit anspruchsvolle interaktive Workstations zur Verfügung zu stellen und in den Nachtstunden über genügend Leistung für den Batch-Betrieb zu verfügen.
- Der Möglichkeit, kostengünstige Umgebungen zur Entwicklung paralleler Anwendungen. zu verwenden.
- Dem Wunsch, die bis zu 95% ungenutzte Rechenkapazität von Workstations gleichmäßig auszunutzen.
- Die hohen Hauptspeicherkapazitäten gewöhnlicher Workstations zu nutzen.
- Der Einsicht, daß Cluster die beste Möglichkeit darstellen, die Schnelligkeit sequentiell arbeitender Prozessoren auch für ein enormes Wachstum parallel genutzter Rechenleistung einzusetzen.
- Dem Wunsch, die Vorteile heterogener Rechnerumgebungen auszunutzen, um die günstigste Versorgung mit Hard- und Software zu erreichen.

Um diese Vorteile wirklich nutzen zu können, bedarf es aber einiger Maßnahmen zur Verbesserung der Infrastruktur der Workstation-Cluster. Dazu zählen vor allem:

- Organisatorische Anpassungen bei der Verwaltung der Cluster und der Bereitstellung der Rechenleistung einzelner Workstations.
- Einer hohen Netzwerkbandbreite, um die Kommunikationsbedürfnisse zu erfüllen (ca. 100-800 Mbits/s je Rechner).
- Geringe Latenzzeiten bei den Kommunikationsmechanismen (z. B. 100-500 Mikrosek.).
- Gute Skalierbarkeit des Clusters von 10 bis 1000 Rechnern.
- Eine hohe Bandbreite für Multicast-Kommunikation.
- Automatische Möglichkeiten der Behebung von Netzwerkfehlern und beim Versagen einzelner Knotenrechner.
- Ausgereifte Werkzeuge zur Erstellung paralleler Programme, für die Bearbeitung von Batch-Jobs, der Überwachung der Performance sowie zur Administration der Netze.
- Einen Standard zur Programmierung des Cluster, der über ausreichende Low-Level Primitiven (Kommunikation, Synchronisation und Scheduling) verfügt und die Investitionen in die Softwareentwicklung schützt.

3.2.2 Konzepte paralleler Programmierung

Mit Workstation-Clustern stehen flexible und leistungsfähige Systeme zur Verfügung, mit denen parallele Programme und Softwaresysteme entwickelt werden können, ohne hohe Investitionen in neue parallele Hardware tätigen zu müssen. In den bisherigen Arbeiten mit OpTiX-II [Bode95] wurde gezeigt, wie effizient Optimierungsprobleme durch den parallelen Einsatz von Algorithmen auf einem Cluster gelöst werden. Sie verfügen sogar über ausreichende Kapazitäten, um selbst Probleme des Höchstleistungsrechnens zu lösen [Beg91a]. Die Konzepte, auf denen die parallele Programmierung von Workstation-Clustern beruhen, sollen hier aufgezeigt werden.

3.2.2.1 Kommunikationsformen und Informationsaustausch

Da in einem Cluster kein gemeinsamer Hauptspeicher mehr für die Anwendungen zur Verfügung steht, nutzen alle Pakete eine von drei Kommunikationsformen, um den Informationsaustausch über das Netzwerk zu gewährleisten, nämlich:

- **Nachrichten** (*message passing*), die ausgetauscht werden, oder mit
- **entfernten Prozeduraufrufen** (*remote procedure call, **RPC***) bzw. durch
- **verteilten gemeinsamen Speicher** (*distributed shared-memory, **DSM***).

Über **Nachrichten** kann die Kommunikation zwischen gleichzeitig ausgeführten Komponenten einer Anwendung sowohl auf demselben Rechner als auch in einem Netzwerk erfolgen. Dabei werden Nachrichten zu einer bekannten Anzahl von Komponenten versendet, die auch bereit sind, diese zu empfangen. Die Übermittlung einer Nachricht bedeutet aber nicht, daß dadurch auch die Ausführung des sendenden Programms stoppt; somit können also Sender- und Empfängerprozesse simultan weiterlaufen. Den einfachsten Mechanismus zur Implementierung nachrichtenorientierter Systeme stellen Sockets [Com93] dar. Sie stellen zwar eine ausgesprochen einfache Schnittstelle auf unterer Ebene dar, sind aber sehr effizient und stehen auf annähernd allen Netzwerken zur Verfügung. Die große Vielzahl existierender Message Passing Systeme [Tur93] basiert einheitlich auf Funktionen zum Senden (blockierend, nichtblockierend, Rundrufe, synchronisierend) und zum Empfangen (blockierend, nichtblockierend, im Polling-Betrieb).

Mit **Remote Procedure Calls** (RPCs) kann eine Applikation durch den Aufruf von Prozeduren auf einem Netzwerk verteilt werden und dienen somit in der Regel zur Programmierung von Client-Server Prozessen [Sun88, Rose92]. Dabei versteht man unter einem „Remote Procedure Call" [Sun88] die Anfrage eines (Client-) Prozesses an einen (Server-) Prozeß, einen speziellen Service bzw. Dienst auszuführen. Client und Server befinden sich meist auf unterschiedlichen Rechnern im Netzwerk. Nach Beendigung der entfernt ausgeführten Prozedur wird von dem Server eine Antwort auf die Anfrage zurückgesendet. Bei synchronen RPCs (die ursprüngliche Variante) wird der anfragende Prozeß solange blockiert, bis das Ergebnis vorliegt. Asynchrone RPCs dagegen erlauben dem Client, sofort die nächsten Instruktionen auszuführen und später das Ergebnis der entfernten Prozedur zu verarbeiten. Alle Interaktionen zwischen Client und Server müssen in einer Schnittstellendefinition festgelegt werden, die auch die Datentypen aller Variablen sowie die Ein-/Ausgaberichtung umfaßt. Diese Festlegung erfolgt nach dem XDR-Protokoll [Sun87], mit dem auch Datenformatumsetzungen zwischen Prozessoren unterschiedlichen Typs vorgenommen werden. In TCP/IP- [Kess94] oder ISO/OSI- [MacK90] basierten Netzwerken wird mit ***RPCs*** eine wesentliche Basis für das Management und den Ablauf von Client-Server Prozessen gelegt.

Bei Systemen mit verteiltem gemeinsamem Speicher (**Distributed Shared-Memory**) [Mohi91] liegt ein virtuell gemeinsamer Speicherbereich vor, der konventionellen gemeinsamen Speicher emuliert. Über ihn können alle beteiligten Prozesse auf die Daten der verteilten Applikation zugreifen. Vergleichbar mit Einprozessorsystemen werden die Daten über ihren Namen bzw. ihre Adresse angesprochen. Die Variablennamen sind nun auf allen Prozessoren/Knoten des Parallelrechners identisch und das System synchronisiert die Zugriffe auf gleiche Datenelemente von unterschiedlichen Prozessoren. Somit entfällt für den Benutzer zum einen das Problem, die Daten auf die verfügbaren Prozessoren aufzuteilen und den aktiven Prozessoren geänderte Daten zuzuleiten und zum anderen, sich um die Synchronisierung kümmern zu müssen. Die Realisierung von DSM Systemen ist sehr schwierig, da für die Synchronisation der Speicherzugriffe die Verzögerungszeiten bei der Kommunikation über das verwendete Netzwerk berücksichtigt werden müssen.

3.2.2.2 Paradigmen der Parallel-Programmierung

Für die Entwicklung paralleler Anwendungen können eine Vielzahl möglicher Programmierparadigmen Verwendung finden. Dabei hängt die Wahl des Paradigmas einerseits von den verfügbaren Rechnerressourcen und andererseits von der dem Problem innewohnenden Parallelität ab. Der Grad der Parallelität, auch als **Granularität** [Krus88] bezeichnet, beschreibt, wie stark die Zerlegung eines gegebenen Problems in Teilaufgaben sein kann, die für einen bestimmten Zeitraum unabhängig voneinander und simultan berechnet werden sollen. Die verfügbaren Rechnersysteme können dabei nur für eine bestimmte Granularität effizient eingesetzt werden.

Bei der probleminhärenten Parallelität wird zwischen funktionaler Parallelität und problemorientierter, auch Datenparallelität genannt, differenziert. Ausgangspunkt dieser Aufteilung ist entweder der Programmfluß, soweit er eine parallele Ausführung unabhängiger Programmsegmente gestattet, oder eine Zerlegung der Datenstrukturen in Bereiche, die unabhängig voneinander bearbeitet werden können. Bei der Datenparallelität werden für die gewählte Ansammlung von Daten, z.B. ein Array, parallel durchzuführende Operationen angegeben. Daraufhin wird das Layout der Daten bestimmt und die Verteilung auf die Knoten des Parallelrechners, die die Operationen abarbeiten, festgelegt.

In der Optimierung lassen sich sowohl Optimierungsverfahren als auch Optimierungsprobleme feinkörnig parallelisieren. Dies setzt aber die Neuimplementierung bekannter Algorithmen oder Simulationspakete voraus und ist ein wesentliches Arbeitsthema bei den High Performance Computing Anstrengungen in den USA und Europa [NOC95, Rein94]. Die massive Parallelisierung einzelner Algorithmen und Anwendungen [Bert89, Akl89 oder Smit93] ist aber kein Thema dieser Arbeit, denn existierende Algorithmen und Programmbausteine sollen nicht verändert werden. Dagegen besteht das Ziel, die Parallelität von Teilaufgaben in Form kooperierender Prozesse zu nutzen, was in der Regel zu grobgranularen Strukturen führt. Sie können in der Optimierung dazu verwendet werden, existierende Algorithmen und Modellierungstools in einem hybriden Ansatz zu kombinieren.

Während der Entwicklung verteilter Anwendungssysteme muß der Grad der Parallelität der gegebenen Aufgabenstellung, die Art und Anzahl verfügbarer Prozessoren sowie die Technik des Speicherzugriffs berücksichtigt werden. Dabei beruht die Entwicklung im wesentlichen auf einem der folgenden Programmierparadigmen:

- Manager-Worker,
- Data-Pipelining,
- SPMD (Single Program Multiple Data) und
- Task-Parallelität.

Bei **Manager-Worker** Systemen wird eine Gruppe von Prozessen (Worker) von einem zentralen Prozeß (dem Manager) kontrolliert und mit Aufgaben versorgt. Der Manager ist dafür zuständig, den Ablauf des Programmfortschritts durch die Festlegung des Datenlayouts und die Verteilung der Aufgaben auf die einzelnen Worker zu kontrollieren. Die Lastverteilung erfolgt dabei entweder statisch oder dynamisch. Bei der statischen Lastverteilung wird à priori die benötigte Anzahl an Workerprozessen und eine Aufteilung der anfallenden Arbeit auf diese bestimmt. Eine dynamische Lastverteilung wird notwendig, wenn die Anzahl benötigter Prozesse nicht im Vorhinein bestimmbar, im Verlauf des Programms variabel oder erheblich höher als die Zahl der verfügbaren Prozessoren ist. Wesentlich für die dynamische Lastverteilung ist die Fähigkeit, im Programmablauf wechselnde Bedingungen zu berücksichtigen und den Prozeßablauf daran anzupassen.

Bei der Anwendung von **Daten-Pipelines** (Fließbandverarbeitung) werden synchron getaktete, sequentiell zu durchlaufende Teiloperationen überlappend bearbeitet. Es existiert also keine direkte Interaktion zwischen den aufeinanderfolgenden Prozessen, sondern die Daten werden eher in Form eines Filters von Prozeß zu Prozeß weiterverarbeitet. Dabei kann entsprechend des zu bearbeitenden Datenvolumens und in Abhängigkeit von den Anforderungen eines jeden Teilausführungsschrittes eine genau dafür angepaßte Anzahl an Prozessen gestartet werden. Auf diese Weise bietet das Pipeline-Paradigma die Möglichkeit einer weitreichenden Skalierbarkeit und Lastanpassung entlang der benötigten Verarbeitungsschritte.

Das **SPMD** (Single Program Multiple Data) Programmier-Modell zur Ausnutzung von Parallelität geht von demselben Programmcode der gleichzeitig aktiven Prozesse aus, die aber jeweils unterschiedliche Datenbereiche bearbeiten. In der Regel erfolgt so die Ausnutzung der Parallelität auf der Ebene paralleler Datenstrukturen. Diese weisen etwa bei der Invertierung von Matrizen eine sehr regelmäßige Struktur auf. Somit ist die Lastverteilung und das Management der parallelen Prozesse direkt von der Wahl des geeigneten Daten-Layouts abhängig. Allerdings können ungünstige Datenaufteilungen und unterschiedliche Lasten auf einzelnen Prozessoren zu hohen Wartezeiten und geringer Effizienz führen, wenn an notwendigen Synchronisationspunkten schnellere Prozesse auf die langsameren warten müssen. Dies kann insbesondere dann dramatische Auswirkungen haben, wenn ein Prozeß aufgrund eines Fehlers abbricht und die anderen weiter auf seine Beendigung warten müssen. Die benötigten Synchronisationspunkte sind dann aber auch gute Ansatzpunkte für einen neuen Start zur weiteren Bearbeitung der Daten.

Die **Task-Parallelität** erweitert das SPMD-Paradigma um beliebige unabhängige und nebenläufige Prozesse. Sie entstammte ursprünglich der Notwendigkeit, in zeitkritischen Anwendungen, wie der diskreten Simulation oder in multidisziplinären Simulationen viele, möglicherweise auch daten-parallele Berechnungen miteinander zu koppeln. Dabei erfolgt die Kommunikation und Synchronisation über dynamisch erzeugte Threads. Ein Thread ist ein leichtgewichtiger Prozeß, der dem Ausführungspfad (thread of execution) eines Prozesses traditioneller Betriebssysteme entspricht. In Multi-threading Systemen umfaßt ein Prozeß aber nun viele Threads, zwischen deren Ausführungspfaden sehr rasch und effizient gewechselt werden kann, da jeweils nur geringe unterschiedliche Kontext-Informationen ausgetauscht werden müssen.

3.2.3 Werkzeuge zur Parallel-Programmierung auf Workstation-Clustern

Die Umsetzung paralleler Konzepte auf unterschiedlichen Hardwarekomponenten mit entsprechenden Betriebssystemen ist seit 1989 Gegenstand einer großen Anzahl neuer Softwaretools. Viele kommerzielle Produkte und frei verwendbare Systeme mit ausreichender Stabilität sind schon jetzt verfügbar, um den Einsatz vernetzter Rechner sowohl als einfachen Ersatz von Mainframes, aber auch als leistungsfähige Parallelrechner zu ermöglichen. Sie sollen hier klassifiziert und in einem kurzen Überblick vorgestellt werden. Das für den Prototypen verwendete Softwarepaket PVM soll daran anschließend vertiefend dargestellt und gegenüber dem neuen Standard MPI abgegrenzt werden.

3.2.3.1 Klassifikation und Überblick verfügbarer Werkzeuge

Die sehr unterschiedlichen Ansätze und Modelle der Parallelisierung haben ein schwer zu klassifizierendes System von Werkzeugen, Sprachen und Umgebungen entstehen lassen, die oft für spezifische Aufgabenstellungen angepaßt sind. Es lassen sich unter ihnen die folgenden Arten von Werkzeugen zum Einsatz und zur Ausnutzung paralleler Ressourcen [Frei95] unterscheiden:

- Message Passing-Systeme,
- Distributed Shared Memory-Systeme und Compiler,
- Parallele Runtime Systeme,
- Parallele numerische Bibliotheken,
- Monitoring und Debugging Systeme,
- Parallele Programmiersprachen und
- Parallele Programmierumgebungen.

Ist der Nachrichtenaustausch zwischen Prozessen sowohl das grundlegende Paradigma für den Transport von Daten, als auch für die Synchronisation der beteiligten Prozesse, so wird dies als **Message-Passing** bezeichnet. Bei diesen Systemen stellt eine Bibliothek alle für die Prozeßkommunikation benötigten Funktionen zur Verfügung. Die meisten der hier aufgeführten Systeme sind in C oder Fortran implementiert. Erst in letzter Zeit werden objektorientierte Sprachen genutzt, um nachrichtenbasierte Bibliotheken zu erstellen.

Name	Kurze Beschreibung	Kontakte/Literatur
BEEBLE-BROX	Ist eine C++ Klassenbibliothek für Parallelrechner mit einer nachrichtenbasierten Kommunikation über Subklassen zwischen den Elter- und Kindknoten der parallelen Applikation.	[Pip93]
Dome	Distributed Object Migration Environment ermöglicht, massiv parallele Anwendungen auf PVM oder MPI über eine C++ Klassenbibliothek mit verteilten Objekten zu entwickeln und auszuführen.	Carnegie Mellon University [ABL95]
DoPVM	Ist eine objektorientierte Bibliothek in C++ auf Basis von PVM	[PVM95]
Express	Parallele Programmierumgebung und System zur Lastverteilung mit impliziten Nachrichten, Prä-Compiler und Werkzeugen.	[Chan92, Glen92]
MPI	Message Passing Interface, das Ziel einer herstellerunabhängigen Gruppe, einen Standard für Message Passing Systeme zu etablieren.	[MPI94]
NXLib	Ein Realisierung der Message-Passing Funktionen der Intel Paragon Systeme für Workstation-Cluster.	[Stel94]
PARMACS	Message-Passing Makro für FORTRAN, mit Prä-Prozessor und Entwicklungsumgebung.	Pallas GmbH [Glen92]

Tabelle 5: Message Passing-Systeme und objektorientierte Bibliotheken zur Kommunikation

Name	Kurze Beschreibung	Kontakte/Literatur
PETSc	Das Portable Extensible Toolkit for Scientific computation ist eine portable objektorientierte Bibliothek auf Basis von MPI.	Argonne National Laboratory [McIn95]
POET	Parallel Object-Oriented Environment and Toolkit, basiert auf dem Nachrichten Konzept von PVM und verfügt über ein Klassenkonzept verteilter Objekte.	[Macf93]
PVM	Parallel Virtual Machine, eine Bibliothek zur verteilten Programmierung in Netzwerken mit Message-Passing.	Oak Ridge National Library [PVM95]
P4	(Portable Programs for Parallel Processors) ist ein Paket aus Makros und Unterprogrammen zur Erstellung paralleler Prozesse.	Argone National Laboratory [Glen92]
SPPL	Stuttgart Parallel Programming Library gestattet, einen Cluster als nachrichtenbasierten Parallel-Computer zu nutzen.(http://www.informatik.uni-stuttgart.de/ipvr/as/grids/sppl/sppl-e.html)	Universität Stuttgart 1995
TCGMSG	Theoretical Chemistry Group Message Passing System ist ein Werkzeug zur Erstellung nachrichtenbasierter paralleler Programme auf Clustern und klassischen Parallelrechnern.	[Alla95]

Tabelle 5: (Fortsetzung)

Systeme und Compiler mit gemeinsamem verteiltem Speicher (Distributed Shared Memory-Systeme) haben als Ziel, auch auf Workstation-Clustern die Möglichkeit eines gemeinsamen Speichers für die Erstellung paralleler Programme bereitzustellen. Dabei wird der gemeinsame Speicherzugriff durch Laufzeitsysteme oder eine Anpassung des Betriebssystemkerns emuliert. Eine Reihe aktueller Projekte wurde initiiert, um die Nutzung von Workstation-Clustern als Basis für massiv paralleles Rechnen zu nutzen. Die bekanntesten sind das Wisconsin Wind Tunnel (WWT, http://www.wisconsin.edu), das Berkeley NOW (http://www.now.berkeley.edu), das Princton SHRIMP (http://www.shrimp.princton.edu) und das Minnesota DICE (http://www.dice.minnesota.edu) Projekt.

Name	Kurze Beschreibung	Kontakte/Literatur
ADSMITH	Ein C-Paket zur Gewährleistung von Shared Memory in verteilten Systemen auf Basis von PVM.	[Alla95]
ALMS	Asynchronous Linked Memory System, ein Werkzeug zur Erstellung von parallelen Anwendungen aus unabhängigen Modulen.	Brookhaven National Laboratory [Pei91]
DSM	Distributed Shared Memory System, zur gemeinsamen Verwendung verteilter Vektoren in intuitiver Weise.	Florida State University [Tur93]
Linda	Basiert auf einem Tupel-Raum, der den Austausch von Nachrichten in Form eines globalen Speichers und eines Compilersystems ermöglicht.	Yale University [Gel95, Carr94]
Locust	Ist ein DSM Compiler für ein Workstation-Cluster mit einem Prototypen für ein PC-Netz und basiert auf beim Übersetzen gesammelter Information.	State University of New York at Stony Brook [Chiu95]
Mermera	Ein DSM System, das die Möglichkeit bietet, kohärentes und nicht kohärentes Verhalten in demselben Programm zu verwenden.	Boston University [Hed93a, Hed93b]

Tabelle 6: Systeme und Compiler mit verteiltem gemeinsamen Speicher (DSM)

Name	Kurze Beschreibung	Kontakte/Literatur
Mether	Ist auf einem Workstation Netz implementiert, in dem Hauptspeicherseiten ausgetauscht werden.	University of Delaware [Minn89, Minn93]
Midway	Sichert den optimalen Zugriff auf verteilten gemeinsamen Speicher über ein spezielles Locking und Guarding-Konzept und ist auf DECstation unter Mach 3.0 verfügbar.	[Ber88]
Mirage	Ein DSM System mit Aufrufen nach dem Posix-Standard für Shared Memory Unix Rechner.	[Flei89]
SAM	Ein Laufzeitsystem mit einem gemeinsamen Namensraum für verteilte komplexe Datenstrukturen.	Stanford University [Scal94]

Tabelle 6: (Fortsetzung)

Laufzeitsysteme für parallele Anwendungen bieten für einen Compiler eine Schnittstelle, um den parallelen Ablauf von Programmen zu ermöglichen. Das Runtime-System definiert die Sicht des Compilers auf den verfügbaren Parallelrechner zur Anforderung von Ressourcen, zur Synchronisation und zur Kommunikation. Die meisten dieser Systeme benutzen das bei der Implementation paralleler Programmiersprachen verwendete SPMD-Paradigma. Dabei sind einige für die Unterstützung einer einzigen Sprache ausgelegt, andere dienen aber als Basis für eine ganze Reihe von Compilern.

Name	Kurze Beschreibung	Kontakte/Literatur
Chant	Ein Paket mit Punkt-zu-Punkt Kommunikation und entfernten Diensten, das die POSIX p-Thread Schnittstelle um spezielle Threads zur Kommunikation und zum Management kooperierenden Threads erweitert.	[Hain93]
Nexus	Bietet die Unterstützung verschiedener paralleler Sprachen durch Threads, dynamische Prozessorzuweisung und die dynamische Erzeugung eines Adreßraumes mit einem globalen Speichermodell.	Argonne National Laboratory [Fost94]
PORTS	Ist der Ansatz eines Konsortiums von Universitäten, Instituten und der Industrie, ein gemeinsames Runtime-System für beliebige parallele Programmiersprachen zu schaffen.	[Frei95]

Tabelle 7: Laufzeitsysteme für parallele Anwendungen

Ein wichtiger Anwendungsbereich für die Parallelverarbeitung liegt in der Realisierung numerischer mathematischer Verfahren. Sie werden in vielen Problembereichen als Kern intensiver Berechnung benötigt und waren oft der Ausgangspunkt für die Parallelverarbeitung. Sie bieten darüberhinaus gute Möglichkeiten, den Einsatz von Parallelstrategien zu entwickeln. Daraus erklärt sich auch das große Interesse an **parallelen numerischen Bibliotheken**.

Name	Kurze Beschreibung	Kontakte/Literatur
The Multi-computer Toolbox	Besteht aus Werkzeugen und Bibliotheken für viele Rechnertypen mit Differenzierern, iterativen Methoden, Matrizenlösern, die flexibel für unterschiedliche Arten der Datenverteilung gehalten sind.	Mississippi State University [Skje93]
ScaLA-PACK	Ist ein Projekt, um die LAPACK Software [Dong95] auf eine parallele Version mit gemeinsamem verteiltem Speicher umzusetzen.	[Dong93]
Sca-LAPACK++	Ist eine objektorientierte Version der ScaLAPACK Software, die Klassen für Matrizen, Vektoren und Methoden zur Behandlung linearer numerischer Probleme umfaßt.	Oak Ridge National Lab., University of Tennessee [Dong93]

Tabelle 8: Parallele numerische Bibliotheken

Die Entwicklung paralleler Programme gestaltet sich erheblich komplizierter als im sequentiellen Fall, da die wechselseitige Beeinflussung unabhängiger Prozesse und ihre konkurrierenden Anforderungen der Ressourcen des parallelen Rechners nur schwer vorhersehbar sind. Außerdem entsteht bei der Nutzung paralleler Anwendungen eine zusätzliche Prozessorlast und ein Kommunikationsaufwand durch die Verteilung der Datenstrukturen, die Kommunikation zwischen den Prozessen und die Synchronisierung der beteiligten Prozesse. Mit Hilfe von **Monitoring und Debugging Systemen** können Fehler und Performance-Engpässe festgestellt und beseitigt werden. Dabei stellt sich insbesondere die Frage, wie eine optimale Laufzeit oder Systemauslastung erzielt werden kann [Akl89, Reut92, Dowd93].

Name	Kurze Beschreibung	Kontakte/Literatur
AIMS	Ein Werkzeug zum Messen und Analysieren der Performance mit besonderer Unterstützung zur Analyse von Fortran und C Quellcode.	[Yan93]
ParaGraph	Ein graphisches Tool, um das Verhalten und die Last von Parallel-Programmen auf nachrichtenbasierten Systemen zu visualisieren.	Oak Ridge Laboratory [Hea93]
PVaniM	X-basiertes Tool zur visuellen Analyse von PVM-Programmen in C++.	[Alla95]
TAPE/PVM	Dient zum Tracen von PVM-Anwendungen und der Performance-Analyse nach dem Programmlauf.	[Alla95]
UPSHOT	Ein graphisches Werkzeug unter X-Windows zur Untersuchung paralleler Programme anhand von Log-Dateien.	[Herr91]
Xab	Ein Monitorsystem zur Untersuchung aktiver PVM-Applikationen insbesondere aller Nachrichten und Tasks der virtuellen Maschine.	Carnegie Mellon University [Beg92]
XMPI	Ein unter X/Motif verfügbares System zur Laufzeitkontrolle und zum Debugging von MPI-Programmen.	[Beg91b]
XPVM	Eine graphische Oberfläche für PVM zur Kontrolle des Clusters und zur visualisierten Ausführung von PVM-Anwendungen.	[Beg91b]

Tabelle 9: Monitoring und Debugging Systeme

Die Erstellung von parallelen Applikationen erfolgt, insbesondere bei massiv parallelen Anforderungen, durch eine **parallele Programmiersprache**. Hier finden sich einmal Erweiterungen herkömmlicher Programmiersprachen um Konstrukte zur parallelen Ausführung einzelner Operationen und Prozeduren, aber auch vollkommen neu konzipierte parallele Programmiersprachen. Umfangreiche Bemühungen zielen darauf hin, mit High Performance Fortran (HPF) einen herstellerneutralen Standard zu schaffen (High Performance Fortran Forum, http://www.erc.msstate.edu/hpff/home.html), der für alle massiv parallelen Systeme verfügbar ist. Ähnliche Bestrebungen finden sich aber auch bei C und C++. In Tab. 9 sind einige Sprachansätze aufgeführt, die zur Implementierung paralleler Programme genutzt werden können und unterschiedlichen Paradigmen folgen [Bal91, Chan92, Glen92, SOF92].

Name	**Kurze Beschreibung**	**Kontakte/Literatur**
CC++	Compositional C++ ist eine parallele Programmiersprache auf Basis von C++ mit speziellen Konstruktoren für parallele Operationen.	Caltech [Chan93]
DINO	DIstributed Numerically Oriented Language ist eine Ergänzung zur Sprache C und dient für Algorithmen, die Daten-Parallelität und DSM nutzen.	University of Colorado [Rosi90]
Emerald	Objektbasierte parallele Sprache ohne Vererbung mit gemeinsamem Speicher und one-to-many Kommunikation.	University of Washington [Bal91]
Fortran M	Erweitert Fortran um Message-Passing Konzepte und dient der Erstellung modularer paralleler Programme.	Argonne National Laboratory [Fost95]
HPC	Ist eine Erweiterung von C um Konzepte für Daten-Parallelität und unterstützt auch dynamische Datenstrukturen.	[Don94]
HPC++	Eine parallele Version von C++, die Task- und Datenparallelität unterstützen soll.	California Institute of Technology [Fost95a]
HPF	High Performance Fortran ist eine akademische und industrielle Entwicklung und Ergänzung von Fortran 90 zur Erstellung leistungsfähiger paralleler Programme.	[HPF93]
Jade	Ist eine parallele Sprache für DSM-Systeme, die C um gerichtete azyklische Graphen zur Formulierung grobgranularer Probleme ergänzt.	[Rina92]
Maisie	Stellt eine C-basierte parallele Sprache unter PVM oder UNIX Sockets dar.	[Tur93]
NESL	Ist eine streng typisierte funktionale Programmiersprache, die Datenparallelität ermöglicht und Funktionen parallel ausführt.	[Blel90]
Oasis	Object and Agent Specification and Implementation System ist eine objektorientierte parallele Sprache, die Prozesse als autonom agierende Agenten realisiert.	University of Michigan [Cheo92]
OOF	Object Oriented Fortran erweitert Fortran um Objekte und Operatoren für die parallele Ausführung, verfügt aber nicht über Vererbung.	Mississippi State University [Smit92]
Orca	Objektbasierte Sprache mit einem Shared-Memory Ansatz und einer Pascal ähnlichen Syntax.	Vreije Universiteit Amsterdam [Bal91]

Tabelle 10: Parallele Programmiersprachen mit klassischem oder objektorientiertem Sprachansatz

Name	Kurze Beschreibung	Kontakte/Literatur
Parallel C++	Ein europäischer Ansatz im Rahmen der ESPRIT-Programme für eine parallele Version von C++.	[PC++95]
PARCS	Bei der **Parallel Constraint** Logic Programming Language handelt es sich um eine deklarative logische Sprache für grobgranulare Anwendungen.	[Konn94]
Parlog	Auf dem Logik-Kalkül basierende Sprache mit nebenläufigen Prozessen (concurrent logic language).	Carnegie Mellon University [Bal91]
pC++/ Sage++	Eine portable Erweiterung zu C++ mit einem C-Front ähnlichen Übersetzer nach ANSI-C für Anwendungen auf Parallelrechnern oder PVM-Clustern.	[Bodi91]
PCN	**P**rogram **C**omposition **N**otation ist eine sehr einfache Sprache für die Definition paralleler Algorithmen mit Schnittstellen zu C und Fortran.	Argonne National Lab. [Fost92]
pSather	Eine parallele Version der objektorientierten Sprache Sather, verfügt u.a. über Klassen, strenge Typisierung, mehrfache Vererbung und Garbage Collection. pSather kann in portablen C-Code übersetzt werden.	Berkeley University [Murr93]
Split-C	Ist eine Ergänzung von C für Multiprozessorsysteme mit verteiltem Speicher und einem globalen Adreßraum.	[Cull93]
SR	**S**ynchronization **R**essource ist eine nachrichten-basierte Sprache mit RPC und Multicasts.	University of Arizona [Andr93]
Strand88	Parallele Programmiersprache mit Synchronisation des Datenflusses und dynamischer Generierung von Prozessen.	Strand Software Technologies Inc. [Fost89]
UC++	Ist eine minimale Erweiterung von C++, um grobgranulare Parallelität auf UNIX Workstations zu implementieren.	[Nitz91]

Tabelle 10: (Fortsetzung)

Parallele Programmierumgebungen stellen integrierte Werkzeuge dar, die den Programmierer bei allen Tätigkeiten der Programmentwicklung, insbesondere der Codeerzeugung, dem Testen und der Fehleranalyse unterstützen. Auch hier verwenden einige Ansätze objektorientierte Paradigmen und Klassenbibliotheken zur Unterstützung des Programmierers.

Name	Kurze Beschreibung	Kontakte
Castle	Eine objektorientierte parallele Umgebung, die in fünf Schichten von einem abstrakten Rechner über parallele Sprachen bis hin zu den Anwendungsproblemen die Softwareentwicklung unterstützt.	University of California Berkeley [Cull95]
CHARM, Charm++	Ein maschinenunabhängiges paralleles Programmentwicklungssystem mit besonderer Unterstützung der Formulierung hoch-komplexer paralleler Anwendungen.	University of Illinois [Kale92]
Concert	Ein Compiler mit effizientem Laufzeitsystem für portable objektorientierte und parallele Programme mit Emulator, Debugger und Werkzeugen zur Leistungsmessung bzw. Steigerung.	[Chie93]
Enterprise	Umgebung für Entwurf, Codierung, Debugging, Testen, Monitoring und Ausführung paralleler Programme, wobei mit einer graphischen Oberfläche parallele Anwendungen aus C-Codesegmenten formuliert werden.	[Alla95]

Tabelle 11: Zusammenstellung von Umgebungen zur Parallelverarbeitung

Name	Kurze Beschreibung	Kontakte
HeNCE	Heterogeneous Network Computing Environment ist eine X-basierte Softwareentwicklungsumgebung zur Spezifikation von Parallelität auf einer hohen abstrakten Ebene mit gerichteten azyklischen Graphen.	Oak Ridge National Laboratory [Beg91c]
Mentat	Ein objektorientierte Umgebung mit einer C++ basierten Sprache zur Einkapselung der Parallelität zwischen Objekten und der Verwendung von Message-Passing zur Kommunikation.	University of Virginia [Grim91]
PACT	Portable Application Code Toolkit besteht aus Bibliotheken und Werkzeugen, die in existierende Sprachen integriert werden können.	Lawrence Livermoore National Laboratory [Brad95]
TOPSYS	Tools for Parallel Systems ist eine integrierte Umgebung für die Entwicklung und die Ausführung paralleler Programme auf heterogenen und verteilten Rechnern mit dynamischer Lastverteilung.	[Bei90]

Tabelle 11: (Fortsetzung)

3.2.3.2 Parallel Virtual Machine — PVM

Der Ansatz der parallelen virtuellen Maschine des Oak Ridge National Laboratory mit der Bezeichnung „Parallel Virtual Machine (PVM)" [PVM95] ist die meistgenutzte Realisierung des Message Passing Ansatzes. PVM wurde aufgrund der guten Performance, der ausgereiften Qualität der Software und der hohen Verfügbarkeit für viele Hardwareplattformen und Betriebssysteme als Grundlage der Prototypimplementierung der OpTiX-Workbench gewählt.

PVM erlaubt, ein Netzwerk von heterogenen Vektor-, Parallel- und Einprozessorrechnern als einen virtuellen Rechner oder Hypercomputer unter einem einheitlichen Modell zu benutzen. Dabei unterstützt PVM sogenannte Tasks als Analogon zu Unix-Prozessen, die Kommunikation über einen Nachrichtenpuffer und die Synchronisation der Tasks. Zur Anbindung heterogener Architekturen ist eine Datenkonvertierung auf Grundlage von XDR implementiert. Der Einsatz von PVM erfordert keine privilegierten Rechte des Benutzers. Die Zusammensetzung des Hypercomputers aus einzelnen Workstations wird über eine Konfigurationsdatei beschrieben. Er basiert auf einem gewöhnlichen Dämon-Prozeß, der dem jeweiligen Anwender gehört und auf jedem beteiligten Rechner automatisch installiert wird. Zur Erstellung verteilter Applikationen wird die PVM-Bibliothek, die alle Benutzerinterfaces enthält, mit dem entsprechenden Basisprogramm gelinkt; der Programmierer kann bei der Implementierung eines Anwendungsprogramms zwischen C bzw. C++ oder FORTRAN als Programmiersprache wählen. Zur Kommunikation zwischen den Tasks, die über automatisch vergebene Task-IDs identifiziert werden, stehen Broadcast, Multicast und Punkt-zu-Punkt Nachrichten zur Verfügung. Dabei kann durch den Nachrichtenaustausch eine Synchronisation der Sende- und Empfängerprozesse erreicht werden. PVM verfügt über synchrone und asynchrone Kommunikationsformen, die entweder alle kommunizierenden Prozesse blockieren bis sämtliche Sende- und Empfangsoperationen abgeschlossen sind oder exklusiv nur den Sender bzw. Empfänger blockieren oder für beide Prozesse asynchron/nicht-blockierend erfolgen. Zum Austausch von Nachrichten werden diese in einen Nachrichtenpuffer eingetragen (packed), der den Nachrichtentyp und die zu übertragenden Daten enthält und zwischen den Prozessen versendet wird. Der Programmierer kann dazu mehrere Nachrichtenpuffer definieren. Bei heterogenen Architekturen erfolgt während dieses Packing/Unpacking genannten Vorgangs auch die Anpassung an die unterschiedlichen Datenformate.

3.2.3.3 Message Passing Interface — MPI

Unter dem Begriff MPI (Message Passing Interface) ist eine Standardisierung dieser Form des Nachrichtenaustausches erarbeitet worden, die mittlerweile in erste Softwarebibliotheken umgesetzt wurde [MPI94]. Eine diesem Standard folgende Applikation kann portabel auf unterschiedlichen Hardwaresystemen und Softwareplattformen realisiert werden und bietet dabei einen effizienten Zugriff auf die parallelverarbeitenden Kapazitäten der zugrunde liegenden Hardware. Es existieren mindestens vier Realisierungen, nämlich „LAM“ von dem Ohio Supercomputer Center (lam@tbag.osc.edu), „MPICH“ als Implementierung des Argonne National Lab (http://www.mcs.anl.gov/home/lusk/mpich), „CHIMP“, die Realisierung des Edinburgh Parallel Computing Centre (ftp://ftp.epcc.ed.ac.uk/pub/chimp/release/chimp.tar.Z) und „Unify“ der Mississippi State University (ftp://ftp.erc.msstate.edu/unify). Da MPI zu Beginn der Implementierungsphase noch nicht in einer stabilen und effizienten Version vorlag, PVM dagegen nicht nur aufgrund seiner weiten Verbreitung ein de facto Standard ist, wurde PVM als Grundlage der Prototypimplementierung gewählt. Eine Umsetzung auf MPI stellt nur einen geringen Programmieraufwand dar und kann bei weiterem Einsatz und stärkerer praktischer Akzeptanz von MPI vorgenommen werden.

3.2.4 Softwareumgebungen für das Management verteilter Anwendungen

In der Diskussion um verteilte Systeme werden mit DCE und CORBA immer wieder zwei Systeme angesprochen, die für das Management von Anwendungsprogrammen in großen Netzwerken wichtig sind, aber eigentlich keine Umgebungen für die Programmierung paralleler Applikationen darstellen. Sie sollen als Abgrenzung zu den Werkzeugen zur Parallelverarbeitung deshalb kurz vorgestellt werden.

3.2.4.1 Distributed Computing Environment — DCE

Die Softwareumgebung der Open Software Foundation für das Network-Computing heißt „Distributed Computing Environment (DCE)“ und ist ein komplexes System aus vielen einzelnen Komponenten zur Implementierung von Client/Server-Modellen in offenen Systemen [Rose92]. DCE umfaßt einen Remote Procedure Call (RPC) Mechanismus, einen Directory-Service, unterteilt in den Cell Directory Service (CDS) und Global Directory Service (GDS), einen Sicherheitsservice, Threads und ein verteiltes Dateisystem. DCE ist eine Basistechnologie, die als Bestandteil eines Betriebssystems (oder in enger Koppelung damit) eine OSI-konforme, offene Kommunikation in Rechnernetzen erlaubt und somit ein Netzwerk aus vielen Rechnern zu einem Computer zusammenschließt. Die RPC-Aufrufe sind synchron und unterstützen kein Management von einzelnen Nachrichten. Die Grundlage des verteilten Rechnens mit DCE bilden die Zellen (cells). Sie kapseln die verfügbaren Dienste, sind Grundlage der Sicherheitskonzepte und dienen der Eingliederung der einzelnen Rechnerkomponenten in einen einheitlichen Namensraum, der geschlossen verwaltet wird. Dabei implementiert DCE den X.500 Directory Service (XDS) gemäß OSI und unterstützt den Domain Name Service (DNS) des Internets. DCE-Threads sind eine POSIX-1003.4a basierte Realisierung leichtgewichtiger Prozesse. Insgesamt gilt DCE als eines der zukünftig tragenden Konzepte verteilter Systeme, da es die Verwaltung verteilter Dienste und ihre Implementierung ermöglicht.

3.2.4.2 Common Object Request Broker Architecture — CORBA

Ein herstellerunabhängiger Standard, der auf einem hohen abstrakten Niveau alle notwendigen Elemente bereitstellt, um die Zusammenarbeit zwischen verschiedenen Anwendungen auch über Rechnergrenzen hinweg zu ermöglichen, ist die „Common Object Request Broker Architecture“ oder kurz CORBA [Vino93, Orfa95]. Hierzu wurde die Object Management Group (OMG) 1989 als Non-Profit Consortium führender Softwareanbieter gegründet, die objektorientierte Systeme in Theorie und Praxis unterstützen soll und diesen Standard weiterentwickelt (s. auch http://www.omg.org/).

CORBA besteht aus fünf Basiskomponenten, die sich um den Object Request Broker (ORB) als zentralen Mechanismus gruppieren. Unter Nutzung des ORB ist es den einzelnen Objekten so möglich, in einem verteilten System Anfragen zu stellen, auf die andere Objekte reagieren und eine Antwort geben. Dabei dürfen die verteilten Objekte in verschiedenen Programmiersprachen und auf unterschiedlichen Betriebssystemen implementiert sein. Sie können sowohl verschiedene Prozesse desselben Programms oder aber Elemente unabhängiger Applikationen darstellen. Die Anworten sind in der Regel selbst Objekte, die über das zugrunde liegende Netzwerk transportiert werden müssen. In klassischen Client/Server- und nachrichtenbasierten Systemen werden solche Objekte vom Programmierer auf primitive Datentypen umgesetzt und transportiert. ORB dagegen gewährleistet den Nachrichtenaustausch zwischen Objekten in verteilten Anwendungen über Referenzen, die zu den Objekten gehalten werden. Damit ein Objekt Kenntnis davon hat, welche Dienste es von einem anderen anfordern kann, muß seine Schnittstelle bekannt und verfügbar sein. Dies wird mit der Interface Definition Language (IDL) sichergestellt, die in einer C++-ähnlichen Syntax die Protokolle der Methodenaufrufe beschreibt. Zur Laufzeit des Programms kann auf die Typinformation und somit auf das Schnittstellenprotokoll dynamisch zugegriffen werden.

CORBA nutzt die konzeptionelle Klarheit objektorientierter Systeme, um Anwendungsprobleme in einer netzwerkbasierten Umgebung mit heterogenen Betriebssystemen und unterschiedlichen Programmiersprachen zu lösen.

Kapitel 4

Entwurf eines Klassenkonzepts und einer visuellen Sprache zur verteilten Optimierung

Dieses Kapitel bildet mit dem Entwurf eines Klassenkonzepts zur **verteilten Optimierung** und der Beschreibung der visuellen Interaktion unter der als Workbench bezeichneten, graphischen Arbeitsoberfläche den Kern der Arbeit. In einem ersten Schritt wird ein objektorientiertes Modell der Optimierung multidisziplinärer Probleme dargestellt. Er beginnt mit der Problembeschreibung, aus der ein numerisches Optimierungsmodell generiert wird. Diesem wird ein Algorithmus zugeordnet, der durch eine benutzerbestimmte Parameterauswahl gesteuert wird. Vorhandene Rechner eines Netzwerks werden zu einem Cluster oder virtuellen Rechner zusammengefaßt, auf dem der so definierte Optimierungsprozeß gelöst wird.

Die Eingabe von verteilten oder dekomponierten Problemstellungen und die Kontrolle des Lösungsfindungsprozesses erfolgt mit Hilfe eines in die Oberfläche integrierten graphischen Editors für eine visuelle Sprache. Eine mit dieser Sprache formulierte komplexe Aufgabenstellung wird als **visuelles Optimierungsschema (VOS)** bezeichnet. Ein visuelles Optimierungsschema faßt eine Reihe von Optimierungsproblemen zusammen und beschreibt die sequentielle oder parallele Ausführungsreihenfolge, aber auch den Austausch von Teilergebnissen zwischen den Prozessen über spezielle Elemente der Sprache. Das Management der visuellen Optimierungsschemata, die Formulierung von Optimierungsproblemen, die Auswahl und Instanzierung von Algorithmen und die Steuerung des Lösungsprozesses erfolgt über den graphischen Editor. Die Oberfläche selbst wird als **OpTiX-Workbench** bezeichnet und im letzten Abschnitt dieses Kapitels eingeführt. Dabei wird der prinzipielle Aufbau und das dahinterstehende Klassenkonzept vorgestellt. Das objektorientierte Vorgehen sichert eine einfache Erweiterbarkeit der Workbench um weitere multidisziplinäre Problemformulierer und Algorithmen durch das Einfügen von Subklassen.

4.1 Ein objektorientiertes Modell verteilter Optimierung

Die herkömmliche Vorgehensweise computerbasierter Systeme zur Lösung von Optimierungsaufgaben versteht diese vornehmlich als Zielfunktionen und Restriktionen, die in einer imperativen Programmiersprache als Prozeduren realisiert werden müssen. Allein der numerische und funktionale Kern wird berücksichtigt. Viele Eigenschaften und zusätzliche Informationen, die über das Problem bekannt sind, bleiben unberücksichtigt. Interdependenzen zwischen Problemen und Algorithmen werden entweder vernachlässigt oder mit sehr komplexen Ansätzen, wie Expertensystemen, angegangen. Die Nutzung von Rechnernetzen oder Multiprozessorsystemen zur Lösung eines gegebenen Problems hat auf dieses Modell keinen Einfluß, denn die Ausführung der Optimierungsrechnung wird allein als Aufruf von Prozeduren angesehen und nicht als verteilte Optimierung mit speziellen Daten- und Kommunikationsstrukturen in einem heterogenen Rechnernetz.

Ein objektorientierter Ansatz ermöglicht es, die einzelnen Objekte verteilter Optimierung klar zu unterscheiden und ihre Wechselbeziehungen verständlich zu strukturieren. Damit wird die Grundlage für ein erweiterbares Werkzeug zur Optimierung gelegt, in das neue Problemklassen und Lösungsalgorithmen genauso leicht integriert werden können, wie veränderte Werkzeuge zur Parallelverarbeitung in Rechnernetzen. Das Ergebnis dieses Vorgehens wird in Abb. 10 dargestellt. Die Bedeutung der Klassen *OxDescription*, *OxProblem*, *OxAlgorithm*, *OxProperty*, *OxTask*, *OxBlackBoard*, *OxQueue*, *OxCluster*, *OxProcess*, *OxWorkBench* und ihrer abgeleiteten Klassen soll in den folgenden Abschnitten einzeln erläutert und so schrittweise das gesamte Modell eingeführt werden. Im Anh. E „OMT-Diagramme der Workbench" befinden sich die vollständigen OMT-Darstellungen der wichtigen Klassen. Das Präfix „*Ox*" wurde zum einen gewählt, um die Zugehörigkeit dieser Klassen zur OpTiX-Workbench zu betonen, zum anderen aus Gründen der Implementierung in C++. Grundsätzlich wurden sämtliche Bezeichner für Klassen, Attribute und Methoden von den entsprechenden englischen Fachtermini abgeleitet, da so der resultierende C++-Code strikt einsprachig (englisch) gehalten werden kann.

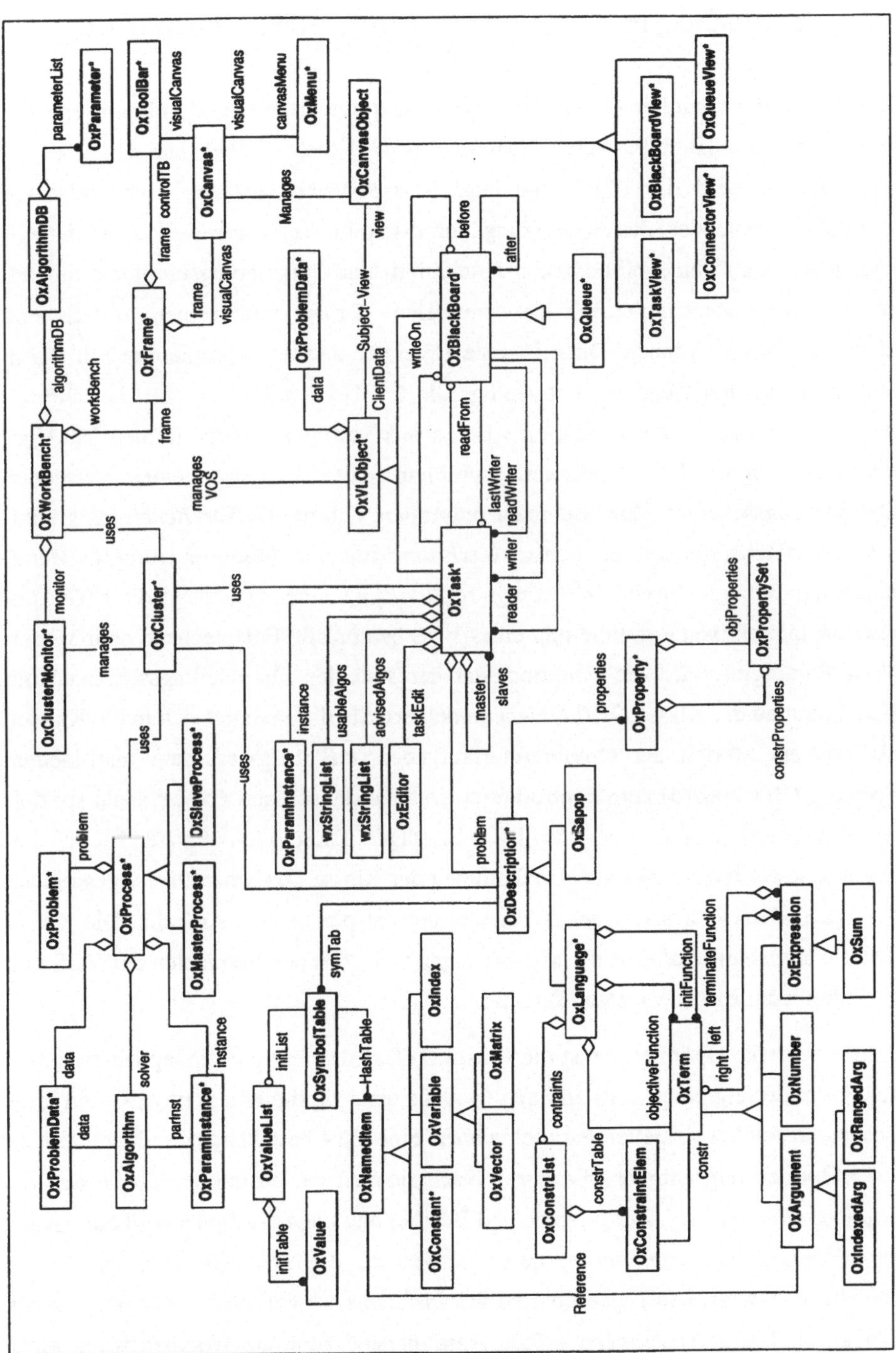

Abb. 10: Übersichtsdiagramm des Objektmodells verteilter Optimierung mit den zentralen Klassen und ihren Zusammenhängen in OMT-Notation

4.1.1 Einführung in die Klassenstruktur verteilter Optimierung

Der Begriff der verteilten Optimierung multidisziplinärer Probleme ist in dieser Form in der Literatur [Bert89, Akl89, Smit93, Bode94] bisher unbekannt. Unter dieser Bezeichnung wird das objektorientierte Klassensystem aus der vorhergehenden Abbildung verstanden, das die Nutzung multidisziplinärer Analysewerkzeuge mit existierenden Algorithmenbibliotheken kombiniert, um Optimierungsprobleme auf leistungsfähigen Rechnernetzen oder parallelen Hardwareplattformen verteilt und effizient lösen zu können. Dazu ist eine Unterstützung der Optimierung mit einem computerbasierten Werkzeug notwendig. Die *OxWorkBench* kontrolliert den virtuellen Parallelrechner (*OxCluster*), eine Datenbank verfügbarer Algorithmen (*OxAlgorithmDB*) und das Optimierungsproblem als Element eines visuellen Optimierungsschemas. Dem Benutzer präsentiert sich die *OxWorkBench* als graphische Oberfläche, die in einem Fenster (*OxFrame*) mit einer Menüsteuerung (*OxMenu*) und einem Satz graphischer Werkzeuge (*OxToolBar*), einen visuellen Editor (*OxCanvas*) zur interaktiven Formulierung eines VOS bereitstellt. Entsprechend dem Model-View Paradigma wird die Funktionalität der visuellen Optimierungsschemata mit Nachkommen der Klasse *OxVLObject* modelliert. Sie differenziert sich in die Klassen *OxTask*, als Modell der Optimierungsaufgabe, *OxBlackBoard*, dem intelligenten Speicher (Blackboard) zum kontrollierten Datenaustausch und *OxQueue* als spezielles Blackboard mit variabler Anzahl von Einträgen. Diesem funktionalen Modell stehen ihre jeweiligen Views als Nachkommen der Klasse *OxCanvasObject* gegenüber, so z. B. *OxTaskView* als visuelles Pendant der entsprechenden Aufgabe. Die Klasse *OxConnectorView* realisiert die Verbindungen zwischen den Elementen der VOS und stellt den Kontroll- sowie Datenfluß dar.

Für die verteilte Optimierung ist die Klasse *OxTask* das zentrale Bindeglied zwischen der Formulierung eines vollständigen Modells einer Optimierungsaufgabe und ihrer Lösung auf einem virtuellen Parallelrechner. Eine Task besteht aus der Beschreibung einer Optimierungsaufgabe, die durch Nachkommen der abstrakten Klasse *OxDescription* realisiert wird. Zur Eingabe und Bearbeitung dieser Aufgabe wird ein Analysewerkzeug oder Problemformulierer verwendet, der über die *OxEditor*-Klasse eingebunden wird. Die Eigenschaften des Problems werden nach einer Analyse als Objekt der Klasse *OxProperty* erfaßt. Anschließend kann die Workbench mit einer Anfrage an die Algorithmendatenbank ermitteln, welche Algorithmen zur Lösung des

Problems empfehlenswert (*advisedAlgos*) und welche zumindestens nutzbar (*usable-Algos*) sind und ihre identifizierenden Namen in einer String-Liste (*wxStringList*) speichern. Für den vom Benutzer gewählten Lösungsalgorithmus wird die aktuelle Parameterbelegung in einem Objekt der Klasse *OxParamInstance* verwaltet. Die benutzerdefinierten Namen verwendeter Entscheidungs- oder Koordinierungsvariablen sind in einer Symboltabelle (*OxSymbolTable*) gespeichert und werden auf einen Vektor von Variablen für die Optimierungsalgorithmen umgesetzt. Initiale Werte dieser Variablen und alle Zwischenergebnisse während der Lösung eines Problems speichert ein Objekt der Klasse *OxProblemData*, die wiederum Bestandteil der Klasse *OxVLObject* ist.

Eine Verteilung der Optimierungsrechnung wird dadurch erreicht, daß zu jeder Task, die der Benutzer in der Workbench spezifiziert hat, ein Prozeß (*OxProcess*) auf dem virtuellen Parallelrechner erzeugt wird. Dazu transformiert die Workbench die Problembeschreibung (*OxDescription*) in ein numerisches Problem (*OxProblem*). Dieses wird mit einem Laufzeitsystem zu einem ausführbaren Programm gelinkt. Sind alle Optimierungsaufgaben der Workbench so umgesetzt, werden sie auf dem virtuellen Parallelrechner gestartet. Die Kommunikation zwischen den Prozessen und der Workbench erfolgt nachrichtenbasiert und nutzt die Routinen der verwendeten Message-Passing Bibliothek (derzeit PVM). Zu Beginn des Optimierungsprozesses sendet die Workbench den einzelnen Jobs den jeweils gewählten Algorithmennamen, seine Parameterbelegung sowie initiale Problemdaten. Diese entnimmt sie den korrespondierenden Tasks. Während der Optimumsuche senden die Prozesse Zwischenergebnisse zur Workbench und werden von dieser gesteuert.

Die visuellen Optimierungsschemata enthalten das menschliche Expertenwissen über ein günstiges Vorgehen zur Lösung der gestellten Aufgabe. Die Workbench arbeitet die damit vorgegebene Lösungsstruktur automatisch ab und visualisiert dabei den Lösungsverlauf in dem aktuell ausgeführten Optimierungsschema. Es besteht interaktiv die Möglichkeit, Teillösungen über Blackboards abzufragen und die Ausführung zu unterbrechen. Der Optimierungslaufs kann also je nach Bedarf korrigiert werden, indem die Parameter der Algorithmen verändert oder andere gewählt werden. Auch eine Modifikation der ursprünglichen Aufgabenstellung ist möglich.

4.1.2 Formulierung multidisziplinärer Optimierungsprobleme

Multidisziplinäre Optimierungsprobleme zeichnen sich dadurch aus, daß eine erhebliche Anzahl unterschiedlicher Modelle und (Software-) Werkzeuge benutzt wird, um eine Optimierungsaufgabe zu erstellen und zu beschreiben. Drei Ansatzpunkte für einen objektorientierten Entwurf existieren dennoch, um eine nachvollziehbare Klassenstruktur aufzubauen. Es sind dies:

1. Das mathematische Modell mit Ziel- und Restriktionsfunktionen, welches in der von *OxProblem* abgeleiteten Klassenstruktur modelliert wird.
2. Die generellen Eigenschaften des Problems, die über die rein numerischen Prozeduren hinausgehen. Sie werden in der Klasse *OxProperty* zusammengefaßt.
3. Die von *OxDescription* abgeleiteten Klassen, die zur Beschreibung eines Problems dienen. Sie verwenden spezifische Werkzeuge zur Beschreibung und benutzen zur Speicherung entsprechende Datenformate.

4.1.2.1 Abstraktes Klassenkonzept zur Problembeschreibung

Die Beschreibung der einzelnen Optimierungsaufgaben mit problemorientierten Sprachen, Konfigurationsdatensätzen oder speziellen Modellierungswerkzeugen erfolgt auf Basis der Klasse *OxDescription* (Abb. 11). Sie ist die Schnittstelle zwischen der Optimierungsmodellbildung mit unterschiedlichen computergestützten Werkzeugen

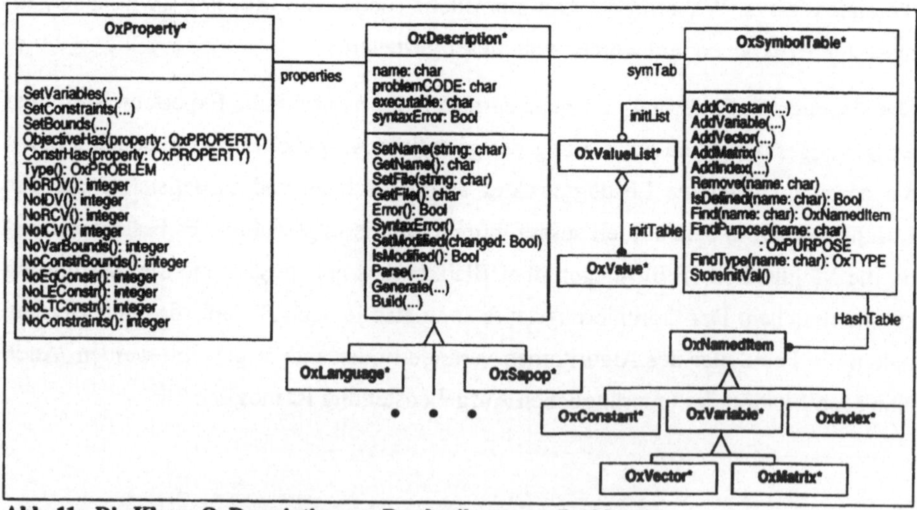

Abb. 11: Die Klasse OxDescription zur Beschreibung von Problemen

und der OpTiX-Workbench zur Lösung der Probleme. Von ihr werden für konkrete Beschreibungsformen, wie OpTiX-III oder SAPOP, Subklassen abgeleitet. In der Workbench werden alle Optimierungsaufgaben durch einen eindeutigen Namen referenziert. Dieser wird durch die Klasse *OxDescripton* mit der Datei, die die Problembeschreibung enthält und dem auf der virtuellen Maschine ausführbaren Programm verknüpft. Die Methoden *Parse*, *Generate* und *Build* dienen dazu, die gewählte Problembeschreibung in eine ausführbare Task zu transformieren. Beim Parsen wird die Symboltabelle zur Verwaltung der verwendeten Variablen aufgebaut und die Eigenschaften des Problems analysiert. Dazu gehören die Eigenschaften der Ziel- und Restriktionsfunktionen aber auch Informationen über die Problemstruktur. *Generate* setzt die Beschreibung der Aufgabe in ein normiertes numerisches Problem um, das zur Berechnung der Funktionen innerhalb der Workbench benötigt wird. Mit *Build* wird dann das ausführbare Programm für alle verwendeten Hardwarearchitekturen erzeugt und in das Dateisystem des virtuellen Rechners installiert.

4.1.2.2 OpTiX-III — eine Sprache zur Formulierung von Problemen

Die OpTiX-III Problembeschreibungssprache dient der Formulierung von Optimierungsproblemen, die mittels Compiler in ausführbare Module übersetzt werden. Sie ist das Ergebnis der Erfahrungen, die mit den Vorgängersystemen OpTiX-I und OpTiX-II gewonnen wurden.

OpTiX-I [Grau89, From91] verfügt zur Eingabe und Lösung von Optimierungsproblemen über zwei Sprachen. Zum einen die Problembeschreibungssprache OpTiX, die es gestattet, einen interpretativen Code für nichtlineare Optimierungsprobleme zu schreiben. Hierzu können skalare Gleitkomma-Variablen und Konstanten, Exponential- und trigonometrische Funktionen verwendet werden, um eine Zielfunktion, mehrere Restriktionsfunktionen und Schranken für die Entscheidungsvariablen zu formulieren. Dabei war der Grundgedanke, eine möglichst leicht erlernbare, mathematische Sprache zur raschen, einfachen Beschreibung nichtlinearer Probleme zur Verfügung zu stellen. Die Lösung eines so gestellten Problems soll durch mehrere Algorithmen in frei definierbarer Weise mit einem Austausch von Zwischenergebnissen erfolgen. Dazu wurde eine zweite Sprache, „Parallel Control Language“ (PCL) eingeführt. Sie gestattet die Konfiguration von Servern und Blackboards (s. Abschnitt 4.2.2). Server sind verteilte Prozesse im Netzwerk, die einen ausgewählten

Optimierungsalgorithmus mit seiner Parameterbelegung realisieren. Blackboards stellen intelligente Speicher- bzw. Kontrollelemente zur Aufnahme der Optimierungslösungen dar. Insbesondere ermöglicht PCL die Festlegung unterschiedlicher Kombinationen von Servern und Blackboards, wodurch ein konkurrierender oder sequentieller Austausch von Optimierungsergebnissen zwischen den parallel arbeitenden Servern ermöglicht wird.

Bei OpTiX-II [Bode95] lagen die Schwerpunkte in einer Umstellung des Interpreters auf einen Compiler, der Problemlösung unter Nutzung der Ressourcen eines heterogenen Rechnernetzes und der Einführung dekomponierter Aufgaben als Optimierungsprobleme. Ein Compiler wurde gewählt, um eine höhere Effizienz in der Problemberechnung zu erzielen. Der Ableitungsbaum, der beim Parsen des OpTiX-Codes erzeugt wird, dient nun der Generierung von Quelltexten der Sprache C, die mit einem C-Compiler übersetzt und mit einer Laufzeitbibliothek für heterogene Rechnerarchitekturen gebunden werden. Um gleichzeitig verschiedene Aufgaben, insbesondere dekomponierte Manager-Worker Probleme beschreiben zu können, wurde eine Unterteilung in Subsysteme eingeführt. Jedes Subsystem verfügt wie in OpTiX-I über eine Zielfunktion, Restriktionen und Grenzen. Allen gemeinsam ist der Namens- und Zustandsraum der Variablen, so daß bei jedem Subsystem zusätzlich anzugeben ist, welche der Variablen als Entscheidungsvariablen und welche zur Koordinierung der Subsysteme benutzt werden. Zusätzlich wurden Sprachelemente ergänzt, die zur Kommunikation zwischen den Subsystemen dienen. Zur Lösung multidisziplinärer Probleme wurde die OpTiX-Sprache um Sprachelemente für die Anbindung von SAPOP-Optimierungsaufgaben erweitert. Außerdem wurden vektorielle Variablen eingeführt und die Sprache um eine Summenfunktion ergänzt. Die Steuerung der Optimierungsläufe durch die PCL-Sprache mit parallelen Servern und Blackboards wurde aufgegeben. Die Funktion der Blackboards wurde durch eine feste Anzahl von Zustandsräumen ersetzt, über die Subsysteme Daten austauschen können. Die Zuordnung von Algorithmen zur Lösung von Subsystemen, die Definition von parallel oder sequentiell auszuführenden Zuordnungsgruppen und die Steuerung des Lösungsfindungsprozesses übernimmt eine Laufzeitumgebung, die intern über sogenannte Strategieskripte arbeitet.

Die Anforderung, auch dekomponierte Probleme zu bearbeiten, führte zu einer aufwendigeren Sprache mit dem dreifachen Umfang von OpTiX-I. Das Gesamtsystem ist trotz Einsatz einer graphisch bedienbaren Leitstandkomponente für eine intuitive Bedienung zu kompliziert. Aus heutiger Sicht liegt die Ursache in einer Reihe nicht länger akzeptabler Designentscheidungen:

1. Die strukturelle Einfachheit der Vorgängerversion mit getrennter Optimierungs- und Steuersprache wurde aufgegeben. Die Steuerung ist in Form maschineninterner Strategieskripte realisiert, die textuell und sehr abstrakt den Ablauf der Optimierung beschreiben. Außerdem können sie nur in Teilen in der Laufzeitumgebung des Systems betrachtet werden, wodurch das Verständnis unnötig erschwert wird.

2. Die Verwendung globaler Zustandsräume anstatt der Weiterentwicklung des Blackboard-Konzepts macht es schwierig, die Kommunikation zwischen den Optimierungsservern nachzuvollziehen.

3. Die Aufsplittung der Kommunikationssteuerung als Teil der Optimierungssprache und Element der Strategieskripte läßt die Optimierungssprache unnötig komplex werden. Die Strategieskripte dagegen gewähren nur einen begrenzten Einblick, da sie immer nur in Auszügen betrachtet werden können.

4. Die Einbindung multidisziplinärer Problemformulierer, wie SAPOP, als Element der OpTiX-Sprache fordert eine ständige Reimplementierung des OpTiX-Compilers für jede weitere Problemklasse. Dies muß zu einem unüberschaubaren und unhandlichen Sprachumfang führen.

5. Die ursprünglich den Bedürfnissen eines Interpreters angepaßten Datenstrukturen für den Ableitungsbaum der Sprache wurden beim Übergang auf ein compilierendes System mit einer graphischen Leitstandkomponente angepaßt. Dieses aus Interpreter-Sicht geeignete Datenmodell bildet nachwievor die zentrale Datenstruktur von OpTiX-II. Sie ist aber für eine multidisziplinäre und verteilte Optimierung nicht angemessen.

Daher wurde ein Neuentwurf des gesamten OpTiX-Systems notwendig mit der Folge, daß eine Reimplementierung aller Systemteile erforderlich war. Als erstes ist die Optimierungssprache einem objektorientierten Redesign unterzogen worden (Abb. 12), mit dem OpTiX-III Compiler als Ergebnis. Er bietet bei einer sogar erweiterten Funktionalität einen deutlich verringerten Sprachumfang im Vergleich zu OpTiX-II (die vollständigen Syntaxdiagramme sind im Anh. C „OpTiX-III Syntax-

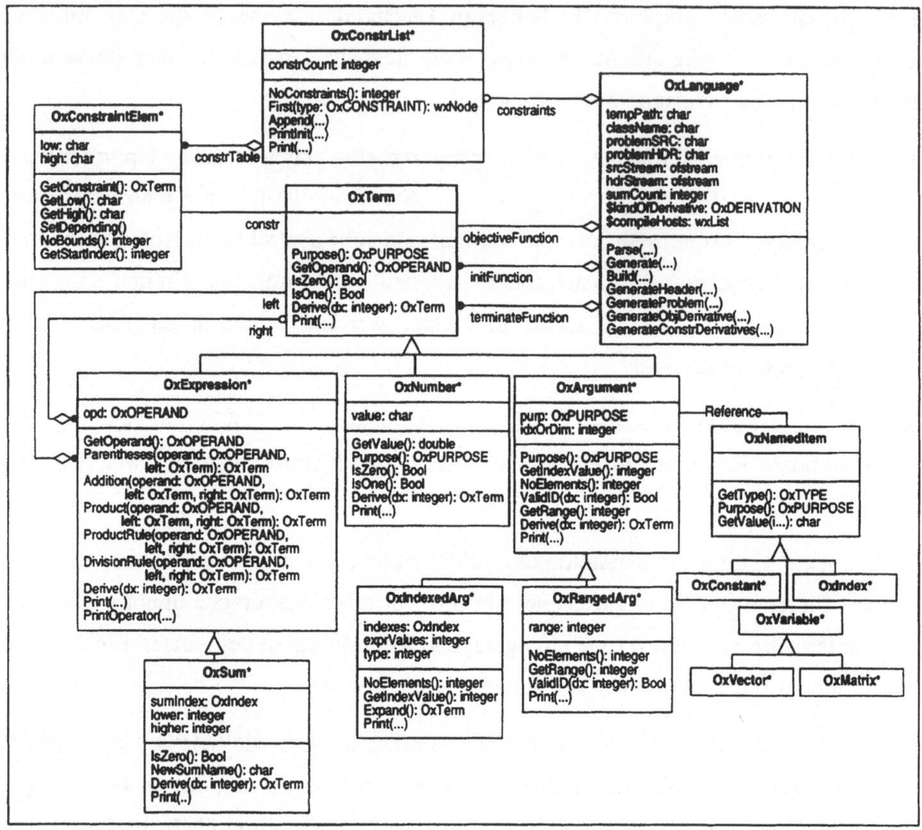

Abb. 12: Darstellung der Klassenstruktur zur Auswertung von Problembeschreibungen in der OpTiX-III Sprache

diagramme“ aufgeführt). Multidisziplinäre Probleme, die nicht in der OpTiX-Sprache beschrieben werden können, wurden aus der Sprachdefinition herausgenommen. Sie werden nun über die Klassenhierarchie integriert, und das System kann dadurch um neue Aufgabengebiete erweitert werden, ohne die Sprache anpassen zu müssen (die Einbindung von SAPOP wurde so realisiert). Ebenso wurden die Subsysteme aus der Sprache entfernt. Ein OpTiX-Problem ist nun wieder eine eng begrenzte Aufgabenstellung. Die Definition dekomponierter Probleme wurde in die visuellen Optimierungsschemata aufgenommen, genauso wie die Beschreibung paralleler und sequentieller Lösungsabläufe. Dagegen ist die neue OpTiX-III Sprache um ganzzahlige Variablen und Matrizen erweitert worden. Bei dekomponierten Systemen finden sich in den einzelnen Teilsystemen Entscheidungsvariablen, die von Optimierungsverfahren verändert werden und Variablen, die zur Integration der Teilsysteme und zur Verbindung mit der Koordinierungsebene dienen. Hierzu wurden zusätzlich zu Entscheidungs- auch Koordinierungsvariablen (nicht-Entscheidungsvariablen) in die Sprache aufgenommen. Somit können mathematisch definierte Probleme nichtlinearer und linearer Form genauso wie ganzzahlige oder auch gemischt ganzzahlige Aufgabenstellungen der folgenden Art behandelt werden:

$$Min \quad f(x, z)$$

$$\text{mit } x, z \in G \subseteq R^n \times Z^m, f \rightarrow R \qquad \text{(GL 7)}$$

und G definiert durch:

$$g_j(x, z) = 0 \qquad j = 1, \ldots, m_e \qquad \text{(GL 8)}$$

$$g_j(x, z) \leq 0 \qquad j = 1, \ldots, m_n \qquad \text{(GL 9)}$$

$$l_j \leq x_j \leq u_j, \qquad j = 1, \ldots, m_b \qquad \text{(GL 10)}$$

$$l_j \leq z_j \leq u_j, \qquad j = 1, \ldots, m_k \qquad \text{(GL 11)}$$

Die skalare Funktion f ist sowohl für reelle (x) als auch ganzzahlige Variablen (z) definiert, mit m_e Gleichheitsbedingungen, m_n Ungleichheitsbedingungen und m_b Grenzen für die reellwertigen Variablen, sowie m_k Grenzen für die ganzzahligen Variablen.

Die Standard Unix-Tools Lex und Yacc wurden bei OpTiX-II benutzt, um C-Code zu erzeugen. Yacc gehört zur Klasse der LALR(1) Parser Generatoren [Aho88] und ist trotz seiner weiten Verbreitung aufwendig zu bedienen und weist keine Anpassung zur Verwendung von C++ auf. Für OpTiX-III wurde das „Purdue Compiler Construction Tool Set" (PCCTS) [Parr95] verwendet. Es besteht aus „DFA Lexical Analyzer Generator" (DLG) und „ANTLR — ANother Tool for Language Recognition" zwei wesentlich mächtigeren Werkzeugen zur Konstruktion eines Compilers. Das PCCTS System ist ein Compiler-Generator, der LL(k) Parser mit einem Look-ahead k>1 und semantischen sowie syntaktischen Prädikaten erzeugen kann. Außerdem kann PCCTS zur Definition von Parsern C++-Klassen verwenden. Die erzeugten Parser oder Compiler arbeiten selbst objektorientiert und können dann wiederum sehr effizient C++ Programmcode generieren. Die Zielsprache von OpTiX-III ist demzufolge auch C++, ihre Schnittstelle wird in Abb. 12 dargestellt. Dadurch ist auch eine einfache Integration in die Klassenstruktur zur verteilten Optimierung gewährleistet.

4.1.2.3 Klassenbasierte Integration der SAPOP Strukturoptimierung

Die Integration von SAPOP in die OpTiX Workbench ermöglicht, strukturmechanische Aufgabenstellungen direkt zu formulieren und verteilt zu bearbeiten. Als Synergieeffekt wurde erreicht, daß die SAPOP-Lösungsalgorithmen für nichtlineare Probleme auch zur Optimierung anderer Aufgabenstellungen einsetzbar sind. Da SAPOP selbst in Fortran implementiert ist, mußte eine Klassenbildung gefunden wer-

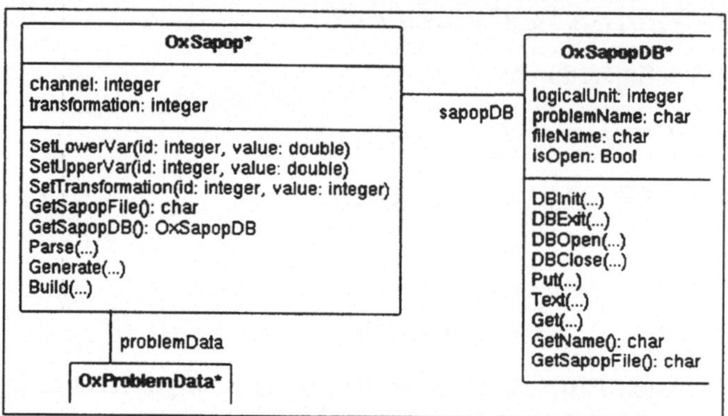

Abb. 13: Klassenstruktur zur Einbindung von SAPOP-Problemen in die verteilte Optimierung

den, mit der die zentralen Datenstrukturen und Funktionen gekapselt werden konnten. Das Ergebnis ist in Abb. 13 mit den Klassendiagrammen zu *OxSapop* und *OxSapopDB*, sowie in Abb. 14 in der Klasse *OxSapopProblem* wiedergegeben.

Die Klasse *OxSapop* ist von *OxDescription* abgeleitet und gewährleistet den Zugriff auf die strukturmechanische Problembeschreibung. Zur Strukturmodellbildung sind in SAPOP gegenwärtig sechs verschiedene Pakete eingebunden, darunter drei mit Finite-Element Methode und graphischer Programmoberfläche. Als Ergebnis der Modellierung mit diesen Werkzeugen werden Problemformulierungen in Dateien abgespeichert, aus denen ein SAPOP-Optimierungsmodell erstellt wird. Hierzu dienen, wie bei der Elternklasse, die Methoden *Parse*, *Generate* und *Build*. Das Optimierungsmodell ist die Schnittstelle zum Aufruf von Zielfunktion und Restriktionen und wird durch die Klasse *OxSapopProblem* realisiert. Sie ist von *OxProblem* abgeleitet und sichert die Umsetzung der SAPOP-Funktionsaufrufe auf die entsprechenden C++-Methoden. Zur Laufzeit verwenden die SAPOP-Prozeduren eine Datenbank, über die alle integrierten Analysewerkzeuge, Optimierungsverfahren und Hilfsprogramme kommunizieren. Diese wird durch die Methode *Build* für die verwendeten Rechner der virtuellen Maschine initialisiert und verteilt. Die Datenbank wird durch die Klasse *OxSapopDB* gekapselt, die als Schnittstelle auch alle Methoden zur Kommunikation bereitstellt.

In einem ersten Schritt wurde für die vorhandenen SAPOP Basispakete die Kopplung mit dem Finite-Element Programm Ansys implementiert und mit einem graphischen Editor zur Optimierungsmodellbildung in die Workbench integriert.

4.1.3 Objektmodell mathematischer Optimierungsprobleme

Mathematische Optimierungsaufgaben lassen sich, gemäß Abb. 8, „Klassifikation von Optimierungsproblemen nach GAMS [Bois94]" (s. S. 47), anhand ihrer Eigenschaften hierarchisch gliedern. In Anlehnung daran wurde ein Objektmodell entwikkelt, das diese Eigenschaften beschreibbar macht. Es ist in Abb. 14 wiedergegeben und repräsentiert ein abstraktes Modell für die numerische Berechnung von Optimierungsproblemen innerhalb der verteilten Optimierung. Die funktionalen Eigenschaften jeder Problemart werden in die entsprechenden Methoden der Klassenhierarchie umgesetzt. Das Pendant zu der Zielfunktion ist die Methode *Objective*, die den Zielfunktionswert zu den gegebenen Problemdaten liefert. Die mit OpTiX-I und OpTiX-II gewonnenen Erfahrungen motivierten, die Unterscheidung in numerische und symbolische Ableitungen mit in das OMT-Modell aufzunehmen. Die Methoden *Object1stD* und *Object1stNum* für die 1. bzw. *Object2ndD* und *Object2ndNum* für die 2. Ableitung setzen dies um. Soweit die Problembeschreibungen dazu in der Lage sind, werden für die erstgenannte Methode die analytischen Ableitungen (so z.B. bei OpTiX-III) erzeugt, ansonsten ruft sie die zweite Methode für die numerische Ableitung auf. Diese verwendet gegenwärtig ein einfaches Differenzenverfahren.

Das objektorientierte Modell der Problemdaten wird durch die Klasse *OxProblemData* gegeben, die sich aus zwei Elementen der Klasse *OxData* zusammensetzt. Die Problemdaten werden unterschieden in Entscheidungsvariablen (*decision*) und Nicht-Entscheidungsvariablen, die zur Koordinierung bei dekomponierten Problemen dienen sollen (*coordination*). Nur die Entscheidungsvariablen werden den Optimierungsverfahren als Variablen übergeben. Die Koordinierungsvariablen dienen während eines Optimierungslaufs als feste Parameter und können nur vorher oder nachher geändert werden. Beide Variablengruppen basieren auf der Klasse *OxData* und bestehen jeweils aus zwei Vektoren zur Verwaltung von Gleitkomma- und ganzen Zahlen.

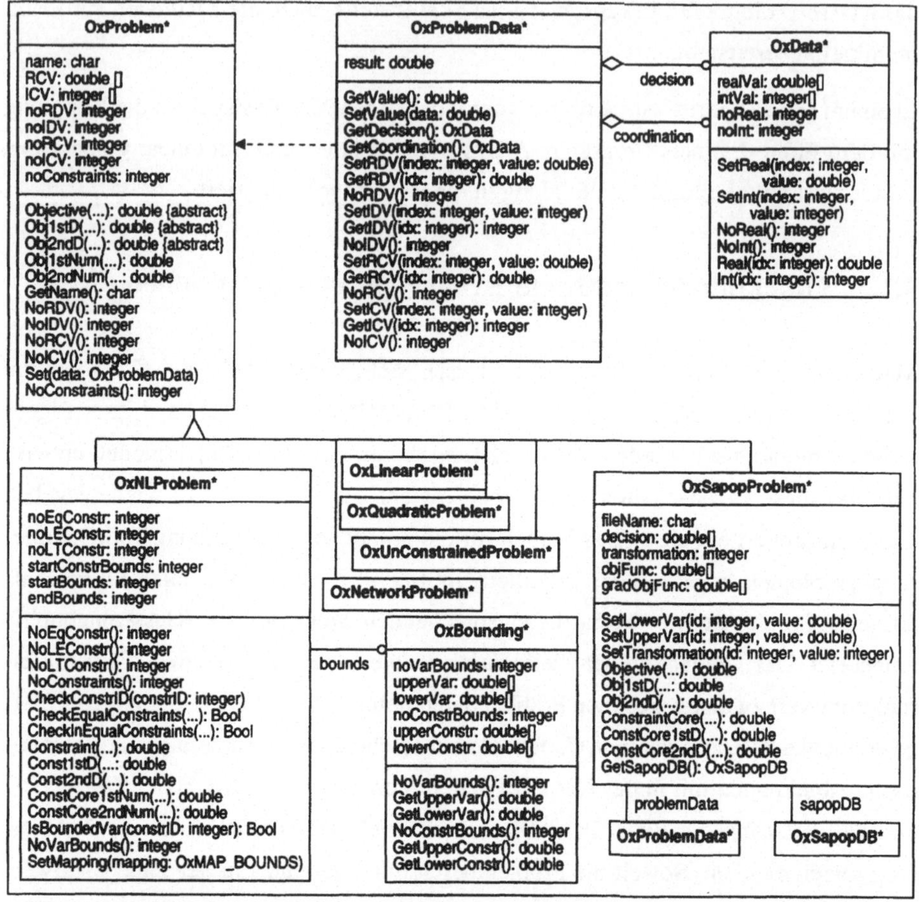

Abb. 14: Darstellung von Optimierungsproblemen als Objektmodell

Somit können Integer-, gemischt ganzzahlige und kontinuierliche Probleme behandelt werden. Über die Methode *Set* werden bei *OxProblem* neue Problemdaten gesetzt, womit die Koordinierungsvariablen als Parameter bei den Zielfunktionen und Restriktionen zur Verfügung stehen. Die Entscheidungsvariablen werden jedoch direkt den Methoden übergeben. Diese Designentscheidung wurde getroffen, um auch Funktionen einbinden zu können, die nicht in einer objektorientierten Sprache realisiert worden sind.

Bei restringierten Problemen wurde die Methode *Constraint* eingeführt. Sie liefert den Funktionswert derjenigen Restriktion zurück, die über ihren Index ausgewählt wurde. Für restringierte Probleme wird von einem normierten Modell entsprechend den Gleichungen (GL 7) bis (GL 11) aus Abschnitt 4.1.2.2 ausgegangen. Das heißt, alle Restriktionen sind entsprechend ihres Typs gruppiert und zu einer rechten Seite mit dem Wert „0“ normiert. Sie sind linear durchnumeriert und ihre Indizierung beginnt bei „1“, wie in der folgenden Übersicht gezeigt wird. Diese Informationen

Typ der Restriktion	Anzahl	unterer Index	oberer Index
Gleicheitsrestriktionen	*noEqConstr*	1	*noEqConstr*
Kleiner-Gleich-Restriktionen	*noLEConstr*	*noEqConstr* + 1	*noEqConstr* + *noLEConstr*
Kleiner-Restriktionen	*noLTConstr*	*noEqConstr* + 1 + *noLEConstr*	*startConstrBounds* -1
Restriktionen mit Grenzen	*noConstrBounds*	*startConstrBounds*	*startBounds* - 1
Variablen mit Grenzen	*noVarBounds*	*startBounds*	*endBounds*

sind über entsprechende Zugriffsfunktionen von allen Algorithmen abfragbar. Sollte eine Restriktion einen Wert größer „0“ als Resultat eines Funktionsaufrufs liefern, gilt sie als verletzt. In Analogie zur Definition der Zielfunktion wurden auch bei restringierten Problemen Ableitungen mit in das funktionale Modell aufgenommen; dazu dienen die Methoden *Const1st*, *ConstCore1stNum*, *Const2nd* und *ConstCore2ndNum*. Die beschriebene Anordnung der Restriktionen liegt sowohl der OpTiX-III Sprache als auch den Algorithmen der Workbench zugrunde. In der Klasse *OxNLProblem* für allgemein nichtlineare Aufgabenstellungen wurden alle Teile dieses Protokolls umgesetzt.

Obere und untere Grenzen für Variablen und Restriktionen werden über die Klasse *OxBounding* (s. Anhang E) erfaßt und sind für ein konkretes Problem einzeln zugreifbar. In Abhängigkeit der Grenzen auf Variablen oder Restriktionen — auch Bounds genannt — können vier verschiedene Situationen auftreten, die eine Einbindung neuer Verfahren zur Problemlösung beeinflussen:

1. Es liegen keine Bounds vor.

2. Es gibt nur Bounds auf die Entscheidungsvariablen.

3. Es gibt nur Bounds auf die Restriktionsfunktionen.

4. Es gibt Bounds auf Entscheidungsvariablen und Restriktionsfunktionen.

Die Art, wie die Restriktionen den Algorithmen zur Verfügung gestellt werden, kann durch die Methode *SetMapping* bestimmt werden. Für Algorithmen, die keine Bounds auf Variablen bearbeiten können, wird über den Parameter *MAP_VAR* jede Grenze, die in der Form $lower_i \leq variable_i \leq upper_i$ gegeben ist, in zwei gewöhnliche Restriktionen der Art: $variable_i - upper_i \leq 0$ und $variable_i + lower_i \leq 0$ transformiert. Bei Algorithmen, die keine Bounds auf Restriktionsfunktionen verwerten können, dient der Parameterwert *MAP_CONSTR* dazu, Grenzen der Form: $lower_i \leq constraint_i \leq upper_i$ in zwei Restriktionen der Art: $constraint_i - upper_i \leq 0$ und $constraint_i - lower_i \leq 0$ abzubilden. Sollen beide Transformationen durchgeführt werden, so wird dies mit dem Parameter *MAP_FULL* angegeben. Dies ist auch die Standardeinstellung, der die meisten integrierten Optimierungsalgorithmen mit ihrem internen Modell entsprechen.

Mit der Methode *Generate* aus der Klasse *OxDescription* wird die jeweilige Problembeschreibung (ein Nachkomme der Klasse *OxDescription*) in eine konkrete Klasse gemäß diesem System umgesetzt, also z.B. eine Subklasse zu *OxNLProblem* erstellt. Eine so generierte Klasse besitzt das Präfix „OxOx“, an das der Problemname angehängt wird. Da die Problemnamen eindeutige Schlüssel sind, ist automatisch eine korrekte Subklassenstruktur gewährleistet. Die konkreten Problemklassen sind über die Protokolle und Methoden ihrer Elternklasse an die verteilte Optimierung angeschlossen. Wenn die vorgegebene Klassenstruktur nicht ausreicht, kann dafür an geeigneter Stelle in der Hierarchie eine neue Klasse eingefügt werden (vergleiche die Einbindung von SAPOP). Hierdurch ist eine variable Ergänzung der geschilderten Problemstruktur möglich.

4.1.4 Einbindung von Algorithmen in die Klassenstruktur

Das Dilemma in der Integration von Optimierungspaketen und Modellierungssystemen liegt zum großen Teil in ihrer gewachsenen Struktur, die nur zu geringen Teilen einem konzeptionellen Entwurf entstammen. Insbesondere Softwarebibliotheken zur Optimierung wie LAPACK, NAG, IMSL und GAMS sind entsprechend der jeweiligen Bedürfnisse und Erkenntnisse entstanden, d.h. zumeist als numerische Pakete auf Großrechnersystemen. Ein einheitliches Paradigma, unter dem eine Integration der einzelnen Bereiche geschehen kann, fehlt jedoch. Deshalb wird hier ein objektorientiertes Konzept vorgestellt, das eine Einbindung existierender Algorithmen und Pakete, die als Quellcode in den Sprachen Fortran, C und C++ bzw. in Bibliotheken vorliegen, erlaubt. Dieses Protokoll ist in Form eines OMT-Klassenmodells entwikkelt worden und kann der Abb. 15 entnommen werden, in der auch alle derzeit verfügbaren Algorithmen als Klassen aufgeführt sind.

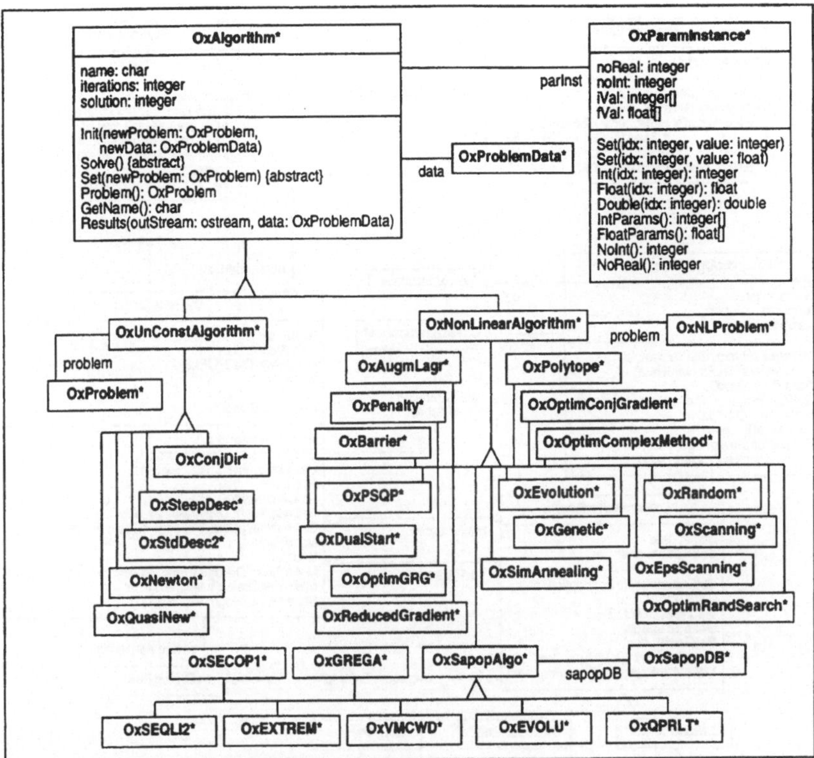

Abb. 15: Protokollstruktur und Übersicht zu den realisierten Algorithmen

Aufgrund der heterogenen Implementierungssprachen, die verwendet werden, ist das Protokoll bewußt knapp gehalten. Ein Algorithmus wird über seinen Namen identifiziert, und nur die Anzahl seiner Iterationen genauso wie die Abbruchbedingung, die zu seiner Beendigung führt, zählen zu seinen Standardattributen. Die Methode *Init* wird benötigt, um den Algorithmus zu initialisieren. Dies ist insbesondere bei größeren Bibliotheken notwendig, wo globale Datenstrukturen vor dem ersten Optimierungslauf mit Anfangswerten belegt werden müssen. Oft benötigen auch stochastische Algorithmen eine Initialisierung ihres Zufallszahlengenerators. Von zentraler Bedeutung ist die Methode *Solve*, da sie das eigentliche Lösungsverfahren beinhaltet, das in den vielen Fällen der Aufruf einer externen Bibliotheks-Routine ist.

Bei der Steuerung des Algorithmus muß zwischen zwei Arten unterschieden werden. Die benutzerseitige Einstellung der Parameterwerte, die über eine graphische Oberfläche erfolgt und die laufzeitorientierte Parameterbelegung zur Ausführung des Verfahrens. Die letztgenannte ist Aufgabe eines Objekts der Klasse *OxParamInstance*.

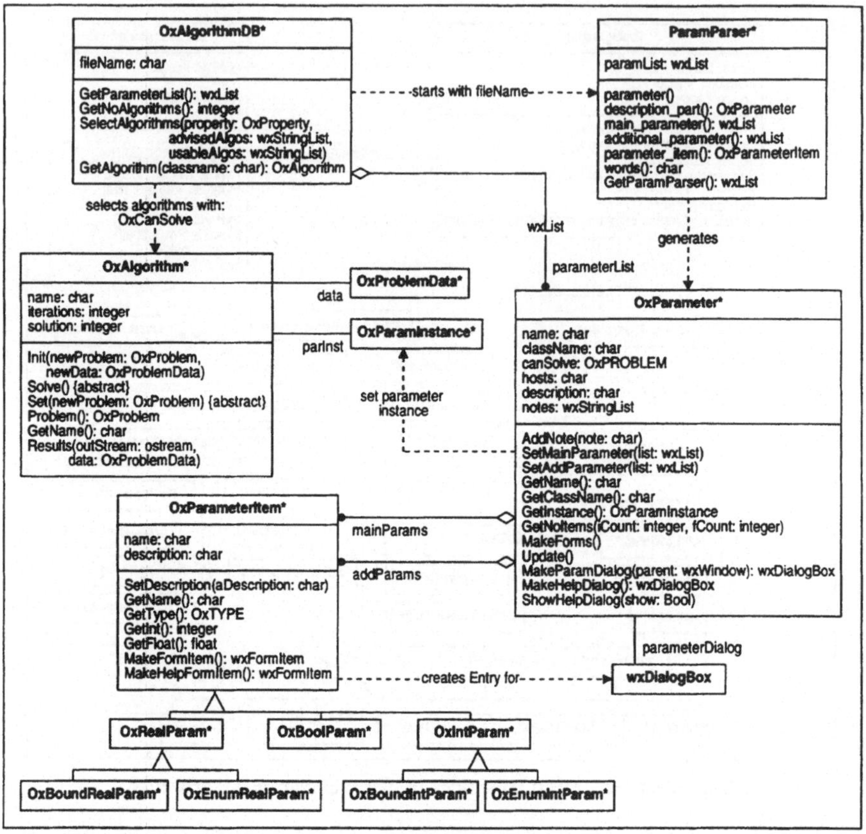

Abb. 16: Objektmodell der Algorithmendatenbank zur Auswahl und Parameterbelegung

Hierbei handelt es sich um eine sehr einfache Datenstruktur, einem Vektor mit Integer- und einem mit Float-Parametern. Er wird von der Workbench gemäß der Präferenzen des Anwenders generiert und als Nachricht an den entsprechenden Prozeß des Clusters gesandt, der den Algorithmus verwendet.

Die Auswahl eines Algorithmus und die Einstellung der Parameterwerte soll unter der Kontrolle des Optimierers liegen. Hierzu bietet ihm das System eine Vorauswahl an, die in geeignete und bedingt anwendbare Algorithmen unterteilt ist, aus der er dann das jeweils gewünschte Verfahren bestimmt. Die Workbench greift dazu auf die Algorithmendatenbank zurück, die alle verfügbaren Verfahren verwaltet und über eine Informationsstruktur entsprechend Abb. 16 kontrolliert. Die *OxAlgorithmDB* hält zu jedem Verfahren das verfügbare Wissen in einer Parameterliste. Jeweils ein Objekt vom Typ *OxParameter* repräsentiert einen Algorithmus in Form globaler Informationen, wie Namen und Klasse, eine kurze Beschreibung und die unterstützten Rechnerarchitekturen. Diese Parameterinformation wird ergänzt durch wesentliche (*mainParams*) und zusätzliche (*addParams*) Parametereinträge. Die Steuerparameter bestehen aus Float- (*OxFloatParam*), Integer- (*OxIntParam*) und Boole'schen Werten (*OxBoolParam*) mit vordefinierten Einträgen, wobei die Zahlenwerte noch in Bereichs- oder Aufzählungstypen untergliedert sind. Die Klasse *OxParameter* erzeugt zur Steuerung durch den Benutzer für jedes Objekt eine Dialogbox (*wxDialogBox*), in der alle *OxParameterItem*-Objekte mit entsprechenden graphischen Elementen dargestellt werden. Zusätzlich kann sich der Benutzer Hilfetexte für alle Parametereinträge anzeigen lassen.

Zur Vorauswahl geeigneter Verfahren dient die Methode *SelectAlgorithms*, die auf die globale Methode *OxCanSolve* zurückgreift. Dabei werden alle Algorithmen auf ihre Eignung als Lösungsverfahren für ein Problem anhand der Eigenschaften (*OxProperty*) überprüft.

Die Datenbank selbst erhält alle Informationen aus einer Konfigurationsdatei, die zur Beschreibung der Algorithmen dient und beim Start der Workbench eingelesen wird. Dafür wurde eine leicht verständliche Konfigurationssprache entwickelt (Anh. D „Algorithmen Konfigurationsdatei"), deren Elemente den graphischen Eingabeelementen der Konfigurationsfenster zugeordnet sind. So wird über die Beschreibung der Parameterwerte das Aussehen und die Funktionalität der Oberfläche individuell von jedem Anwender gesteuert und kann um zusätzliche Informationen über die Algorithmen erweitert werden.

4.1.5 Integration von Workbench und virtuellem Parallelrechner

Das OMT-Modell der Optimierung bildet die Grundlage für eine Anbindung an das Workstation-Cluster-Computing. Das Klassensystem gestattet es, Optimierungsprobleme als abgeschlossene parallele Prozesse auf unterschiedlichen Einheiten eines verteilten Rechners ablaufen zu lassen. Dazu werden die Variablen- und Zustandsräume jeweils lokal gehalten. Sie sind nur über die entsprechenden Methoden von außen zugreifbar. Ebenso erfolgt das Management der Optimierungsprozesse und der Datenaustausch von Zwischenergebnissen ausschließlich über die gegebenen Methoden. Als Verbindungsstelle zwischen den Optimierungsprozessen und dem Cluster

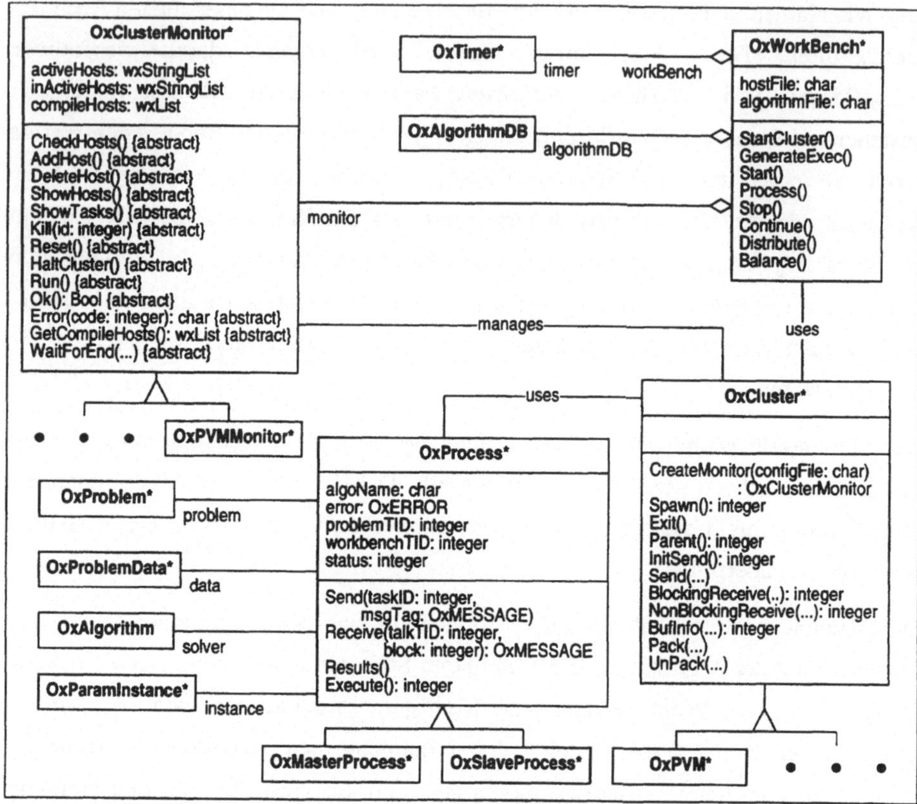

Abb. 17: Modell des Zusammenwirkens zwischen Workbench, Cluster und Prozessen

dient die Workbench. Sie gestattet dem Benutzer über ihre Oberfläche die Steuerung der verteilten Optimierung. Dazu werden alle Benutzereingaben gesammelt und an die beteiligten Klassenobjekte weitergeleitet. Die Kontrolle des virtuellen Rechners läuft weitgehend automatisch ab, wodurch der Benutzer erheblich von den Schwierigkeiten befreit wird, die das Management verteilter Systeme/Prozesse beinhalten. Das Protokoll aufeinander abgestimmter Klassen und Methoden zur Lösung von Optimierungsprozessen (*OxProcess*) auf einem Cluster (*OxCluster*) mit einer graphischen Workbench (*OxWorkBench*) als Steuerpult (*OxClusterMonitor*) ist in Abb. 17 dargestellt.

Der Cluster-Monitor (*OxClusterMonitor*) verwaltet alle Rechnerressourcen, die für das Cluster-Computing zur Verfügung stehen und dient darüberhinaus der Überwachung aktivierter Optimierungsprozesse. Da nicht alle Rechner eines Netzwerks zu jeder Zeit mit CPU-intensiven Prozessen belastet werden dürfen und ein bestimmter

Teil z.B. wegen Wartungsarbeiten vorübergehend nicht zur Verfügung steht, ergibt sich eine Unterscheidung in eine Liste einsetzbarer, aktiver Rechner (*activeHosts*, und eine Liste prinzipiell verfügbarer Rechner (*inActiveHosts*). Diese werden mit dem Konstruktor des *OxClusterMonitor* aufgebaut und über die Methoden *AddHost* bzw. *DeleteHost* verwaltet, die jeweils einen Benutzerdialog anstarten. Ebenso kann der Anwender mit den Methoden *ShowHosts* und *ShowTasks* den aktuellen Zustand der virtuellen Maschine detailliert überprüfen oder mit *Ok* feststellen, ob sie funktionsfähig ist. Informationen über Fehler erhält er durch die Methode *Error*. Vor einem Start neuer Prozesse überprüft der Monitor den Cluster durch Aufruf der Methode *CheckHosts*, die die Liste der aktiven/inaktiven Rechner den tatsächlichen Gegebenheiten anpaßt. Die Methode *WaitForEnd* dient der Synchronisation einzelner Prozesse, indem auf ihre Beendigung gewartet wird. Dies ist z.B. bei OpTiX-III Compilations-Jobs notwendig, um für alle Plattformen des Clusters ein ausführbares Programm zu erzeugen und zu installieren. Wenn in Abhängigkeit von der Rechnerarchitektur Programme übersetzt werden, so wird mit der Methode *GetCompileHosts* eine Liste von Maschinen ermittelt, die jeweils für eine Architektur die Compilation übernehmen.

Die Klasse *OxCluster* dient dazu, von den verschiedenen existierenden Message-Passing-Systemen zu abstrahieren. Als grundlegende Gemeinsamkeit weisen diese Bibliotheken Methoden zur Verwaltung von Prozessen, zum Management von Kommunikationspuffern und zum Nachrichtenaustausch auf. Alle für die verteilte Optimierung benötigten Funktionen wurden in *OxCluster* als Protokoll abstrakter Methoden zusammengefaßt. Die Installation des zugehörigen Monitors erfolgt über die Methode *CreateMonitor*. Für das Erzeugen neuer Prozesse wird *Spawn* eingesetzt, deren Verwaltung über die Methoden *Exit* und *Parent* erfolgt. Um in einen Nachrichtenpuffer Daten einzutragen, werden die *Pack*- und zum Auslesen die jeweiligen *UnPack*-Routinen verwendet. Diese Methoden bilden alle Datenstrukturen, die in der verteilten Optimierung benötigt werden (*OxProblemData*, *OxData*, *OxParamInstance*) und die C++-Standardtypen auf die primitiven Typen der virtuellen Maschine ab. Hiermit wird auch eine Anpassung an die Datenformate heterogener Rechner erreicht. Die eigentliche Übertragung der Daten erfolgt im Anschluß daran durch die entsprechenden Sende- (*InitSend*, *Send*) und Empfangs-Methoden (*BufInfo*, *BlockingReceive*, *NonBlockingReceive*). Die Möglichkeit, einen Prozeß solange zu blockieren, bis eine spezielle Nachricht eingetroffen ist, wird insbesondere zur Synchronisation der verteilten Optimierungsjobs verwendet.

Die Cluster-Methoden werden sowohl von der Workbench, dem Cluster-Monitor, den Tasks als auch den Optimierungsprozessen zur Kommunikation und Synchronisation genutzt. Die eigentliche Berechnung von Optimierungsaufgaben auf dem Cluster übernehmen Objekte der Klasse *OxProcess*. Sie sind die verteilten Server, die einen instanzierten Algorithmus zur Lösung des Optimierungsprogramms (*OxProblem*) verwenden. Die Workbench hat sie aus ihrer Beschreibung (*OxDescription*) erzeugt, mit Hilfe der Compile-Hosts übersetzt und auf dem Cluster verteilt. Sie kommunizieren mit ihren Repräsentanten (*OxTask*) und der Workbench über den Cluster und können so durch den Optimierer kontrolliert werden.

Gegenwärtig wird die nachrichtenbasierte Bibliothek PVM in der Version 3.3.10 als Basis des Clusters verwendet. Dazu wurden sowohl ein Monitorsystem (*OxPVMMonitor*) als auch die Zugriffsmethoden auf das PVM-Cluster (*OxPVM*) als Umsetzung ihrer abstrakten Elternklassen implementiert. Die exakte Definition der beschriebenen Methoden wird durch ihre Realisierung mit PVM-Funktionen bestimmt. Da eine verteilte Applikation nur mit einem nachrichtenbasierten System arbeiten kann, erfolgt die Einbindung und Nutzung anderer Bibliotheken jeweils durch die Implementierung neuer Subklassen und den Austausch der entsprechenden Objekt-Dateien.

4.2 Sprachansatz visueller Optimierungsschemata

Die Formulierung verteilter Strategien zur Lösung multidisziplinärer Optimierungsprobleme sollte schematisch einfach und trotzdem ausdrucksstark erfolgen. Im einzelnen muß die Möglichkeit bestehen, Optimierungsaufgaben so miteinander kommunizieren zu lassen, daß diese Ergebnisse austauschen, die Ergebnisse qualitativ beurteilt werden können und die zeitliche Abfolge der Optimierungsprozesse gesteuert werden kann. Folgt man dem Ansatz, Interdependenzen komplexer Systeme über Diagrammtechniken darzustellen und wird dieses „ein-Bild-sagt-mehr-als-tausend-Worte“ Paradigma erweitert, so ergibt sich eine visuelle Sprache, deren „Texte“ hier als **visuelle Optimierungsschemata (VOS)** bezeichnet werden.

Das zentrale Elemente der VOS hat demzufolge ein Kommunikationsobjekt zu sein, das die Aufgabe der Beurteilung von Zwischenergebnissen und die Steuerung der verteilten Optimierungsprozesse erlaubt. In der Künstlichen Intelligenz wird eine solche

Struktur als Blackboard-Architektur bezeichnet, bei der eine Menge unabhängiger Wissensquellen kooperativ unter einem Kontrollsystem an der Lösung einer Aufgabenstellung arbeiten. Eine Blackboard-Architektur gliedert sich in drei Elemente [HR83, Carv92], nämlich:

1. Einen gemeinsamen Speicher, der Blackboard genannt wird und die Blackboard-Objekte verwaltet. Diese setzen sich aus bereichsspezifischen Daten und weitergehenden Steuerinformationen zusammen.
2. Unabhängige Wissensquellen, die nach festgelegten Regeln Problemlösungen finden und auf einem Blackboard speichern, dabei aber nicht direkt miteinander kommunizieren.
3. Einer Kontrollinstanz zur Steuerung der Aktivitäten der Wissensquellen und des Lösungsablaufs, wobei die Reihenfolge der Aktivitäten festgelegt und die Kommunikation zwischen den Wissensquellen über Blackboards geregelt wird.

Der Sprachansatz der visuellen Optimierungsschemata ist demzufolge das Ergebnis der Kombination einer visuellen Sprache mit der Blackboard-Architektur und der verteilten Optimierung. Er basiert auf vier Grundelementen, die mit den englischen Begriffen *Task*, *Blackboard*, *Queue* und *Connector* bezeichnet werden und zusammen die Grammatik und Semantik-Definition zur Formulierung von schematischen Optimierungsabläufen ergeben.

Dabei stellt eine Task eine Optimierungsaufgabe dar, die als Prozeß auf einem Rechner ausgeführt wird und entspricht somit der unabhängigen Wissensquelle. Sie wird unter Einsatz eines fachspezifischen Editors erstellt. Ein Blackboard kann die Entscheidungsvariablen und den Zielfunktionswert einer Optimierungsrechnung zwischenspeichern und dient der Kommunikation mehrerer Tasks gleicher Problemstellung. Die Kontrollinstanz ist aufgeteilt in die Sprachdefinition und benutzerdefinierte Regeln, nach denen die Blackboards neue Werte übernehmen. Eine Queue ist von einem Blackboard abgeleitet und dient der Verwaltung von Paaren aus Variablen und Funktionswerten; dabei kann die Reihenfolge der Ein- und Ausgaben festgelegt werden. Tasks werden mit Blackboards oder Queues durch Kommunikationslinien (Connector) verbunden. Sie verdeutlichen die Beziehungen zwischen den Elementen und regeln den Datenaustausch als Lese-, Schreib-Lese- sowie Manager-Worker-Verbindungen.

Auf eine formale Beschreibung von Syntax und Semantik der visuellen Sprache wird, zugunsten einer leichter verständlichen graphischen Darstellung, verzichtet. Dieses Vorgehen bietet sich zudem an, da das graphische Alphabet (Abb. 18) nur einen geringen Umfang aufweist. Es umfaßt quadratische Symbole zur Visualisierung von Tasks, Kreise zur Darstellung von Blackboards, abgerundete Rechtecke für Queues und Linien für die Kommunikationsverbindungen. Ein Task-Icon enthält den Problemnamen, den Namen des ausgewählten Lösungsalgorithmus, einen Iterationszähler und den Namen des Rechners, auf dem die Task bearbeitet wird. Ein Blackboard-Icon zeigt die Makroiterationen, einen Namen und eine Blackboard-Strategie. Eine Queue ist durch ihre Länge, einen Namen, eine Blackboard-Strategie und der Queue-Strategie festgelegt. Die Bedeutung dieser Elemente und ihr Zusammenspiel wird in den nächsten Abschnitten einzeln dargestellt.

4.2.1 Die Task als Abstraktion der Optimierungsaufgabe

Unter einer Task wird die Zusammenstellung eines (Optimierungs-)Problems mit einem Algorithmus und dessen Parametrisierung verstanden. Sie ist die Benutzerschnittstelle, die über ihr graphisches Symbol dem Optimierer den Zugriff auf ein Problem gestattet. Somit stellt sie das aktive Element der Optimierung dar, das verteilt auf einem Cluster als Prozeß berechnet wird. Dabei wird der Optimierungsprozeß direkt von den Parameterwerten gesteuert, die der Benutzer für den gewählten Algorithmus vorgegeben hat. Eine einzelne Task realisiert demzufolge eine abgeschlossene Optimierungsaufgabe, die über ihr Icon vom Benutzer bearbeitet werden kann und auf einem beliebigen Rechner des Clusters gelöst wird. Der Optimierer hat die Möglichkeit, Tasks zu klonen, d.h. er kann eine zweite Task erstellen, die das gege-

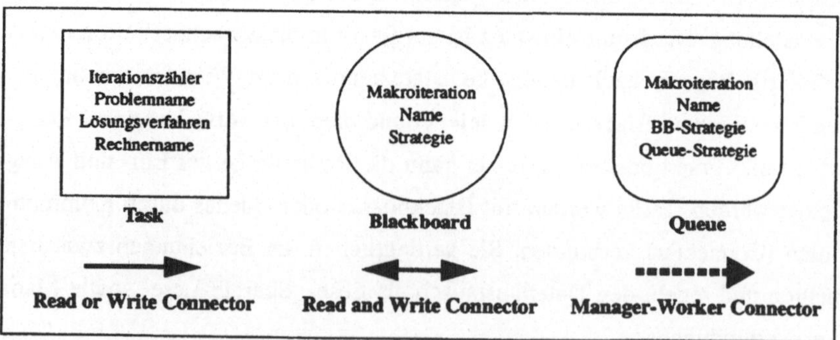

Abb. 18: Das graphische Alphabet der visuellen Optimierungsschemata

bene Problem enthält, ihr aber einen anderen Lösungsalgorithmus zuordnen. Wird anschließend die Problembeschreibung innerhalb der geklonten Gruppe modifiziert, so gilt diese Änderung einheitlich für alle Tasks. Außerdem können Kopien von Tasks angefertigt und deren Aufgabenstellung bzw. Algorithmen beliebig verändert werden. Die Bearbeitung der Aufgabe erfolgt durch den problemspezifischen Editor, der ebenfalls über das Task-Icon aufgerufen werden kann. Hiermit wird eine sehr flexible und einfache Art realisiert, Optimierungsprobleme zu bearbeiten.

Ein weitergehender Ansatz stellt die Kommunikation zwischen Tasks (Problemen) über Blackboards und Queues dar. Dieser kann schreibend, lesend oder bidirektional erfolgen. Sind eine oder mehrere Tasks lesend mit einem Blackboard verbunden, so werden vor der Ausführung des jeweiligen Algorithmus die Daten des Blackboards gelesen und als Startwerte für den Algorithmus gesetzt. Nach Beendigung der Optimierungsrechnung sendet die Task ihren neuen optimalen Punkt und den Zielfunktionswert an das Blackboard oder die Queue. Hierüber kann eine mehrfache Ausführung einer Task im Sinne von Makroiterationen eingestellt werden. Dabei richtet sich die Anzahl der Task-Iterationen nach der Makroiterationszahl des Blackboards, von dem gelesen wird. Dies bedeutet also, daß die wiederholte Ausführung eines Optimierungsproblems und seines Algorithmus‘ durch ein Blackboard von außen gesteuert wird. Blackboards besitzen dazu Synchronisationseigenschaften, die verschiedene Formen paralleler Ausführung realisieren. Bei einem blockierenden Blackboard ist sichergestellt, daß von jeder Task genau die vorgegebene Anzahl an Iterationen durchgeführt wird. Bei einem nicht-blockierenden wird gewährleistet, daß die langsamste angeschlossene Task exakt die vorgegebene Anzahl Makroiterationen ausführen kann. Während der Abarbeitung des Optimierungsschemas wird die aktuelle Makro-Iterationsanzahl in dem Task-Icon dargestellt.

Eine Visualisierung der Zustände der Task erfolgt über die Darstellung ihres Rahmens. Eine neue Task besitzt keinen Rahmen. Erst wenn ein Problem über einen Editor formuliert ist und nach einem Parsing-Vorgang festgestellt wird, daß die Problemstellung fehlerfrei war, wird ein schwarzer Rahmen gezeichnet. Sobald ein lauffähiges Optimierungsprogramm auf dem Cluster installiert ist, ändert sich der Rahmen zu einer geschlossenen roten Linie, die nach Beendigung des Prozesses durch eine gestrichelte Linie ersetzt wird. Somit kann der Optimierer sehr einfach die Abarbeitung des visuellen Optimierungsschemas verfolgen.

4.2.2 Einsatz von Blackboards zum Datenaustausch und zur Steuerung von Tasks

Blackboards dienen der Beurteilung der Optimierungsergebnisse mehrerer angeschlossener Tasks anhand einer Gütefunktion, dem Austausch der aktuellen Teillösung einer Aufgabenstellung und der Synchronisation paralleler Tasks. Für diese Aufgaben wurde der Begriff Blackboard aus der Künstlichen Intelligenz gewählt, um die Bedeutung dieses Elements als Wissensquelle und Kontrollinstanz innerhalb des Optimierungsablauf zu unterstreichen. Daher erschien weder der Begriff des verteilten Speichers, noch der aus der Sprache Linda stammende Tupel-Raum [Gel95] als angemessen, um die Bedeutung als Wissenskomponente innerhalb der Optimierung mit auszudrücken.

Blackboards sind in der Lage, *OxProblemData*-Objekte in Abhängigkeit von vorgegebenen Strategien zu speichern und an angeschlossene Tasks weiterzureichen. Sie verwalten dabei sowohl bereichsspezifische Daten, als auch weitergehende Steuerinformationen für Kontrollaufgaben zum Management der Wissensquellen (Tasks) und des Lösungsablaufs. Zur Bewertungen der Güte einer Optimierungsrechnung werden üblicherweise drei Kriterien betrachtet:

- die Änderung der Zielfunktionswerte,
- die Änderung der Restriktionswerte und
- die Änderung der Werte der Entwurfsvariablen.

In der Praxis brechen Optimierungsverfahren die weitere Suche nach einem Optimum spätestens dann ab, wenn sich diese Kriterien über drei Iterationen nicht signifikant verändert haben. Soll ein Blackboard den Austausch von Informationen zwischen mehreren Optimierungsprozessen steuern, so müssen diese Gütekriterien teilweise durch den Optimierer vorgegeben werden können. Das ausschlaggebende Kriterium bildet dabei der Zielfunktionswert. Idealerweise sollte der Optimierer in der Lage sein, eine Gütefunktion frei für ein Blackboard zu definieren. Um dahingehend Erfahrungen zu sammeln, wurden einige Strategien implementiert, aus denen der Benutzer auswählen kann. Diese Strategien bestimmen, ob eine Task ihre Lösung — und die zugehörigen Entscheidungsvariablen — auf das Blackboard schreiben darf. Folgende Strategien stehen zur Verfügung:

Strategie	Bedeutung
all	Blackboard akzeptiert **jeden** Wert.
min	Blackboard akzeptiert nur **kleinere** Werte der Optimierungsfunktion; dies ist die voreingestellte Strategie.
max	Blackboard akzeptiert nur **größere** Werte der Optimierungsfunktion.
ε-Umgebung	Blackboard akzeptiert nur Zielfunktionswert in einer ε-Umgebung des bisherigen Wertes.
Gütefunktion	Eine einfache Gütefunktion zur Einbeziehung der Abstandsänderung der Entscheidungsvariablen kann eingestellt werden.

Tabelle 12: Blackboard Strategien

Das Kriterium der ε-Umgebung erlaubt die Akzeptanz eines Problemdatensatzes für alle Werte der Optimierungsfunktion f_{neu}, falls gilt: $f_{alt} - \varepsilon \le f_{neu} \le f_{alt} + \varepsilon$; ε wird vom Benutzer vorgegeben. Hiermit kann der Optimierer einen Gütebereich einstellen, den das Blackboard für die Optimierungsrechnung in Abhängigkeit des letzten Ergebnisses halten soll. Desweiteren ist eine Gütefunktion implementiert, die einen neuen Vektor der Entscheidungsvariablen in Abhängigkeit der Änderung des Abstands zwischen dem alten und neuen Vektor und des daraus resultierenden Optimalwerts beurteilt. Ein neuer Datensatz wird akzeptiert, wenn die folgende Bedingung erfüllt ist:

$$\Delta_i = \|X_i - X_{i-1}\|_1 \text{, mit } i = 1, \ldots, n \text{ und}$$

$$\frac{\Delta_i}{\|f_i\|} \otimes \frac{\Delta_{i-1}}{\|f_{i-1}\|},$$

Dabei stellt *n* die Anzahl der Makroiterationen des Blackboards dar, von dem gelesen wird. Die Abstandsänderung Δ ist definiert als euklidische Norm der Differenz zwischen Entscheidungsvariablen aufeinanderfolgender Iterationen. Der Operator ⊗ ist entsprechend der gewählten Strategie (≤ für *min*, ≥ für *max* oder innerhalb einer ε-Umgebung) in Analogie zur Zielfunktion. Auf eine Beurteilung der Restriktionen wurde verzichtet, da diese nur bei einem Teil der Problemstellungen auftreten. In Zukunft könnte ein Interpreter für eine freie Definition der Gütefunktion durch den Optimierer eingebunden werden.

Zur Synchronisation von Tasks stehen dem Blackboard zwei sich ergänzende Elemente zur Verfügung. Zum einen kann eine Makroiteration angegeben werden, die die Anzahl paralleler Ausführungen der angeschlossenen Tasks regelt, zum anderen verfügt das Blackboard über zwei Modi, mit denen die Bedeutung dieser Makroiteration bestimmt werden. Die Makroiteration bezieht sich auf alle Tasks, die eine lesende Verbindung mit dem Blackboard besitzen. Diese werden zu einer parallelen Gruppe zusammengefaßt. Die Tasks stimmen zu Beginn ihrer Ausführung ihren Iterationszähler mit der Makroiteration des Blackboards ab. Dabei kann der Modus des Blackboards *blockierend* oder *nicht-blockierend* sein:

blockierend: Ein blockierendes (blocking) Blackboard dient der Synchronisation aller über eine Leseverbindung angeschlossenen Tasks. Bei dem Lesevorgang einer Task wird überprüft, ob alle lesenden Tasks dieselbe Anzahl an Iterationen ausgeführt haben. Wenn dies der Fall ist, kann die Task die vom Blackboard gespeicherten Problemdaten übernehmen und mit der nächsten Iteration beginnen. Ansonsten wird auf die langsamste Task der Gruppe lesender Tasks gewartet. Somit sammelt ein Blackboard die Ergebnisse der angeschlossenen parallel arbeitenden Tasks innerhalb jeder Makroiteration und gibt den — gemäß der Blackboard-Strategie — „optimalen" davon weiter.

nicht-blockierend: Ein nicht-blockierendes (non-blocking) Blackboard gewährleistet eine maximale Parallelität aller angeschlossenen lesenden Tasks. Jede übernimmt zu Beginn ihrer jeweiligen Makroiteration die Problemdaten des Blackboards als Startwerte für ihre Optimierungsaufgabe und führt diese aus. Erst wenn der langsamste der beteiligten Prozesse die in der Makroiteration angegebene maximale Iterationszahl erreicht hat, wird die parallele Ausführung gestoppt.

Als Ergänzung dieser parallelen Task-Gruppen dienen sequentialisierende Blackboards (Abb. 20), die mit einer exklusiven Schreib- bzw. Lese-Verbindung zwischen zwei Blackboards dargestellt werden. Wenn ein Blackboard „A" mit einer angeschlossenen Gruppe paralleler Tasks eine Schreibverbindung zu einem Blackboard „B" hat, wird erreicht, daß alle Tasks der Gruppe „B" erst dann mit der Lösung ihrer Probleme beginnen, wenn sämtliche Prozesse von „A" beendet sind. Somit bildet das Endergebnis der mit Blackboard „A" kooperierenden Tasks den Anfangsdatensatz der an „B" angeschlossenen Tasks.

Die Blackboard-Strategie und die Makroiterationen werden im zugehörigen Icon als Texte dargestellt, genauso wie der Name, den der Benutzer frei vergeben kann. Die beiden Modi dagegen werden über die Darstellung des Rahmens des Icons visualisiert. Ein blockierendes Blackboard hat eine geschlossene Umrahmung und ein nicht-blockierendes einen gestrichelten Rahmen. Der nicht-blockierende Modus ist voreingestellt, um eine möglichst intensive Ausnutzung der parallelen Rechnerressourcen zu erzielen.

4.2.3 Die Queue als Behälterobjekt zum Austausch von Optimierungsergebnissen

Lag der Schwerpunkt bei den Blackboards auf der kooperativen Arbeit mehrerer Tasks und dem konkurrierenden Austausch der „optimalen" Lösung über das Blackboard, kann mit Queues ein weiterer Aspekt angegangen werden. Sie bieten eine Möglichkeit, die von einer Gruppe schreibender Tasks generierten Lösungen an eine Gruppe lesender Tasks weiterzureichen. Dabei sollte aber vermieden werden, daß in einer Schreib-Lese-Verbindung dieselbe Task ihre eigenen Lösungen wieder als Startpunkt der nächsten Iteration erhält. Ebenso muß ein Überlaufen der Queue verhindert werden.

Eine Queue verbindet demzufolge die Eigenschaften der klassischen Queue-Datenstruktur mit denen des Blackboards. Sie ist als eine spezielle Art eines Blackboards (abgeleitete Klasse) realisiert, die mehrere Wertekombinationen aus Entscheidungsvariablen und zugehörigem Zielfunktionswert speichern kann. Somit gelten alle für das Blackboard gemachten Angaben in Analogie auch hier. Insbesondere verfügt eine Queue über eine Länge und eine Queue-Strategie zur Aufnahme neuer Wertekombination in die Queue. Alle angeschlossenen Tasks, die auf die Queue schreiben, liefern dabei einen neuen Wert, der entsprechend der Queue-Strategie gespeichert wird, im Gegensatz zu einem Blackboard, wo ein neuer Datensatz den alten Wert überschrieb, wenn er gemäß der Blackboard-Strategie besser war. Jeder Lesevorgang bei einer Queue bewirkt dann, daß der entsprechenden Datensatz aus der Queue entfernt und der lesenden Task zur Verfügung gestellt wird. Die Länge der Queue gibt die maximal mögliche Anzahl aller Einträge an. Falls ein Überlauf der Queue droht, wenn schreibende Tasks schneller neue Daten liefern, als sie die Lesenden verarbeiten können, wird der letzte freie Platz genauso wie bei dem Blackboard vergeben, wodurch ein Überlauf ausgeschlossen ist. Eine Queue, die nur noch einen Dateneintrag speichert, verhält sich für eine lesende Task wie ein Blackboard; d.h. der letzte Eintrag wird nur entfernt, wenn ein neuer Datensatz über eine Schreib-Verbindung eintrifft.

Genauso wie ein Blackboard bestimmt eine Queue auch eine Gruppe parallel arbeitender Tasks durch den Makroiterationszähler. Jede Task kann also entsprechend der Makroiteration einen Wert aus der Queue entnehmen und bearbeiten. Hierzu wird die Länge der Queue automatisch als Produkt aus dem Makroiterationszähler und der Anzahl lesender Tasks vom System vorgegeben. Mit der Queue-Strategie wird festgelegt, in welcher Art ein neuer Wert eingefügt wird; es stehen folgende Varianten zur Verfügung:

Strategie	Bedeutung
FIFO	Arbeitet nach dem Prinzip der **F**irst-**In**-**F**irst-**O**ut Warteschlangen. Neue Einträge werden an die Queue angehängt, während Werte vorne entnommen werden.
LIFO	Speicherung erfolgt nach dem **L**ast-**In**-**F**irst-**O**ut Prinzip, also wie ein Stapel (Stack). Neue Einträge werden vorne angefügt und auch entnommen.
HIFO	Ein Wert wird entsprechend der Güte (**H**ighest-**In**-**F**irst-**Out**) eingefügt. Also am Anfang, sofern er „besser“ als der bisherige erste Eintrag ist, ansonsten dahinter; „besser“ bezieht sich dabei auf eine der möglichen Blackboard-Strategien (min, max, all, ε, Güte).

Tabelle 13: Queue Strategien

Das Verhalten von blockierenden und nicht-blockierenden Queues ergibt sich analog ihrer Elternklasse und wurde dort beschrieben, ebenso wie die visuelle Darstellung dieser Modi. Allerdings trägt ein Queue-Icon neben der Makroiteration einen Namen, eine Blackboard-Strategie und die Queue-Strategie, damit die wesentlichen Informationen über die Queue jederzeit vorhanden sind. Die Queue-Länge kann über die lesend angeschlossenen Tasks ermittelt oder in dem zugehörigen Dialog abgefragt werden. Im Gegensatz zu Blackboards können Queues allerdings nicht zur Sequentialisierung von Taskgruppen eingesetzt werden, da sie nicht zur Erfassung eines ausgezeichneten Ergebnisses der kooperativen Arbeit beteiligter Tasks dienen, das an ein anderes Blackboard oder eine Queue weitergeleitet wird.

4.2.4 Definition von Kommunikationskanälen durch Connectoren

Zur Darstellung und Definition von Kommunikationsverbindungen werden Objekte der Connector-Klasse verwendet. Sie stellen den Transfermodus zwischen den drei Basiselementen dar und regeln in Verbindung mit Blackboards und Queues die Synchronisation im Prozeßablauf der Tasks. Es wird zwischen unidirektionalen Verbindungen (lesen bzw. schreiben), bidirektionalen Verbindungen (lesen und schreiben) und Manager-Worker-Verbindungen unterschieden. Eine Schreib- bzw. Lese-Verbindung kann Daten übertragen, sobald ein Datensatz verfügbar ist und alle Synchronisationsanforderungen erfüllt sind. Dabei sind die folgenden Verbindungen zur Realisierung unterschiedlicher Kommunikationsformen möglich:

Manager–Worker–Beziehung Task A - - ➧ Task B: Zur **Dekomposition** von Problemen werden Manager-Worker Systeme eingesetzt. Der Manager, hier Task A, initialisiert die Daten für die Teilaufgaben und sendet diese an die Worker (Task B). Von dort erhält er die Teilergebnisse zurückgeliefert, die er miteinander koordiniert und zu einer zulässigen Lösung des Gesamtproblems umsetzt. Dabei haben Manager und alle Worker-Komponenten dieselbe Anzahl an Makroiterationen und einzelne Worker können nicht mit Blackboards bzw. Queues kommunizieren. Außerdem ist die Dekomposition nur einstufig, so daß Worker auch nicht dekomponiert — zu Managern weiterer Worker — werden können.

Schreibverbindung Task → Blackboard: Die Task versucht ihre Daten (Werte der Entscheidungsvariablen und den dazugehörenden Funktionswert der Optimierungsfunktion) auf das Blackboard zu **schreiben**. Sie werden dort nur akzeptiert falls sie „besser“ als die aktuellen Daten des Blackboards sind; „besser“ richtet sich dabei nach der Strategie des Blackboards. Wenn die Task keine Lese-Verbindung mit einem anderen Blackboard hat, ist sie nach dem Schreibversuch beendet und der zugehörige Prozeß wird von dem Cluster gelöscht.

Leseverbindung Task ← Blackboard: Eine Task **liest** vor dem Start der Optimierungsrechnung Daten (Startwerte) vom Blackboard und erhöht seinen Iterationszähler. Bei nicht-blockierenden Blackboards kann jede Task unmittelbar danach mit dem Rechenprozeß beginnen und solange fortfahren, bis alle lesenden Tasks eine Iterationszahl gleich oder größer der Makroiterationszahl des Blackboard haben. Im Gegensatz dazu stellt ein blockierendes Blackboard sicher, daß erst **alle** anderen lesenden

Tasks **eine** Makroiteration beendet haben. Befindet sich noch ein lesender Optimierungsprozeß in Arbeit, wird die Task bis zu ihrer Beendigung blockiert. Einen Sonderfall stellt die erste Iteration dar. Existiert keine schreibende Task zu dem Blackboard, so liefert dieses einen Null-Wert als Ausgangspunkt der Optimierungsrechnung. Die Task kann dazu eventuell selbst Anfangswerte bestimmen.

Task $\leftrightarrow$ Blackboard: Task beginnt mit dem Versuch, Daten vom Blackboard zu **lesen**, falls dieses nicht leer ist, ansonsten benutzt sie die eigenen Anfangswerte oder einen Null-Vektor. Anschließend wird die Optimierungsaufgabe gelöst und am Ende das Ergebnis auf das Blackboard **geschrieben**. Hierbei ist wieder zwischen blockierenden und nicht-blockierenden Blackboards zu unterscheiden. Bei den letztgenannten kann sofort nach dem Schreibversuch mit dem Berechnungsprozeß fortgefahren werden, also die nächste Iteration beginnen. Blockierende Blackboards jedoch lassen einen erneuten Lesezugriff erst zu, wenn **alle** Tasks der aktuellen Iteration **einen** Schreibversuch unternommen haben. Jede Task muß in diesem Fall vor einem weiteren Leseversuch auf den Schreibversuch aller anderen angeschlossenen Tasks warten und wird solange blockiert. Damit ist sichergestellt, daß während jeder Iteration alle Tasks einmal mit dem Blackboard kommuniziert haben.

Task $\rightarrow$ Queue: Task versucht, ihre Daten in die Queue **einzutragen**, die entsprechend der Queue-Strategie angehängt werden. Der Ablauf bei blockierendem oder nicht-blockierendem Modus entspricht dem Verhalten der Blackboards.

Task $\leftarrow$ Queue: Task **liest** den gemäß Queue-Strategie ersten Wert der Queue. Im Gegensatz zum Blackboard, das nur einen Eintrag besitzt, wird bei der Queue nach jedem erfolgreichen Lesen der entsprechende Wert aus der Queue entnommen. Ansonsten verhält sich die Queue wie ein Blackboard.

Task $\leftrightarrow$ Queue: Die Schreib- und Leseverbindung zwischen Task und Queue verhält sich analog zur gleichen Verbindung zum Blackboard. Allerdings wird bei jedem Lesevorgang das entsprechende erste Element aus der Queue entfernt.

Blackboard A $\rightarrow$ Blackboard B: Zur Definition einer **sequentiellen** Ausführungsreihenfolge dient die unidirektionale Verbindung zweier Blackboards. Erst wenn alle an Blackboard A angeschlossenen Tasks abgearbeitet sind, wird das Ergebnis an Blackboard B weitergereicht. Das Blackboard B übernimmt dann das Management

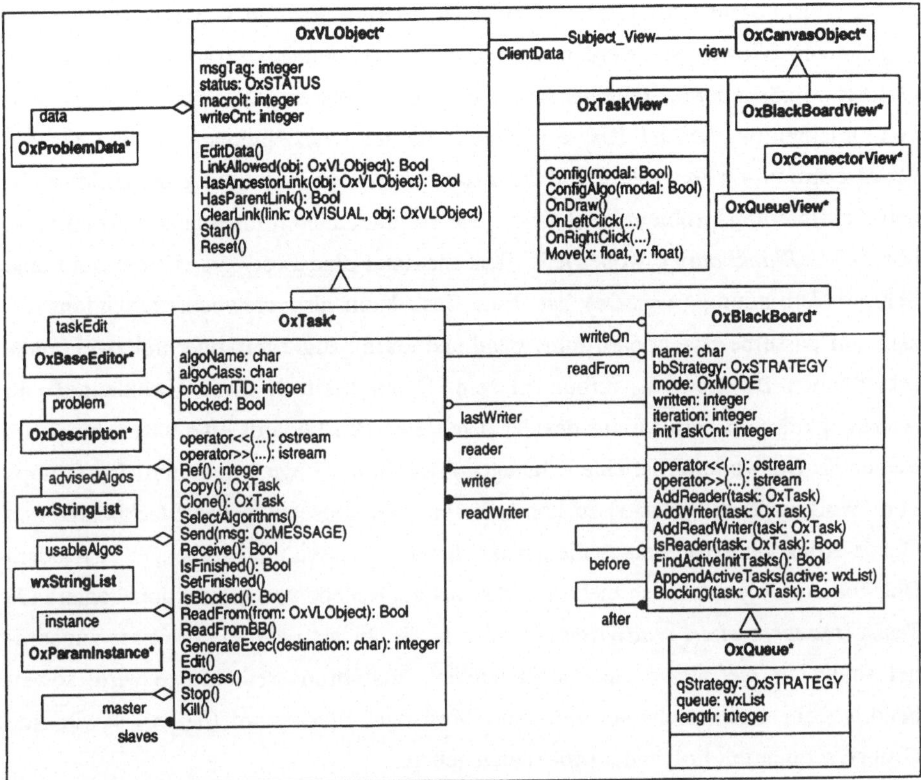

Abb. 19: Objektmodell zu den visuellen Optimierungsschemata

aller daran angeschlossenen Tasks und Blackboards bzw. Queues, womit eine Reihenfolge in der Abarbeitung von Blackboard-Gruppen erzielt wird.

4.2.5 Zusammenfassende Darstellung anhand des Laufzeitsystems

In den vorherigen Abschnitten wurden die Elemente der visuellen Optimierungsschemata im einzelnen motiviert und informell beschrieben. Nun sollen die zugehörigen Klassenstrukturen kurz vorgestellt und anhand einiger Beispiele die Syntax und Semantik der visuellen Sprache erläutert werden. Eine Darstellung des Laufzeit- und Kommunikationsmodells der Workbench und der virtuellen Maschine schließen die Darstellung ab.

Ein visuelles Optimierungsschema besteht aus dem vorgestellten graphischen Alphabet, das basierend auf den Klassenobjekten (Abb. 19) Lösungsstrategien beschreibt. Im graphischen Editor der Workbench werden die visuellen Repräsentationen der

Tasks, Blackboards oder Queues verwendet, es sind dies die von *OxCanvasObject* abgeleiteten Views. Sie werden über Linien (*OxConnectorView*), die Connector-Objekte repräsentieren, miteinander in Beziehung gesetzt. Das Task-Konzept wird von Objekten der *OxTask*-Klasse realisiert, die über Assoziationen mit den Klassen *OxDescription*, *OxBaseEditor* und *OxParamInstance* die Anbindung an multidisziplinäre Optimierungsprobleme realisieren. Sie kommunizieren miteinander über Blackboards (*OxBlackboard*), wobei jede Task maximal eine Lese- (*readFrom*) und eine Schreib-Verbindung (*writeOn*) hat. Eine Task kann also entweder verbindungslos sein, auf dasselbe Blackboard schreibend und lesend zugreifen, oder mit zwei unterschiedlichen Blackboards verbunden sein. Dabei besitzen diese Verbindungen in Abhängigkeit von dem Modus des/der beteiligten Blackboards eine unterschiedliche Semantik. Desweiteren ist eine (Manager-)Task in der Lage, wiederum eine Gruppe von (Worker-)Tasks (*slaves*) zu kontrollieren. Die Umsetzung des Blackboard- und Queue-Konzepts erfolgt durch die entsprechenden Klassen mit Präfix „Ox". Zu jedem Blackboard-Objekt können mehrere schreibende, lesende und bidirektional agierende Tasks (*reader*, *writer*, *readWriter*) existieren, die ihr als parallele Prozesse zugeordnet sind. Zur Definition einer sequentiellen Ausführungsreihenfolge wird, soweit benötigt, ein ausgezeichnetes zeitliches Vorgänger-Blackboard (*before*) sowie eine Gruppe sequentiell Folgender (*after*) angegeben.

Mit den geschilderten Assoziationen lassen sich Kommunikations- und Reihenfolge-Graphen konstruieren, eben die visuellen Optimierungsschemata, die über die Methoden *LinkAllowed*, *HasAncestorLink*, *HasParentLink* und *ClearLink* verwaltet werden. Dabei sind nur azyklische Graphen zugelassen, damit eine Terminierung des Ablaufschemas gewährleistet ist und ein VOS nicht in eine Endlosschleife gelangen kann. Der graphische Editor (*OxCanvas*) basiert auf der Grammatik der entworfenen visuellen Sprache, so daß ausschließlich korrekte und zyklenfreie Schemata erstellt werden können. In Abb. 20 sind unterschiedliche Kommunikations- und verteilte Bearbeitungsformen zusammengestellt, die mit dem visuellen Alphabet formuliert werden können. Das erste Schema zeigt ein Blackboard (B1), über das zwei Tasks (T1 und T2) konkurrierend zusammenarbeiten und sich gegenseitig neue Entscheidungswerte für eine Fortsetzung der Optimierungsrechnung liefern. Die Tasks (T3, T4) greifen auf diese Werte lesend zu und ermitteln mit ihren Algorithmen weitere Lösungen, die sie auf das Blackboard (B2) schreiben, das somit das Optimum der Berechnungen aller vier Tasks aufnimmt. Dabei arbeiten in dieser Konfiguration alle vier Tasks par-

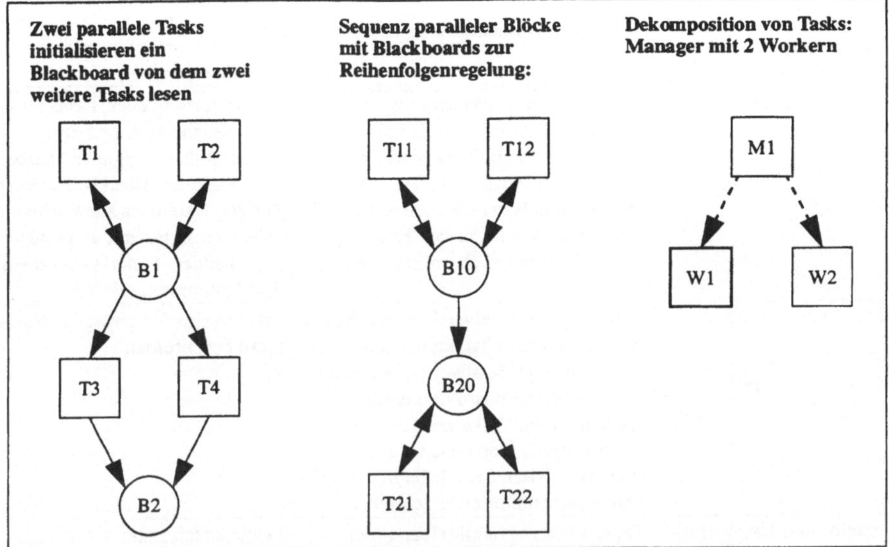

Abb. 20: Grundformen visueller Optimierungsschemata der OpTiX-Workbench

allel auf dem Cluster. Wenn eine Sequentialisierung benötigt wird, so kann die Darstellung des zweiten Graphen verwendet werden. Dort wird durch die Blackboards (B10, B20) eine zeitliche Reihenfolge vorgegeben, in der erst die Teilgruppe an Blackboard (B10) parallel arbeitet und nach Fertigstellung aller Makroiterationen das Ergebnis auf Blackboard (B20) übertragen wird, das dann die zweite parallele Gruppe (T21, T22) startet und kontrolliert. Die dritte Grundform visueller Schemata dient der Bearbeitung von Manager-Worker Aufgabenstellungen. Der Manager (M1) hat zu jedem Worker (W1, W2) eine Manager-Worker-Verbindung, über die er Daten mit seinen Workern austauscht und die gemeinsame Arbeit koordiniert.

In Tab. 14 sind alle möglichen Ausprägungen von Connectoren zwischen Tasks und Blackboards bzw. Queues einerseits und zwischen Blackboards andererseits zusammengefaßt. Dabei wird insbesondere die unterschiedliche Semantik des blockierenden bzw. nicht-blockierenden Modus gegenübergestellt. So können insbesondere experimentell hybride Algorithmenkombinationen zur Lösung auch komplexer Problemstellungen entwickelt werden, die mit klassischen Optimierungsalgorithmen allein nicht geschlossen lösbar sind.

An die Definitionsphase der visuellen Optimierungsschemata und die Eingabe der Problemformulierung mit der Auswahl und Parametrisierung der Optimierungspro-

Verbindung: Task - Blackboard/Queue	Modus des Blackboards bzw. der Queue	
	blockierend	**nicht-blockierend**
Leseverbindung 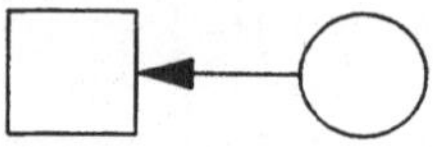	Verfügt das Blackboard über einen gültigen Datensatz, dann dürfen alle so verbundenen Tasks einen initialen Lesezugriff ausführen. Vor jedem weiteren müssen sie warten, bis alle schreibenden Tasks ihre Ergebnisse dem Blackboard übermittelt haben.	Alle so verbundenen Tasks dürfen einen neuen Datensatz einlesen und dann ihre Aufgaben abarbeiten, sobald das Blackboard einen gültigen Datensatz zur Verfügung stellen kann. Besitzt es keine schreibenden Tasks, so wird ein Null-Datensatz geliefert.
Schreibverbindung 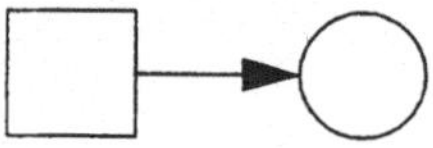	Eine Task, die keinen Lesezugriff auf ein Blackboard hat, kann genau einmal mit ihren Startwerten rechnen und das Blackboard beschreiben. Alle anderen Tasks werden durch die Blackboards, von denen sie lesen, synchronisiert. Sie dürfen ihre Ergebnisse aber unmittelbar schreiben.	Tasks dürfen jederzeit das Blackboard beschreiben.
Schreib- und Leseverbindung 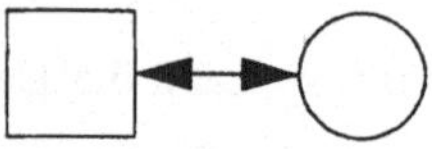	Tasks können unmittelbar einen ersten Lesezugriff ausführen, auch bei einem leeren Blackboard, dann erhalten sie einen Null-Datensatz. Nach einem Schreibversuch werden sie aber bei dem nächsten Leseversuch synchronisiert.	Tasks dürfen initial lesen, gegebenenfalls erhalten sie einen Null-Datensatz und können jederzeit nach Beendigung einer Makroiteration das Blackboard beschreiben.
Verbindung zwischen zwei Blackboards 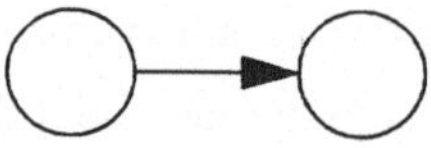	Dieser Verbindungstyp dient der Sequentialisierung paralleler Blöcke unabhängig von dem Modus der beteiligten Blackboards. Das rechts stehende Blackboard kann erst aktiv werden, wenn alle Tasks, die auf seinen Vorgänger schreiben, ihre Schreibversuche beendet haben. Mit anderen Worten wartet also das nachfolgende Blackboard auf die Ergebnisse des Vorgängers und kann erst dann die Bearbeitung angeschlossener Tasks anstarten.	

Tabelle 14: Semantik der Task — Blackboard und Blackboard — Blackboard Verbindungen

bleme schließt sich die Lösungsphase des gegebenen Schemas an. Sie wird vom Benutzer aus der Workbench gestartet und beginnt mit der Ausführung der primären Aufgabenstellungen. Dabei handelt es sich um unverbundene Tasks oder Gruppen von Blackboards bzw. Queues, die keinen zeitlichen Vorgänger besitzen. Anschließend werden die Tasks entsprechend der mit dem Graphen der VOS spezifizierten Reihenfolge abgearbeitet. Die Workbench verwendet hierzu die Liste der primären Tasks (*execFirst*), die vom graphischen Editor verwaltet wird. Für die Generierung der Optimierungsprozesse auf Basis der visuellen Schemata ist die Workbench zuständig, die unter Verwendung des Clusters die Aufgabenstellungen in ausführbare Programme umsetzt und das Laufzeitsystem über eine weitere Liste (*activeVOS*) kontrolliert. Die Interpretation dieser VOS-Graphen, die das Laufzeitmodell repräsentieren, wird von der Workbench aus gestartet. Sie nutzt dafür die wechselseitig kommunizierenden Methoden der Klassen *OxTask* und *OxProcess*, die über den Message-Puffer des Clusters Nachrichten austauschen. Für alle Tasks der *execFirst*-Liste werden die entsprechenden Prozesse auf der virtuellen Maschine gestartet, die sich nach ihrer Anmeldung am Cluster über Message-Passing Aufrufe bei der Workbench melden. Ein typisches Ereignisszenario ist in Abb. 21 wiedergegeben. Es charakterisiert den Kern des implementierten Laufzeitsystems bei der Bearbeitung visueller Optimierungsschemata. Dazu sind in der Abbildung die wesentlichen Ereignisse unddie resultierenden Methodenaufrufe zum Prozeßmanagement und zur Kommunikation dargestellt. Jede Task verwaltet über eine ID den entsprechenden

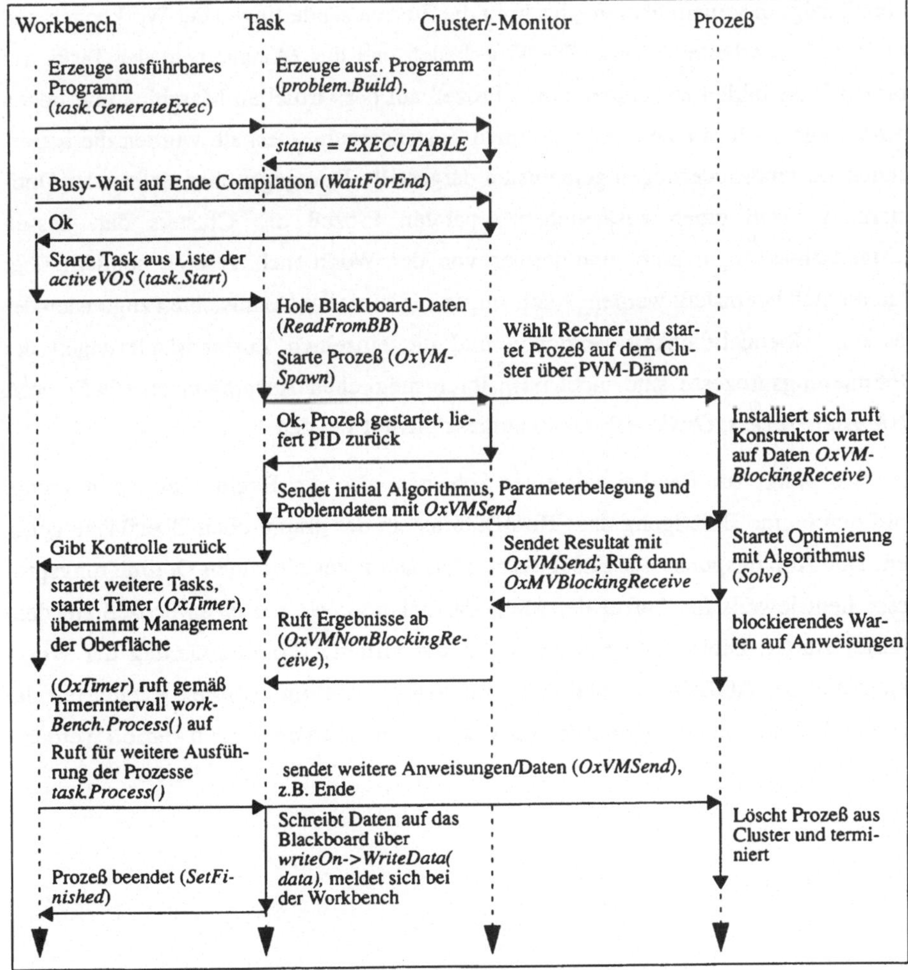

Abb. 21: Ereignisdiagramm zum Ablauf eines Optimierungsschemas

Optimierungsprozeß und die Workbench kann damit die Steuerung der Prozesse durch die Methoden der jeweiligen Task realisieren. Die Optimierungsprozesse auf dem Cluster verfügen über die Prozeß-ID der Workbench, können so mit dem zentralen Steuerprozeß kommunizieren und neue Daten oder Steuerinformationen erfragen. Die in der virtuellen Maschine eingebundenen Rechner sind über ihren entsprechenden PVM-Dämon-Prozeß integriert.

Die Verallgemeinerung des Szenarios führt zu dem Laufzeitmodell in Abb. 22 in Form eines dynamischen OMT-Modells. Die Zustandsänderungen, die bei der Abarbeitung eines visuellen Optimierungsschemas auftreten und die beteiligten Methoden werden als Bezugspunkt zur Implementierung des Prototypen wiedergegeben. Das Modell zeigt in seinem oberen Abschnitt die Zustandsänderungen der Workbench und der jeweils bearbeiteten Task. Die Workbench und das Management der Tasks des aktiven VOS bilden zusammen einen Prozeß auf der virtuellen Maschine und liegen demzufolge auch in einem gemeinsamen Zustandsraum. Deshalb wurden die betreffenden Zustandsänderungen gemeinsam dargestellt. Demgegenüber stellt jeder Optimierungsprozeß einen zusätzlichen separaten Prozeß des Clusters dar, dessen Zustandsänderungen nicht unmittelbar von der Workbench gesetzt, sondern über Nachrichten beeinflußt werden. Auch wurde auf zu starke Detailsichten zugunsten der besseren Übersichtlichkeit verzichtet und die einzelnen Zustandsänderungen der Optimierungsprozesse sind nicht nach ihren möglichen Ausprägungen (*OxProcess*, *OxMasterProcess*, *OxSlaveProcess*) aufgeschlüsselt worden.

Der Startpunkt zur Bearbeitung eines Schemas, also der Beginn der Optimierung, wird durch eine Betätigung des „Run-Buttons" in der graphischen Oberfläche gegeben. Der Anfangspunkt der Zustandstransformation der einzelnen Optimierungsprozesse liegt jeweils im Aufruf der Methode *OxVMSpawn*, die einen Prozeß auf dem Cluster startet. Diese erste Einführung in die visuelle Programmierung der Workbench und der Abläufe während der Lösungsphase soll im nächsten Kapitel mit der näheren Betrachtung des Prototypen und seiner Dialogkomponenten vertieft werden.

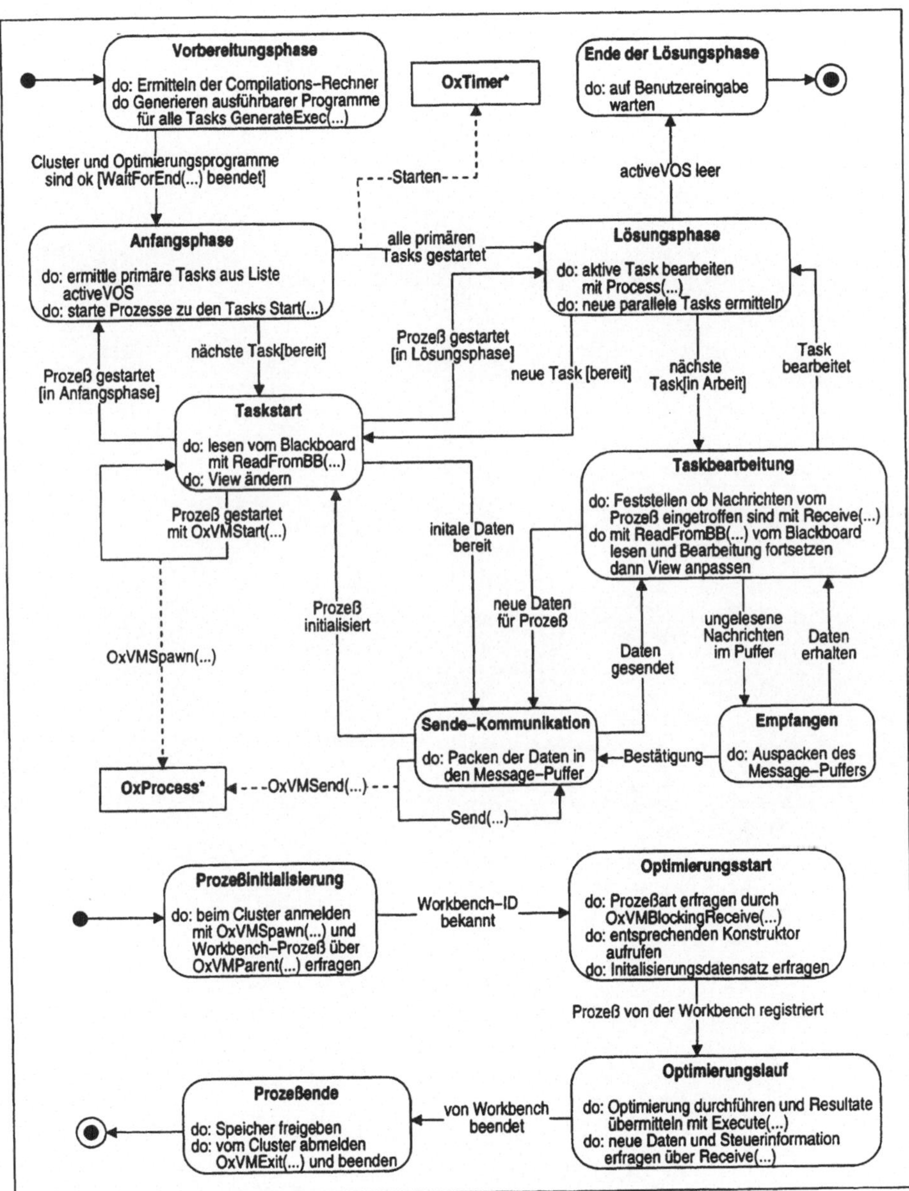

Abb. 22: Laufzeitmodell der Workbench mit Optimierungsprozessen

Kapitel 5

Prototyp-Implementierung und Anwendung

Das Konzept der verteilten Optimierung, wie es bisher dargelegt wurde, soll in diesem Kapitel anhand des implementierten Prototypen vervollständigt werden. Dabei handelt es sich um eine exemplarische Einführung der prinzipiellen Kommunikationsformen und der zentralen graphischen Dialogfenster. Die Benutzerschnittstelle entscheidet letztendlich über die Akzeptanz des vorgestellten objektorientierten Modells und ihre Einfachheit sowie leichte Anwendbarkeit sind ein entscheidendes Maß für die Güte des gefundenen Ansatzes. In einem zweiten Schritt wird ein Einblick in die Verzeichnisstruktur des Softwaresystem unter Einbeziehung der benötigten Konfigurationsdateien gegeben. Hierbei steht das Management der Informationen sowie die Definition und Integration neuer Optimierungsalgorithmen im Vordergrund. Abschließend wird die Funktionalität der Workbench an verschiedenen Anwendungsbeispielen gezeigt.

5.1 Eine Einführung in die Workbench

Die Gestaltung der Workbench basiert auf den in Abschnitt 2.3.1 vorgestellten Prinzipien. Die Umsetzung der Oberflächenentwürfe erfolgte mit der graphischen Bibliothek *WxWindows* (Version 1.6.3). Die Bausteine dieser Bibliothek wurden durch Subklassen an die benötigten Dialoge und graphischen Elemente angepaßt. Somit setzt ein Verständnis des Klassenlayouts und des zugehörigen Programmcodes zur Workbench-Oberfläche eine genaue Kenntnis von *WxWindows* voraus. Deshalb soll in diesem Kapitel auf eine detaillierte Wiedergabe der Klassenstruktur zugunsten der leichter verständlichen und anschaulicheren Beschreibung der Fensterelemente verzichtet werden. Der Umgang mit der OpTiX-Workbench wird entlang der Phasen multidisziplinärer Optimierung (Abb. 6) erläutert.

5.1.1 Entwurf und Gestaltung der Oberfläche

Die OpTiX-Workbench wird über das Kommando „workbench" aufgerufen und startet auf dem graphischen Display so, wie sie in Abb. 23 zu sehen ist. Dabei sind von

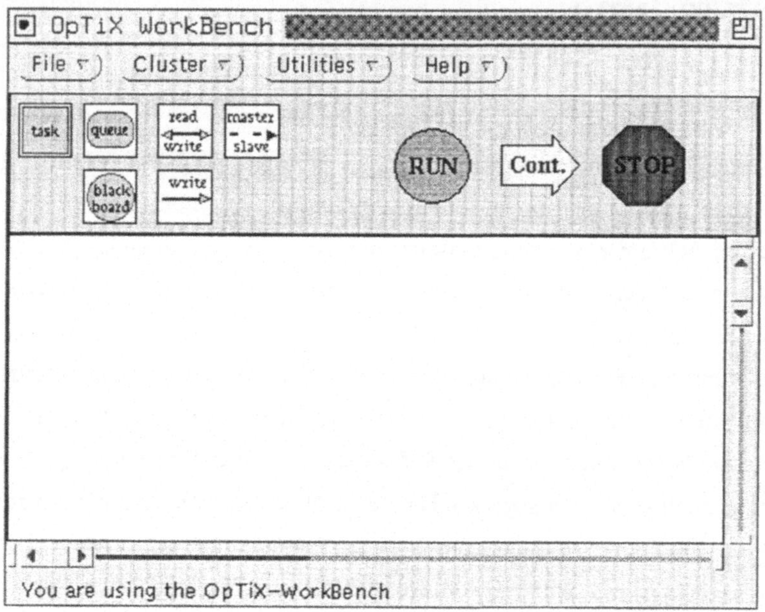

Abb. 23: Benutzeroberfläche der Workbench nach dem Start

oben nach unten die folgenden vier Bereiche zu unterscheiden, die Menüleiste, die Toolbar-Leiste, der graphische Editor und eine Statuszeile. Das File-Menü dient dem Einladen alter und Sichern neuer visueller Schemata, ebenso wie dem Beenden des Programms und des virtuellen Rechners. Die Methoden des *OxClusterMonitor* mit den Dialogboxen werden aus dem Cluster-Menü heraus aufgerufen und dienen der Überwachung und dem Management des Clusters. Über das Utilities-Menü kann eine neue Algorithmendatenbank eingeladen oder ein PostScript-Ausdruck des aktuellen visuellen Optimierungsschemas zu Dokumentationszwecken angefertigt werden. Das Hilfe-Menü dient gegenwärtig zur Angabe einer Copyright-Meldung und der Internet E-Mail Adresse, unter der der Autor erreichbar ist; weitergehende Hilfen sind geplant. Die darunter liegende Werkzeugleiste ist unterteilt in einen linken Teil mit den Icons zu den VOS-Sprachelementen (Task, Blackboard, Queue, Connector) und den drei Kontroll-Knöpfen (Run, Continue und Stop) für das Laufzeitsystem und zur Steuerung des Optimierungslaufs. Dabei kann exklusiv nur ein Element selektiert werden, das durch eine Änderung des Rahmens markiert wird.

Die Erstellung visueller Optimierungsschemata erfolgt mit dem jeweils selektierten Sprachelement im graphischen Editor, selektiert wird mit dem linken Mausknopf. Durch Betätigung des linken Mauszeigers werden entsprechende Icons in dem Editor dargestellt, die dann mit der Maus weiter bearbeitet werden können. Der rechte Mausknopf dient bei jedem Sprachelement dazu, ein spezifisches Menü aufzuklappen, das alle zulässigen Operationen enthält. Die Bildung visueller Schemata erfolgt über die Verbindung der Task-, Blackboard- und Queue-Icons mit dem jeweiligen Connector (Read/Write, Write, Manager/Worker). Dazu ist das gewünschte Connector-Werkzeug zu aktivieren und es sind jeweils zwei Elemente durch Selektion zu verbinden. Der graphische Editor stellt über seine Methoden sicher, daß nur zulässige Verbindungen hergestellt werden können und der Benutzer daher ausschließlich korrekte Schemata verwendet. In der Statuszeile am unteren Rand der Workbench werden dem Anwender Meldungen über den Zustand der Workbench gegeben und zusätzlich die Auswirkung der gewählten graphischen Editierfunktionen textuell angezeigt.

5.1.2 Editoren für die Eingabe von Optimierungsaufgaben

Bei multidisziplinären Optimierungsproblemen existieren viele spezifische Werkzeuge, Analysesysteme oder Modellierungsmethoden, kurz Editoren genannt, mit denen das jeweilige Problem eingegeben und verändert werden kann. Für jeden Problemformulierer muß ein geeigneter graphischer Editor erstellt werden, der die Bearbeitung des Optimierungsmodells ermöglicht. Dieser wird aus dem Task-Icon heraus gestartet und dient dann der Bearbeitung des Problems. Dabei ist der Aufbau des Editors vollkommen durch den verwendeten Problemformulierer festgelegt. Handelt es sich um eine neue Task, so ist der Editor noch nicht vorgegeben und wird vom Benutzer aus dem Menü der unterstützten Analysewerkzeuge gewählt. Ist eine Aufgabe einmal eingegeben, kann sie nur noch über den zugeordneten Editor modifiziert werden. Der erste Schritt zur Eingabe eines neuen Optimierungsproblems erfolgt über die Definition einer neuen Task. Dazu ist das entsprechende Werkzeug zu aktivieren und im Zeichenbereich zu plazieren. Die Auswahl des Editors erfolgt dann über das Menü aus Abb. 24, mit dem eine Problembeschreibungsform gewählt wird. Gegenwärtig werden in der Workbench die OpTiX-III Sprache und Strukturoptimierungsaufgaben

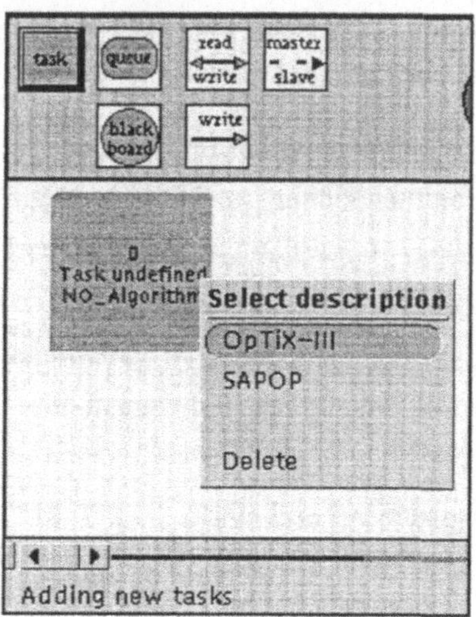

Abb. 24: Dialog zur Auswahl eines Problemeditors

mit der SAPOP-Ansys Kopplung unterstützt. Sollen weitere Problemformulierer integriert werden, so muß ein geeigneter Editor in die Workbench eingebunden und dieses Menü entsprechend erweitert werden.

Die Bearbeitung von OpTiX-III Problemen erfolgt über den syntaxgesteuerten Spracheditor aus Abb. 25. Der Editor teilt sich in einen dunkel unterlegten oberen Bereich, in dem Variablen und Konstanten definiert werden und in den eigentlichen Problemformulierungsbereich, der hell unterlegt ist. Es wird zwischen Entscheidungs- und Koordinierungsvariablen unterschieden, die jeweils als ganzzahlige oder Gleitkomma-Typen vereinbart werden können. Die exakte Schreibweise dieser Variablenvereinbarungen in der OpTiX-Sprache wird durch eine einfache Benennung der Variablennamen in den jeweiligen Feldern ersetzt. Dabei sind Vektoren über eckige Klammern gekennzeichnet, die eine ganzzahlige Konstante umgeben und nach dem Variablennamen erscheinen. Matrizen weisen innerhalb der Klammer zwei mit Komma getrennte ganzzahlige Konstanten auf.

Der eigentliche Bereich des Editors zur Problemformulierung ist aufgeteilt in ein Textfenster zur Bearbeitung der skalaren Zielfunktion (PROBLEM), ein Textfenster für die Restriktionen (CONSTRAINTS) und ein Fenster zur Definition von Grenzwerten für Variable (BOUNDS). In diesen Editierbereichen kann der Benutzer die Problemstellung gemäß der OpTiX-III Notation (Anhang C „Syntaxdiagramme zu OpTiX-III“) bearbeiten, von der er nur noch den funktionalen Teil der Grammatik

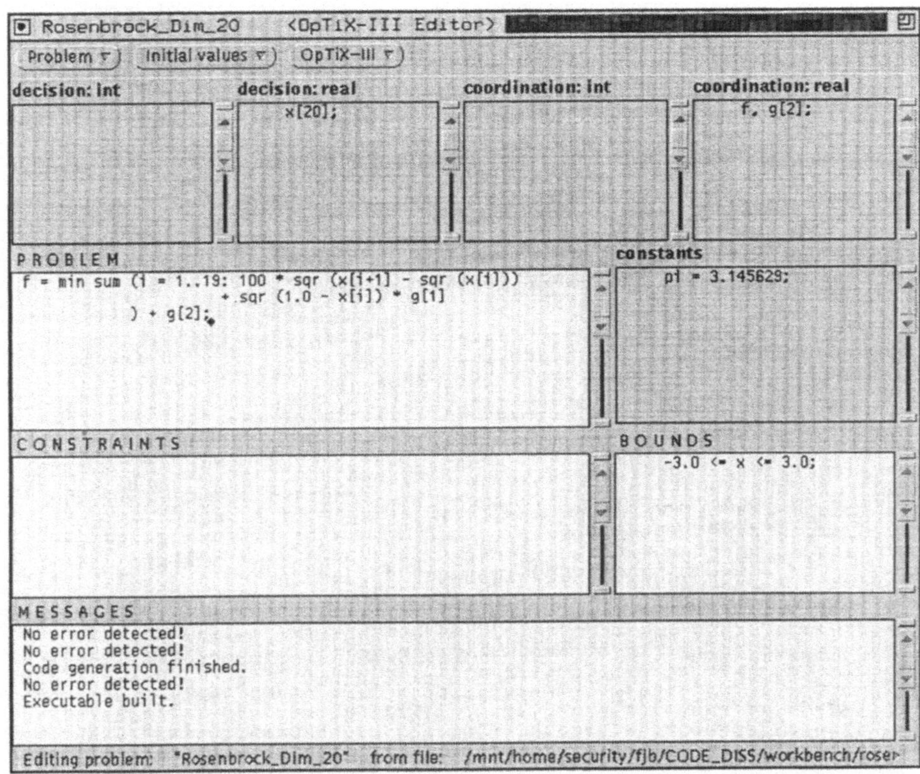

Abb. 25: Dialogfenster mit dem OpTiX-III Editor

kennen muß. Dieser wiederum orientiert sich sehr stark an der wohlbekannten mathematischen Schreibweise. Die Syntax-Prüfung und Umsetzung des Problems in ein C++-Programm geschieht über das OpTiX-III Menü. Dabei ist auch einzustellen, welche Ableitungen erstellt werden sollen. In dem Nachrichten-Fenster (MESSAGES) erhält der Optimierer Hinweise zu Syntaxfehlern und Problemen bei der Codegenerierung. Die Statuszeile zeigt an, in welcher Datei das aktuelle Problem gespeichert ist.

Im Gegensatz dazu werden SAPOP-Probleme weiterhin mit den entsprechenden Strukturanalysesystemen erstellt, wobei gegenwärtig das Ansys-Programmpaket verwendet wird. Erst bei der eigentlichen Optimierungsmodellbildung und der Anbindung an die Workbench tritt der SAPOP-Editor (Abb. 26) in Aktion. Er dient dazu, die Strukturoptimierung eines zuvor definierten Modells mit der Optimierungsprozedur SAPOP zu ermöglichen. Dabei müssen alle freien Parameter des Strukturmodells mit Entscheidungsvariablen, Zielfunktionsausdrücken und Restriktionen verknüpft werden. Genau hierzu dient der Editor, indem die Parameter des rechten Fensterbe-

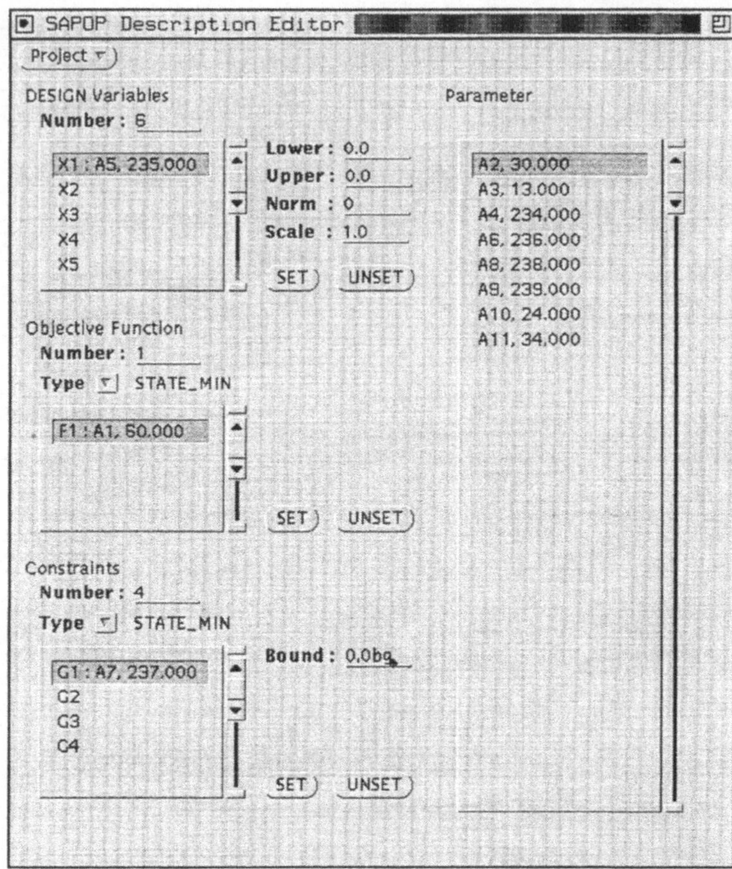

Abb. 26: Dialogfenster zur Formulierung von SAPOP Optimierungsmodellen

reichs mit den Optimierungsmodell-Elementen im linken Teilfenster gekoppelt werden. Dazu wählt der Problembearbeiter links eine Optimierungsgröße und rechts eine Strukturgröße aus und verbindet sie durch die entsprechenden Set-Knöpfe in der Mitte des Editors. Der so gebundene Parameter wird aus der Parameterliste entfernt und als Namenseintrag in die entsprechende Elementliste der linken Seite eingetragen. Bei Entscheidungsvariablen können zusätzlich untere und obere Grenzen vorgegeben und die Variablen über Normierungs- und Skalierungsbedingungen gegenseitig angepaßt werden. Für die Restriktionen ist eine Vorgabe von Bounds ebenfalls möglich.

Der Editor ersetzt hierdurch die bisherigen Arbeitsschritte zur Definition von SAPOP-Optimierungsmodellen für Ansys-Strukturmodelle. Diese besteht darin, die

Ansys-Parameterdatei (Endung: „.par“) zu lesen, daraus die Parameternamen und -werte zu entnehmen und die entsprechenden Steuerkarten der SAPOP-Inputdatei (Endung: „.OPT“) zu belegen. Dies ist ein recht aufwendiges und fehlerträchtiges Unterfangen, da die SAPOP-Datei ein spaltenorientiertes Format hat, das für die Bearbeitung mit FORTRAN optimiert, aber nicht für die Bearbeitung durch einen Menschen ausgelegt ist.

Nachdem in dieser Weise eine Task definiert wurde, erfolgt die weitere Bearbeitung über ihr Icon und das nun geänderte Menü (Abb. 27). Die Task kann geklont werden,

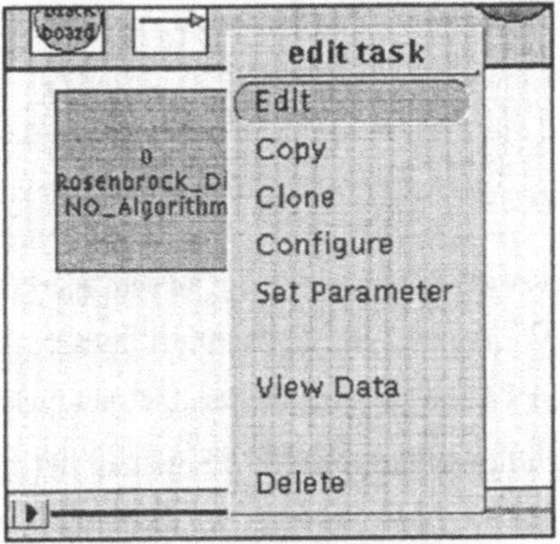

Abb. 27: Menü zur Task-Bearbeitung

was zu einer neuen Task mit identischer Problemstellung führt, oder sie kann über den Copy-Eintrag dupliziert werden, um als Grundlage einer geänderten Version zu dienen. Ebenso erfolgt die weitere Konfiguration der Task (wie auch das Löschen) über das Menü. Eine einmal spezifizierte Task kann ihren Problemformulierer nicht mehr wechseln, so daß über die Edit-Methode immer der zugeordnete Editor aufgerufen wird. Wenn visuelle Optimierungsschemata aus einer gespeicherten Datei eingelesen werden, steht somit sofort dieses Menü zur Verfügung, und die Bestimmung des Editors (Abb. 24) entfällt.

5.1.3 Auswahl und Parameterbelegung von Algorithmen

Nachdem in der geschilderten Art ein Problem korrekt formuliert wurde und die entsprechende Optimierungsaufgabe nun vorliegt, muß sie konfiguriert werden. Dazu ist die Auswahl und Parametrisierung eines Algorithmus erforderlich. Die Workbench

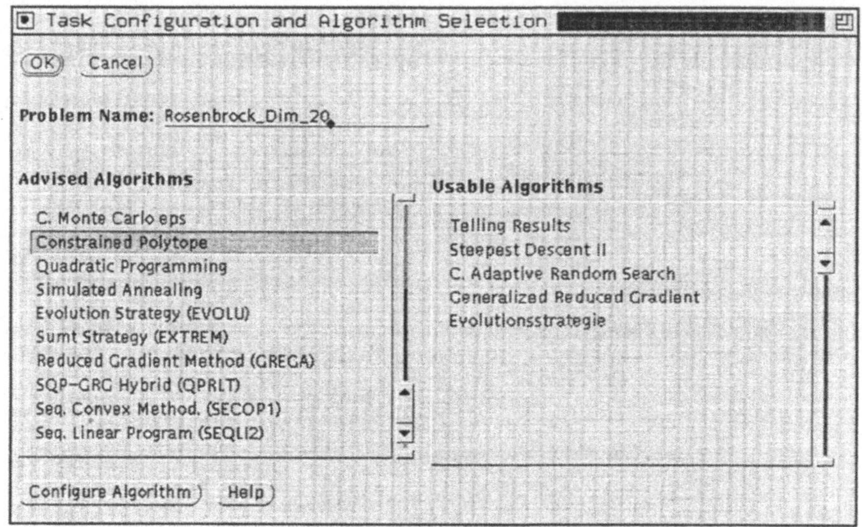

Abb. 28: Fenster zur Auswahl eines Algorithmus zu dem gegebenen Problem

übernimmt hierbei eine Vorauswahl und präsentiert dem Benutzer die möglichen Verfahren in einer Dialogbox (Abb. 28), aus der er das gewünschte bestimmt. In diesem Dialog sind zwei Auswahlboxen dargestellt, die gemäß der Eignung der Algorithmen für das zugrundeliegende Problem eine Klassifizierung in empfehlenswerte und anwendbare vornehmen. Der gegenwärtig implementierte Algorithmus zur Auswahl und Bewertung überprüft nur wenige Kriterien und ist in Zukunft weiter zu verfeinern.

Über den Konfigurations-Knopf (*Configure Algorithm*) wird zu einem aktivierten Algorithmus ein spezifisches Dialogfenster (Abb. 29) zur Verfügung gestellt. Es enthält alle Informationen und dient der Änderung der Parameterbelegung. In seinem oberen Bereich ist eine kurze Charakterisierung des Algorithmus enthalten. Darunter sind sowohl die zentralen Steuerparameter als auch zusätzliche Größen aufgeführt. Der Dialog ist bewußt knapp ausgelegt, da er sich vor allem an menschliche Bediener mit ausreichendem Fachwissen in der Optimierung wendet. Für gelegentliche Anwender kann mit dem Hilfe-Knopf (*Help*) eine ausführliche Beschreibung aller Parameter angezeigt werden. Diese Daten werden beim Start der Workbench aus einer Konfigurationsdatei eingelesen, in der alle Verfahren aufgeführt und erläutert sind. Der Anwender kann sowohl die systemseitig vorhandene Algorithmendatei verwenden oder sich eine lokale Kopie anlegen, die er erweitern und verändern kann. Ihr Format

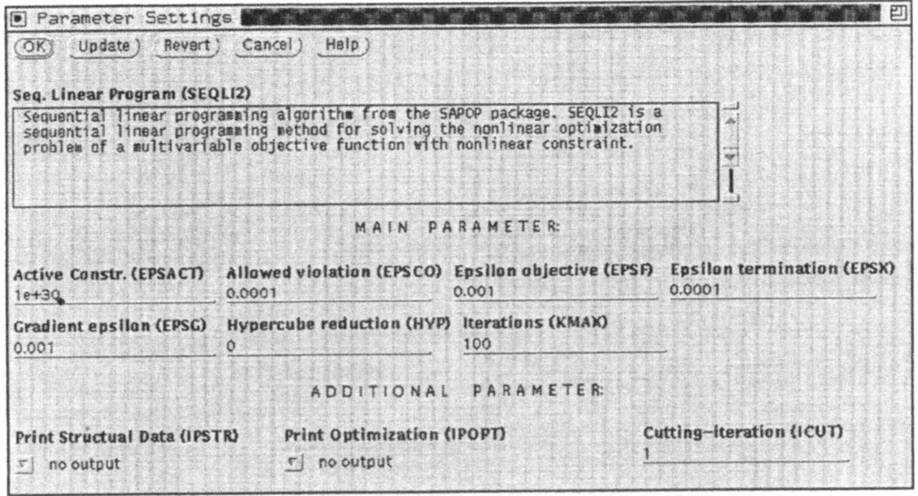

Abb. 29: Steuerdialog zur Festlegung der Algorithmenparameter

wird näher im Abschnitt 5.2.2 dargestellt. Die Einträge in dieser Datei bestimmen über die gewählten Parametertypen auch das Layout der Dialogfenster.

5.1.4 Ablaufsteuerung des Lösungsprozesses

Die Ablaufsteuerung gliedert sich in zwei Teilaufgaben, nämlich erstens dem Management des virtuellen Parallelrechners als Basis für die verteilte Lösung von Optimierungsprozessen und zweitens dem eigentlichen Lösungsprozeß selbst. Dabei wird die Grundlage zur Steuerung der Lösungsphase mit den visuellen Optimierungsschemata gelegt.

Die Konfiguration und das Management des Clusters erfolgt über die Einträge des Cluster-Menüs, die wiederum Methoden der Klasse *OxClusterMonitor* aufrufen. Nach Auswahl eines Menüpunkts werden dem Anwender die Dialoge aus Abb. 30 angezeigt. Mit ihnen kann er neue Rechner in die virtuelle Maschine aufnehmen oder existierende entfernen.

Im unteren Ausschnitt sind Informationen über die aktuelle Rechnerkonfiguration des Clusters wiedergegeben. Da es sich um ein PVM-System als Kern der virtuellen Maschine handelt, erfolgt die Darstellung auch in der PVM-eigenen Form. Die Einbindung einer anderen Basismaschine würde demzufolge auch zu Änderungen der Ausgaben in diesem Dialogfenster führen. Weitere Informationen über die virtuelle

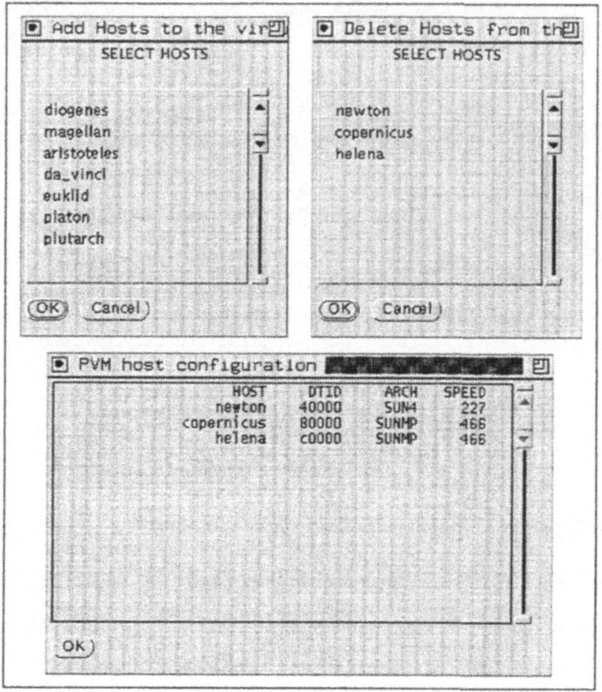

Abb. 30: Dialogfenster zur Konfiguration des Clusters

Maschine und Eingriffsmöglichkeiten in das Taskmanagement werden in ähnlicher Weise zur Verfügung gestellt. Von dem Benutzer werden also keine tiefergehenden Kenntnisse der verwendeten Message-Passing Bibliothek verlangt.

Das zentrale Element zur Ablaufsteuerung der Optimierungsrechnung sind die Blackboards und Queues der visuellen Optimierungsschemata. Sie bestimmen über ihren Modus und die Strategien im wesentlichen den parallelen Ablauf. Die Änderung der vorgegebenen Werte erfolgt über das Menü des jeweils selektierten Icons gemäß Abb. 31. Daraufhin stellt die Workbench dem Anwender den entsprechenden Konfi-

Abb. 31: Konfigurationsmenü für Blackboards und Queues

gurationsdialog zur Verfügung, mit dem er die benötigten Vorgaben setzen kann. In Abb. 32 ist die Schnittstelle zu den Blackboards wiedergegeben, die eine intuitive Bedienung aller im vorherigen Kapitel angesprochenen Elemente gestattet. Das Aussehen des Queue-Dialogs ist ähnlich zu diesem gestaltet, die hinzugekommenen Parameter (Queue-Strategie, Länge) wurden entsprechend integriert. Die Einstellung der Konfigurationswerte erfolgt somit analog zum Blackboard.

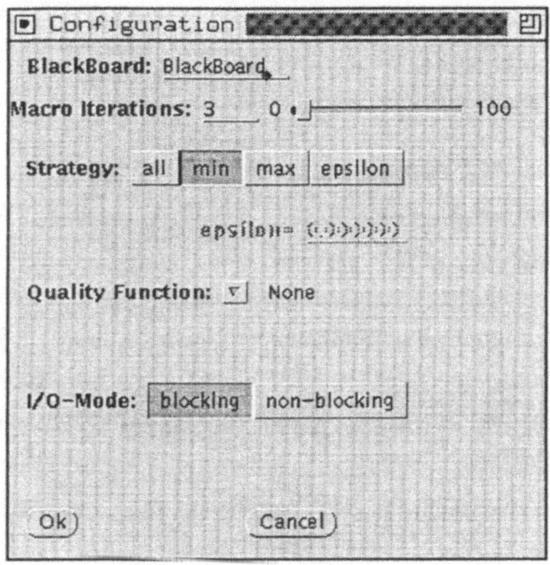

Abb. 32: Dialog zur Konfiguration eines Blackboards

5.2 Installation der Workbench

Bei der Realisierung der Workbench wurde darauf geachtet, daß sie von jedem Benutzer eines Netzes ohne privilegierte Rechte (Superuser) installiert und benutzt werden kann. Sie erfordert lediglich die Verfügbarkeit eines C++ und Fortran-Compilers sowie für die graphische Darstellung die WxWindows- und für das Cluster-Computing die PVM-Bibliothek. Für die Installation sind allerdings fundierte Kenntnisse im Umgang mit den Compilern und den entsprechenden Bibliotheken nötig. Die Anwendung selbst ist aber rasch erlernbar und benötigt kein Systemadministrationswissen. Einen kurzen Einblick in die Konfigurationszusammenhänge gibt dieser Abschnitt.

5.2.1 Struktur des Softwaresystems und Übersetzung

Die Umsetzung des Konzepts verteilter Optimierung erfordert, daß die Workbench auch in heterogenen Systemen leicht übersetzt und installiert werden kann. Dementsprechend blieb eine strenge Trennung zwischen den oberflächenabhängigen Modulen und den Systemteilen für die verteilte Lösung von Optimierungsproblemen gewahrt. Nur die Workbench als zentraler Benutzerarbeitplatz selbst benötigt die WxWindows-Bibliothek. Für die Optimierungsprozesse reicht ein reduziertes Laufzeitsystem, das die Algorithmen und die virtuelle Maschine (PVM) umfaßt.

Die aktuelle Version der Workbench setzt für ihre Anwendung ein globales Verzeichnis voraus, auf das von allen Rechnern des Clusters zugegriffen werden kann und in dem die Workbench mit ihren Hilfsprogrammen sowie Bibliotheken installiert sein muß. Dies sollte demzufolge ein systemweites Verzeichnis sein, das allen potentiellen Benutzern zur Verfügung steht. Für dieses Verzeichnis wurde eine Shell-Variable mit Namen **OxSYS_DIR** eingeführt, die jeder Benutzer in seinen Konfigurationsdateien mit der entsprechenden Pfadangabe setzen muß. Da für die Problembeschreibungen Codesegmente (z.B. C++ bei OpTiX) und Serverprogramme für den Cluster erzeugt werden, wird ein zusätzliches globales Verzeichnis für jeden Anwender benötigt, in dem diese für alle Rechner des Clusters erreichbar installiert werden. Dazu dient die Shell-Variable **OxWORK_DIR**.

Das Verzeichnis, in dem die Workbench-Software gewartet und von dem aus das gesamte System installiert wird, ist von den beiden Shell-Variablen unabhängig. Dort muß ein Plattenplatz von ca. 50 MB zur Verfügung stehen. Die Realisierung des Klassenkonzepts und die Workbench umfassen weit über 20.000 Zeilen C++-Code, ohne den Code zur Implementierung der Algorithmen in FORTRAN und C mit zuberücksichtigen.

Die Verzeichnisstruktur der OpTiX-Workbench ist in der vorhergehenden Abbildung wiedergegeben. Pro Themenbereich wurde ein Unterverzeichnis angelegt und die Algorithmen sind gemäß ihrer Klassenstruktur weiter unterteilt worden. Auf der OpTiX-Ebene befinden sich die zentralen Makefiles für die Installation. Diese unterscheiden sich in ein steuerndes Makefile und architekturabhängige Makefiles, die mit einer Dateiendung als Kennung des jeweiligen Maschinentyps versehen sind, z.B.

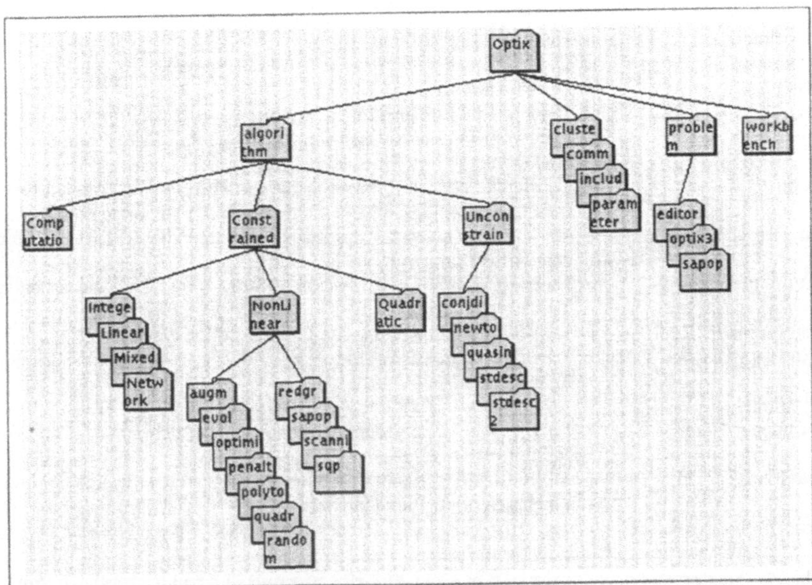

Abb. 33: Verzeichnisstruktur der OpTiX-Workbench

Makefile.SUN4 für das Betriebssystem SunOS 4.1.3. In jedem themenbezogenen Unterverzeichnis existiert ein Makefile, das dieses zentrale typbezogene Makefile einliest und so die systemabhängigen Parameter für die Codegenerierung erhält. Es ist also ausschließlich eine Anpassung der maschinenabhängigen Makefiles notwendig, um mit einem make-Kommando auf der OpTiX-Ebene das gesamte Softwaresystem zu übersetzen und zu installieren.

5.2.2 Konfiguration der Workbench

Die Konfigurationsmöglichkeiten der Workbench, die ein Anwender normalerweise vornehmen kann, erstrecken sich auf den Cluster und die Algorithmen. Die Aufnahme neuer Verfahren in die Verfahrensliste der Workbench erfolgt an drei Stellen des Softwaresystems. Die Konfiguration des Clusters wird ausschließlich mit der PVM-Hostdatei vorgenommen und wird hier nicht näher erläutert.

Die Definition von Algorithmen soll dagegen kurz erläutert werden. Ein neuer Algorithmus muß zunächst von der dazugehörigen Oberklasse abgeleitet werden und seine Quelldateien sollten in die entsprechende Verzeichnisstruktur (Abb. 33) einhängt werden. Dann sind zweitens seine Eigenschaften in die globale Methode *OxCanSolve* zu integrieren und er ist der Algorithmendatenbank bekannt zu machen. Der letzte

algorithm	= Name des Algorithmus
classname	= OxClassName
hosts	= SUN4, SUNMP
text	= "Hier wird der Algorithmus beschrieben und wichtige Informationen über seine Funktionsweise werden aufgeführt. Dabei steht der Text in Hochkommata"
notes	= "Umfangreiche Informationen für den Hilfe-Dialog können hier aufgeführt werden. Dabei sind wiederum beliebige Texte erlaubt."
int Einfacher Integer	= 42 "Dies ist ein simpler Integer-Wert und dieser Text erscheint in dem Hilfe-Dialog"
int Integer-Auswahl	= 1 {Erster Eintrag = 0, Zweiter Eintrag = 1} "Und ein erläuternder Text"
real Einfacher Real	= 1.0E-5 "Hier können nur Gleitkommazahlen erscheinen"
real Real-Auswahl	= 3.141592 {Pi = 3.141592, E = 2.718281} "Auswahl zwischen zwei Real-Konstanten"
additional	
int Integer-Bereich	= 1 [0 , 8] "Kann jeden Integer-Wert von 0 bis incl. 8 annehmen, Defaultwert ist 1"
real Real-Bereich	= 0.1 [0.0 , 0.8] "Kann jeden Gleitkomma-Wert zwischen 0.0 und. 0.8 annehmen mit 0.1 als Startwert"
bool Wahr oder Falsch	= true "Hier kann zwischen den Booleschen Werten gewählt werden"

Abb. 34: Auszug aus der Konfiguration eines Algorithmus und der resultierende Dialog

Schritt betrifft seine Aufnahme in die Konfigurationsdatei der Algorithmen (*algorithm.cfg*). Diese Datei wird interpretiert und direkt in die graphischen Schaltelemente des Konfigurationsdialogs umgesetzt. So erzeugt der hier aufgeführte Eintrag für einen fiktiven Algorithmus, der alle verfügbaren Sprachelemente enthält, die Fenster aus Abb. 35. Ein kleiner Parser analysiert die Schüsselworte (*algorithm*, *classname*, *hosts*, *text*, *notes*, *int*, *real*) und baut daraus für jeden Algorithmus ein eigenes Objekt der Klasse *OxParameter* auf, das wiederum die Verbindung zu den graphischen Elementen sicherstellt. Diese überprüfen den eingegebenen Typ und gegebenenfalls definierte Einschränkungen seines Wertebereichs. Mit den Schlüsselworten werden die Elemente eines Parametersatzes eingeleitet, ihnen folgt entweder sofort ein „="-Zeichen und ein Wert, oder zwischen Schlüsselwort und Zuweisung ist ein beschreibender Name eingefügt. Mit dem Terminus „additional" werden zusätzliche Parameterteile gekennzeichnet, die eine geringere Bedeutung aufweisen. Dabei darf die Reihenfolge der einzelnen Elemente nicht verändert werden. Das genaue Format der Konfigurationsdatei ist im Anhang D als Syntaxdiagramm wiedergegeben.

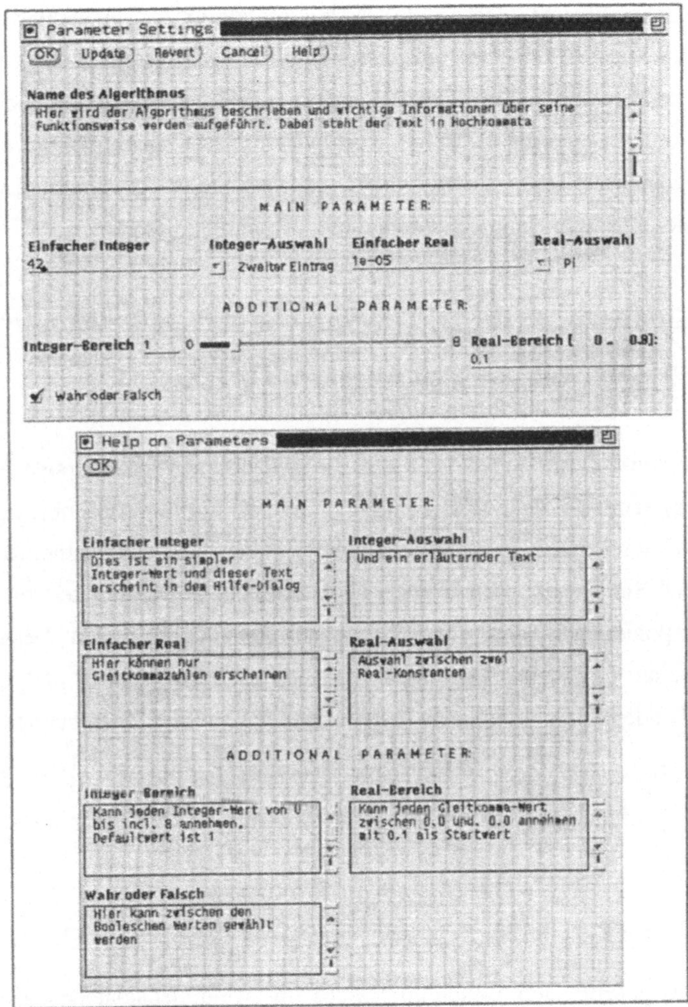

Abb. 35: Fenster für die Algorithmenkonfiguration und der Hilfedialog

5.3 Anwendungsbeispiele

Die OpTiX-Workbench ermöglicht über visuelle Optimierungsschemata auf vielfältige Weise, Aufgabenstellungen der multidisziplinären Optimierung zu bearbeiten und zu lösen. In diesem Abschnitt sollen einige typische Anwendungsbeispiele vorgestellt werden. Dabei wird zunächst die Effizienz des objektorientierten Ansatzes im Vergleich zur prozeduralen Lösung gezeigt. Anschließend folgt an einem einfachen

Beispiel zur Strukturoptimierung die Darstellung von OpTiX in Verbindung und als Schnittstelle zum SAPOP-Paket mit dem Finite-Element System Ansys zur Strukturanalyse. Die Verwendung von Dekompositionstechniken zur Lösung hochdimensionaler Optimierungsaufgaben zeigt eine weitere Anwendungsmöglichkeit. Eine Alternative dazu stellt sich in dem Einsatz von Blackboards zur Kopplung verschiedener Optimierungsalgorithmen, mit dem dieser Abschnitt endet.

5.3.1 Einführung in die OpTiX-Sprache und ein Leistungsvergleich mit dem prozeduralen Ansatz in OpTiX-II

Ein Schwerpunkt dieser Arbeit lag darin, die gewachsenen prozeduralen Ansätze der Vorgängersysteme zu analysieren und in ein klar strukturiertes objektorientiertes Klassenmodell umzusetzen. Dabei sollte die leicht verständliche, mathematisch orientierte OpTiX-Sprache erhalten bleiben, aber dennoch die Möglichkeit zur parallelen und dekomponierten Lösung von Problemen Unterstützung finden. Deshalb wurde die Sprache auf den für die Optimierung benötigten Kern reduziert und alle darüber hinausreichenden Sprachkonstrukte in die visuellen Optimierungsschemata verlagert.

Als erstes Beispiel dient ein bekanntes Problem aus der Literatur, die Rosenbrock'sche Testfunktion [Rose60]. Sie ist in Abhängigkeit des Parameters n definiert und lautet:

$$f(x) = min\sum_{i=1}^{n-1}\left(100\left(x_{i+1}-x_i^2\right)^2+(x_i-1)^2\right) \qquad mit \qquad -3{,}0 \le x_i \le 3{,}0 .$$

Wegen ihres gekrümmten Höhenlinienbildes im zweidimensionalen Fall (Abb. 36) wird sie auch Bananenfunktion genannt. In Abb. 37 ist für den Fall $n = 50$ die zugehörige OpTiX-Problembeschreibung wiedergegeben. Dabei sind die Schlüsselworte der OpTiX-Sprache kursiv dargestellt. Die Problemformulierung beginnt mit dem Schlüsselwort *problem* und einer Bezeichnung in Hochkommata, mit der die Aufgabenstellung in der Lösungsphase identifiziert wird. Diese findet sich dann auch als Beschreibung auf den Task-Icons wieder. Daran schließt sich die Definition der Entscheidungsvariablen (Schlüsselwort *decisionvars*) an. Sie bestehen aus reellwertigen Variablen (*realvar*), es können aber auch ganzzahlige Variablen (*intvar*) verwendet werden. Die einzelnen Variablen werden mit Kommata voneinander getrennt und ihre Definition wird mit einem Semikolon beendet. Alle Variablen, die nicht als Entschei-

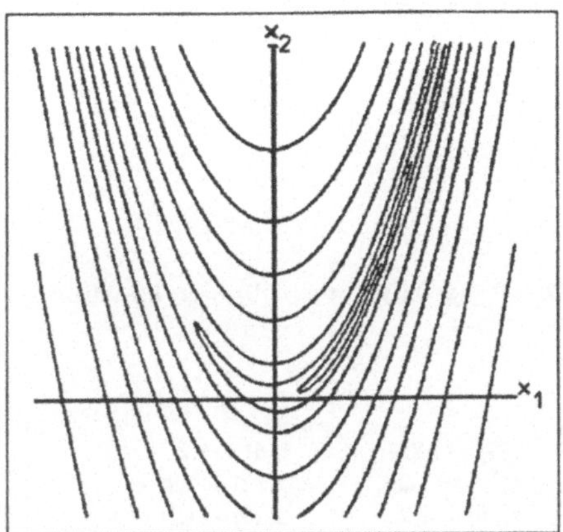

Abb. 36: Höhenlinienbild der Rosenbrock'schen Testfunktion für n = 2

dungsvariablen in die Optimierung einfließen, aber sehr wohl zur Koordinierung von Optimierungsproblemen verwendet werden, sind mit dem Schlüsselwort *coordinationvars* einzuleiten. Sie werden insbesondere bei der Dekomposition von Problemen benötigt. Ihre Definition schließt sich an diejenige der Entscheidungsvariablen an. Für die Optimierungsalgorithmen fungieren Koordinierungsvariable als Konstanten, die sie nicht verändern können. Gewöhnliche Konstanten können direkt nach der einleitenden Angabe des Problemnamens natürlich auch vereinbart werden. Sie werden mit dem Schlüsselwort *constants* gekennzeichnet. Dabei folgt jeweils direkt auf den Konstantennamen eine Zuweisung durch ein Gleichheitszeichen und einen Wert, der mit einem Semikolon abgeschlossen wird. Neben skalaren Variablen können Vektoren und Matrizen vereinbart werden. Die Dimensionsangabe erfolgt durch eine konstante Zahl in eckigen Klammern direkt im Anschluß an den Variablennamen (s. Abb. 37 mit x[50] als fünfzig-dimensionaler Vektor). Die Indizierung der Vektoren beginnt bei „1". Sollen andere Bereiche benutzt werden, so erfordert dies die Angabe einer unteren und oberen Grenze, die mit zwei Punkten voneinander getrennt werden (z.B. y[5..15] als zehn-dimensionaler Vektor in dem Bereich von 5 bis 15). Auf die Konstanten und die Variablendefinition folgt die Beschreibung genau einer Zielfunktion, die mit *objective* eingeleitet wird. Daran schließt sich durch das Schlüsselwort *constraints* getrennt, gegebenenfalls die Angabe mehrerer Restriktionsfunktionen an. Bei der Definition von Restriktionen dürfen Gleichheits- und Ungleichheitsbedingungen mit den Operatoren (=, <=, >=, < , >) verwendet werden. Eine besondere Form der Einschränkung des gültigen Suchraums erfolgt durch die Angabe von Grenzen für die Entscheidungsvariablen. Ihre Definition erfordert die Angabe des Schlüsselwortes

```
problem "Rosen_50":
decisionvars
realvar
        x[50];
coordinationvars
realvar
        f;
objective
        f = min sum (i = 1..49: 100 * sqr (x[i+1] - sqr (x[i])) + sqr (1.0 - x[i]));
bounds
        -3.0 <= x <= 3.0;
initialvalues
        x = 1.2;
        x[2] = -1.2;        x[4] = -1.2;        x[6] = -1.2;
        x[8] = -1.2;        x[10] = -1.2;       x[12] = -1.2;
        x[14] = -1.2;       x[16] = -1.2;       x[18] = -1.2;
        x[20] = -1.2;       x[22] = -1.2;       x[24] = -1.2;
        x[26] = -1.2;       x[28] = -1.2;       x[30] = -1.2;
        x[32] = -1.2;       x[34] = -1.2;       x[36] = -1.2;
        x[38] = -1.2;       x[40] = -1.2;       x[42] = -1.2;
        x[44] = -1.2;       x[46] = -1.2;       x[48] = -1.2;
```

Abb. 37: Die OpTiX-III Darstellung der Rosenbrock'schen Testfunktion für n = 50

bounds sowie der unteren und/oder oberen Grenzen für die Variablen. Für Vektoren oder Matrizen können dabei genauso wie in der Variablendefinition auch Teilbereiche angegeben werden.

Zur Beschreibung der Ziel- und Restriktionsfunktionen können die gebräuchlichen mathematischen Operatoren für additive und multiplikative Operationen verwendet werden. Ebenso verfügt OpTiX-III über alle elementaren trigonometrischen, logarithmischen und Exponentialfunktionen. Zusätzlich kann auch eine Summenfunktion verwendet werden, wodurch sich die Formulierung vieler Probleme erheblich vereinfacht (wie z.B. bei der Rosenbrock-Funktion). Einen vollständigen Überblick zu den implementierten Funktionen geben die Syntaxdiagramme im Anhang C. Der OpTiX-III Compiler ermöglicht mit seinem integrierten symbolischen Differenzierer eine automatische Erstellung der 1. und 2. Ableitungen zu der Ziel- und den Restriktionsfunktionen. Über eine einfache Menüauswahl kann die benötigte Art genauso wie ein einfacher numerischer Differenzierer gewählt werden. Damit stehen insbesondere durch Gradientenverfahren exaktere Werte für die Ableitungen zur Verfügung, als sie sonst mit aufwendigen numerischen Verfahren ermittelt werden können.

Auf die so durchgeführte Formulierung des Optimierungsproblems kann optional mit dem Schlüsselwort *intialvalues* auch eine Angabe von Startwerten für die Optimierung gegeben werden. Zur Vereinfachung besteht auch hier die Möglichkeit, einem ganzen Vektor oder einem Teilbereich Werte zuzuweisen. So wird etwa in Abb. 37 mit der Anweisung x = 1,2 der ganze Vektor initialisiert.

Die optimale Lösung des Problems liegt bei einem Zielfunktionswert von $f(x) = 0$, mit den Entscheidungsvariablen $x_i = 1{,}0$ für $i \in \{1, \ldots, n\}$. Bekanntermaßen ist diese recht einfache Aufgabenstellung, deren Optimum für einen Menschen leicht zu bestimmen ist, numerisch schwer zu lösen. Viele Optimierungsverfahren (insbesondere Gradientenverfahren) sind mit ihrer internen Methode nicht auf den engen gekrümmten Korridor angepaßt (s. Höhenlinien aus Abb. 36) und kommen, wenn überhaupt, nur „kriechend" zum Optimum. Durch den Parameter *n* kann das Problem sehr leicht in ein hochkomplexes Problem gewandelt werden, denn der rechentechnische Aufwand der eingesetzten Optimierungsverfahren liegt im Durchschnitt in einer Größenordnung zwischen $O(n^2)$ und $O(n^3)$ [Schw77]. Dies wird schon allein an dem erzeugten C++-Code deutlich, der bei n=20 mit symbolischen Ableitungen 1. und 2. Ordnung ca. 170KB umfaßt und bei n = 100 auf ungefähr 4,25MB anwächst. Eine weitere Folge davon ist, daß bei der Übersetzung des generierten Problem-Codes sehr einfach Grenzen erreicht werden können, bei denen der verwendete C++-Compiler einen internen Überlauf seiner Symboltabelle erfährt.

In Tab. 15 wird ein erster numerischer Effizienzvergleich zwischen der OpTiX-Workbench mit der neuen Sprache OpTiX-III und dem prozeduralen Ansatz von OpTiX-II dargestellt. Dieser Vergleich wurde in Anlehnung an [Bode94] (Seite 133) erstellt, wo das Rosenbrock 20-Problem genutzt wird. Da die damals eingesetzten Rechner heute so nicht mehr verfügbar sind und teilweise Angaben über Startwerte und die Konfiguration des verwendeten Alogrithmus fehlen, wurde das 50-dimensionale Problem auf einer Sparc-10/40 neu berechnet. Bei dem Algorithmus handelt es sich um ein Quasi-Newton Verfahren, das die zur Bestimmung des Optimums benötigte Hesse-Matrix iterativ aus den 1. Ableitungen der Zielfunktion und der Restriktionen ermittelt. In beiden OpTiX-Versionen basiert der Algorithmus auf demselben C-Code, der aber für die Workbench objektorientiert gekapselt wurde. Die Umsetzung der OpTiX-Problembeschreibung in den C-Code für die OpTiX-II-Rechenserver bzw. in den C++-Code der Workbench-Tasks erfolgt nach dem gleichen Grundalgorithmus. In der Tabelle werden die Berechnungsergebnisse wiedergegeben, die mit einem einfachen numerischen Differenzierer zu Bestimmung der Ableitungen der Zielfunktion und der Nebenbedingungen bestimmt werden konnten. Dabei stellt sich

	Optix-II			Workbench (Optix-III)		
Genauigkeit	#Iterationen	Ergebnis	Zeit/s	#Iterationen	Ergebnis	Zeit/s
1) Davidon Fletcher Powell (DFP) als Subalgorithmus zur Bestimmung der optimalen Schrittweite (Line-Search) verwendeter Rechner: euler (SUN4); Algorithmus: seq. Quasi-Newton mit 15000 Iterationen maximal und Parallelitätsgrad 0; 1. und 2. Ableitungen wurden numerisch ermittelt						
10^-2	572	0	18	494	0	27
10^-3	15000	0,012822	495	15000	19,2832	739
10^-4	15000	0,215757	508	295	0	13
10^-5	416	0	15	327	0	15
10^-6	15000	24,278797	527	471	0	22
2) Davidon Fletcher Powell (DFP) als Subalgorithmus zur Bestimmung der optimalen Schrittweite (Line-Search) verwendeter Rechner: euler (SUN4); Algorithmus: seq. Quasi-Newton mit 15000 Iterationen maximal und Parallelitätsgrad 0; Generierung der Symbolischen Ableitungen 1. Ordnung als OpTiX-Funktionen, die 2. Ableitungen können numerisch berechnet werden, finden aber bei diesem Algorithmus keine Verwendung						
10^-2	2042	0	65,23	576	0	5,23
10^-3	15000	1,0221	499,97	6281	0	57,77
10^-4	15000	0,0941	497,09	15000	13,0207	140,50
10^-5	1136	0	39,09	647	0	7,47
10^-6	536	0	18,60	15000	0,105	148,42

Tabelle 15: Vergleich zwischen OpTiX-II und der Workbench anhand des Rosenbrock 50 Problems

heraus, daß der Algorithmus bei einer Variation der Abbruchgenauigkeit zwischen 10E-2 und 10E-6 in einigen Fällen nicht in der Lage ist, das Optimum zu bestimmen. Bei einer Untersuchung der betroffenen Code-Elemente konnte festgestellt werden, daß der Grund hierfür in den starken Auswirkungen der Abbruchgenauigkeiten des Hauptalgorithmus' auf die Abbruchkriterien der internen Verfahren bei der Richtungssuche und dem approximativen Aufbau der Hessematrix liegen. Ebenfalls wirken sich auch die unterschiedlichen Reihenfolgen der Restriktionen bei der Berechnung aus. Zusätzlich finden sich einige Rundungsfehler, so wird z.B. in OpTiX-II bei der Ermittlung der Restriktionswerte selbst für den Startvektor ein Wert von -4,200000048 bzw. -1,799999952 anstatt der korrekten Werte von -4,2 bzw. -1,8 wie in OpTiX-III gegeben. Deshalb wurde in einer zweiten Untersuchungsreihe das Verhalten bei Verwendung des in OpTiX integrierten numerischen Ableiters getestet. Auch hier zeigt sich, das die Vorgängerversion numerisch weniger stabile Ergebnisse produziert. Das sporadische Versagen des Algorithmus' bei einigen Parameterkonstellationen liegt jedoch im wesentlichen in den starken Interdependenzen der internen Verfahren und der hohen numerischen Komplexität.

Wie die Tabelle zeigt, können also mit dem Klassenkonzept und der visuellen Sprache zur verteilten Optimierung Verarbeitungsgeschwindigkeiten in derselben Größenordnung erreicht werden, wie sie auch der prozedurale Vorgänger ermöglicht. Dies zeigt sich insbesondere, wenn man die im Mittel für eine Iteration benötigte CPU-Zeit betrachtet. Sie liegt bei einem Wert von ca. 30 Iterationen/Sekunde für OpTiX-II und bei ca. 20 Iterationen/Sekunde für die Workbench. Die oft geäußerte ablehnende Haltung gegenüber objektorientierten Systemen bei rechenintensiven numerischen Applikationen kann insbesondere mit diesem Vergleich nicht bestätigt werden, da bei den Berechnungen dieselben Optimierungsverfahren verwendet wurden und auch die beiden Compiler äquivalenten Code für die Problemberechnung generieren. Daraus ergibt sich, daß weder die objektorientierte Klassenstruktur noch die gekapselte Verwendung der Message-Passing Bibliothek PVM einen signifikanten rechnerischen Aufwand verursachen. Bei der Problemlösung sind weder die speziell für die Bedürfnisse von OpTiX-II implementierte prozedurale Kommunikationsbibliothek, die direkt auf RPC basiert, noch die flache Funktionsstruktur des Gesamtsystems von Vorteil. Demgegenüber kann die konzeptionelle Klarheit durch die Objektorientierung in diesem Falle nicht durch nennenswerte Nachteile bei der Laufzeit beeinträchtigt werden.

5.3.2 Einsatz der Workbench zur Strukturoptimierung mit OpTiX-III oder gekoppelt mit SAPOP

Die Definition eines Strukturoptimierungsproblems beginnt, wie in Abschnitt 3.1.1.2 beschrieben, mit der Festlegung des Strukturanalysemodells. Dazu kann je nach Problemklasse entweder ein Finite-Element System oder ein spezielles Strukturanalyse-Programm verwendet werden. Für eine Reihe von Problemen existiert aber auch die Möglichkeit, beide Varianten des Strukturmodells aufzustellen. Ein so geartetes Beispiel findet sich in der Optimierung eines Zehnstabsystems [Wahl96], wie es in Abb. 38 dargestellt ist und als Standard-Bauelement bei Auslegern verwendet wird. Dabei ist das Ziel der Optimierung, das Gewicht des Zehnstabs zu minimieren, also das zu seiner Herstellung verwendete Rohmaterial zu reduzieren, aber dennoch die Stabilität des Auslegers zu erhalten. Als gestalterische Freiheitsgrade (d.h. Entscheidungsvariable für die Optimierung) bietet sich dazu im wesentlichen eine Variation der Dicken der einzelnen Stäbe wie auch der Form des Zehnstabs an. Da es als ein ebenes *ideales Fachwerk* modelliert wird, gelten folgende Voraussetzungen:

- alle Stäbe weisen reibungsfreie Gelenke in den Knotenpunkten des Fachwerkes auf,
- jeder Stab ist nur an zwei Gelenkpunkten (Knoten) angeschlossen und
- die äußeren Kräfte greifen nur in den Knotenpunkten an.

Aufgrund dieser Vereinfachungen wird jeder Stab nur auf Zug oder Druck beansprucht, und die Stabkräfte entlang eines Stabes sind konstant. Somit kann das vorliegende Fachwerk leicht sowohl analytisch als auch mit einem Finite-Element System berechnet werden. Für die Berechnung wird weiter angenommen, daß das Zehnstabsystem am linken Rand fest eingespannt ist und an den unteren freien Knoten durch zwei vertikale Einzelkräfte $F = 10.000 N$ belastet wird. Alle Stäbe sind aus Stahl (Materialkonstanten: Elastizitätsmodul $E = 210.000 N/mm^2$, Dichte $\rho = 7{,}85 kg/dm^3$, Querkontraktionszahl $\nu = 0{,}3$). Bei der Untersuchung des Systems werden die Gewichtskräfte der Stäbe nicht berücksichtigt. Die Geometriedaten, Randbedingungen und Lasten sind in Abb. 38 aufgeführt.

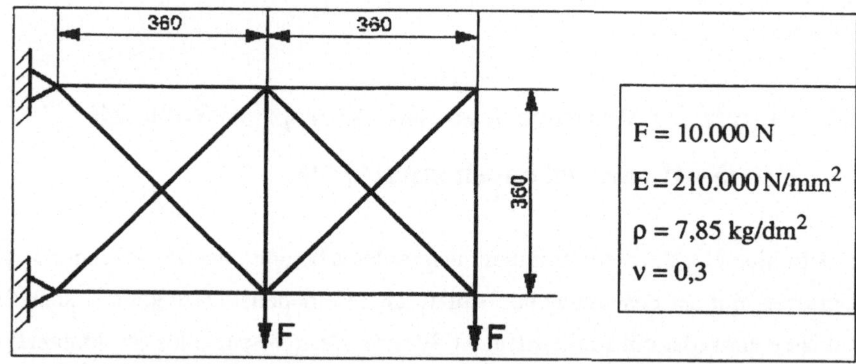

Abb. 38: Geometriedaten, Lasten und Materialdaten des Zehnstabsystems [Wahl96]

Die OpTiX-Workbench bietet in zweierlei Hinsicht Möglichkeiten zur Bearbeitung dieses Strukturoptimierungsproblems an. Zum einen kann die Aufgabenstellung, da sie geschlossen darstellbar ist, in OpTiX-III selbst formuliert und berechnet werden, zum anderen kann sie über die SAPOP-Kopplung mit dem Strukturanalyseprogramm Ansys bearbeitet werden. Wie in Abschnitt 3.1.1.2 beschrieben, verfügt SAPOP neben einer Vielzahl von Paketen, insbesondere über eine Anbindung dieses FEM-Systems. Dabei soll im folgenden zuerst die Lösung der Aufgabenstellung mit Ansys beschrieben werden.

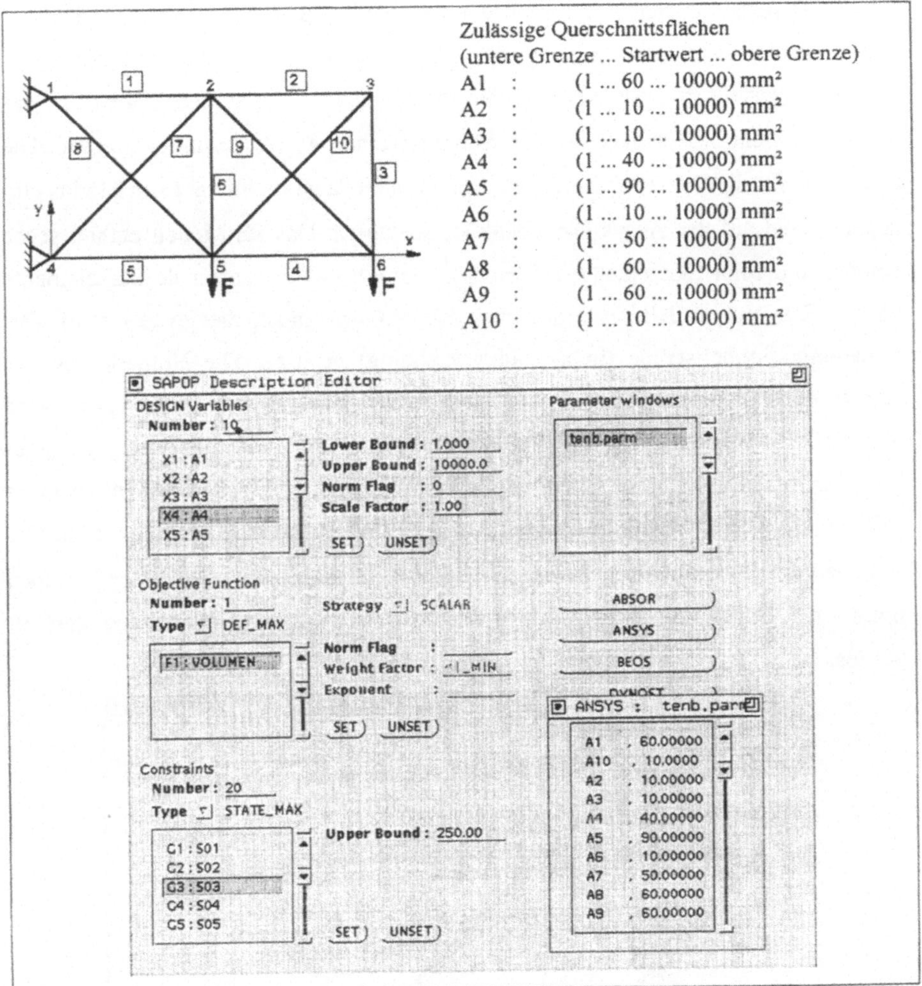

Abb. 39: Umsetzung des Zehnstab-Strukturanalysemodells in ein SAPOP-Optimierungsproblem

In Abb. 39 sind alle für die Festlegung des Optimierungsmodells erforderlichen Daten zusammengefaßt. Im unteren Teil wird die Umsetzung des Modells mit dem SAPOP-Editor gezeigt, mit dem das Strukturanalysemodell in ein Optimierungsmodell für SAPOP transformiert wird. Die unteren Grenzen der Entwurfsvariablen sind einheitlich auf $1 mm^2$ festgelegt worden. Bei der Optimierung soll das Gewicht des Zehnstabsystems minimiert werden, wobei die Stabquerschnitte $A_1 ... A_{10}$ als Entscheidungsvariablen dienen. Als zusätzliche Restriktion wird für die Stäbe $S_1 ... S_{10}$ eine maximal zulässige Spannung $\sigma_{zul} = \pm 250 N/mm^2$ gefordert.

Für die Berechnung mit Ansys muß das zugehörige FE-Modell erstellt und in der Ansys-History-Datei (tenb.his) abgelegt werden. In Abb. 39 ist das Strukturanalysemodell dargestellt, mit dessen Hilfe die Spannungen $S_1...S_{10}$ in den Stäben und das Strukturgewicht bei Vorgabe der Querschnittsflächen $A_1...A_{10}$ ermittelt werden. Die Startwerte für die Querschnittsflächen $A_1...A_{10}$ sind dabei im interaktiven Modus einzugeben und auf der Ansys-Datenbank zu speichern. Das FE-Modell enthält sechs Knoten und zehn Elemente. Als Elemente werden zweidimensionale Stabelemente (Ansys-Elementtyp „LINK1") mit zwei Knoten verwendet, die jeweils zwei Verschiebungs-Freiheitsgrade (in x- und y-Richtung) besitzen. Die Numerierung der Knoten und Elemente in Abb. 39 ist mit der in der Ansys-History-Datei verwendeten identisch. Die Knoten 1 und 4 sind gemäß Einspannung in beiden Richtungen festgesetzt. An den Knoten 5 und 6 wirken diskrete Einzellasten F = 10.000*N* in negativer y-Richtung. Alle für Ansys benötigten Angaben finden sich in Anhang F wieder. Das Volumen des Startentwurfes beträgt 170.841*mm³*. Multipliziert man dieses Volumen mit der o.a. Dichte von 7,85*kg/dm³*, so erhält man 1.341*kg* als Gewicht des Startentwurfes.

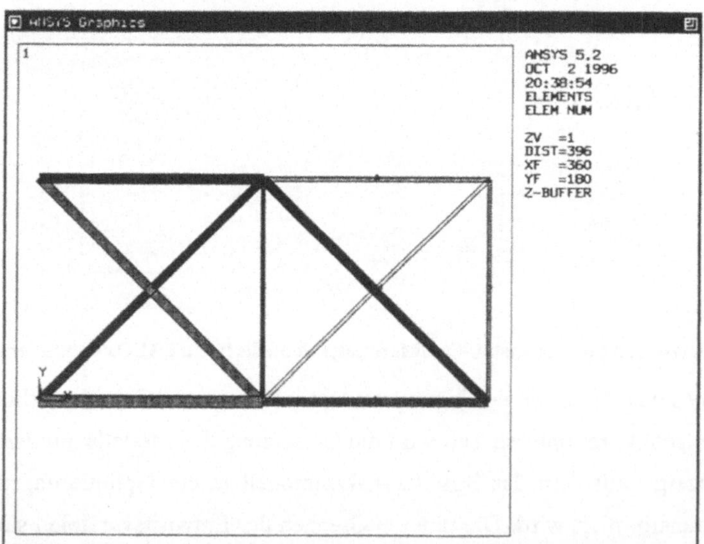

Abb. 40: Darstellung des Zehnstabs als FE-Modell im Ansys-Graphikfenster

Für die Optimierung mit der OpTiX-III Sprache wird ein geschlossenes mathematisches Modell benötigt, das dem mit Ansys beschriebenen FE-Modells entspricht. Diese Darstellung findet sich in Abb. 41 und entspricht den Angaben des SAPOP-Handbuchs [Wahl96]. Die entsprechende Umsetzung in OpTiX-III ist in Anhang F

Parameter:

E = 21000,0 N/mm^2
FORC = 10000,0 N
RO = 1,0 kg/mm^3
XL = 360,0 N/mm^2
SIGMAX = 250,0 N/mm^2
SIGMIN = -250,0 N/mm^2

Verschiebungseinflußzahlen:

$$DEL10 = -FORC \cdot XL/E \cdot \left(1/\left(\sqrt{2{,}0} \cdot X_2\right) + 1/\left(\sqrt{2{,}0} \cdot X_3\right) + 1/X_{10}\right)$$

$$DEL11 = XL/(2{,}0 \cdot E) \cdot \left(1/X_2 + 1/X_4 + 1/X_6 + 1/X_3 + XL \cdot \sqrt{2{,}0}/E \cdot (1/X_9 + 1/X_{10})\right)$$

$$DEL20 = FORC \cdot XL/E \cdot \left(3/\left(\sqrt{2{,}0} \cdot X_5\right) + 4/X_8 - 1/\left(\sqrt{2{,}0} \cdot X_1\right)\right)$$

$$DEL22 = XL/(2{,}0 \cdot E) \cdot \left(1/X_1 + 1/X_5 + 1/X_6 + XL \cdot \sqrt{2{,}0}/E \cdot (1/X_8 + 1/X_7)\right)$$

$$DEL12 = XL/(2{,}0 \cdot E \cdot X_6) \qquad DEL21 = XL/(2{,}0 \cdot E \cdot X_6)$$

Statisch unbestimmte X1, X2:

$$X1 = (DEL12 \cdot DEL20/DEL22 - DEL10)/(DEL11 - DEL21 \cdot DEL12/DEL22)$$

$$X2 = (DEL20 + X1 \cdot DEL21)/DEL22$$

Stabkräfte:

$$STAB(1) = FORC - X2/\sqrt{2{,}0} \qquad STAB(2) = FORC - X1/\sqrt{2{,}0}$$

$$STAB(3) = FORC - X1/\sqrt{2{,}0} \qquad STAB(4) = -X1/\sqrt{2{,}0}$$

$$STAB(5) = -3{,}0 \cdot FORC - X2/\sqrt{2{,}0} \qquad STAB(6) = -(X1 + X2)/\sqrt{2{,}0}$$

$$STAB(7) = X2 \qquad STAB(8) = 2{,}0 \cdot \sqrt{2{,}0} \cdot FORC + X2$$

$$STAB(9) = X1 \qquad STAB(10) = -2{,}0 \cdot \sqrt{2{,}0} \cdot FORC + X1$$

Zielfunktion (Gewicht des Zehnstabs):

$$F = \sum_{i=1}^{6} RO \cdot XL \cdot X_i + \sum_{i=7}^{10} RO \cdot XL \cdot \sqrt{2{,}0} \cdot X_i$$

Restriktionen:

$$G(i) = 1{,}0 - STAB(i)/X_i/SIGMAX \qquad \forall i \in \{1 \le i \le 10\}$$

$$G(i) = 1{,}0 - STAB(i)/X_i/SIGMIN \qquad \forall i \in \{11 \le i \le 20\}$$

Abb. 41: Die Darstellung des Zehnstabsystems als geschlossenes mathematisches Modell

wiedergegeben. Es fällt dabei auf, daß die erstellte Spezifikation eine unübersichtliche Darstellung ergibt, denn die Terme für die einzelnen Spannungen in den Stäben müssen textuell in die Beschreibung der Restriktionen hineinkopiert werden, da OpTiX bisher über keine Möglichkeit verfügt, Teilberechnungen in mehreren Nebenbedingungen gleichzeitig zu verwenden. Dies erwies sich bei der Eingabe des Problems als fehlerträchtig. Abhilfe kann aber recht einfach geleistet werden, indem OpTiX um lokale Funktionen erweitert wird. Dazu sind zum einen geringfügige Änderungen an der Grammatik der Beschreibungssprache nötig und zum zweiten muß zusätzlicher Code für die Bearbeitung der lokalen Funktionen generiert werden. Da der OpTiX-III Parser/Compiler aber mit dem PCCTS Werkzeugsystem erstellt wurde, sind diese Ergänzungen einfach durchzuführen, solange der symbolische Differenzierer nicht mit verändert werden muß.

Die Optimierung erfolgte mit dem Optimierungsalgorithmus SECOP des SAPOP-Paketes, einer Implementierung der sequentiellen konvexen Programmierung, der mit den Steuerparametern gemäß Tab. 16 eingestellt wurde. SECOP ist ein speziell auf die strukturmechanische Anwendung zugeschnittener Algorithmus, der am FOMAAS entwickelt wurde. Aufgrund der Koppelung von SAPOP an OpTiX stehen prinzipiell alle dort in FORTRAN implementierten Optimierungsalgorithmen auch bei der Berechnung von OpTiX-Problemen zur Verfügung. Wie aus Tab. 16 zu entnehmen ist, liefern beide Arten der Problemformulierung (Ansys, OpTiX) dasselbe Ergebnis, wobei sich die geringen Unterschiede aufgrund der vollkommen andersartigen Realisierung des Optimierungsmodells erklären. Insbesondere zeigen die aus der Zeitmessung gewonnenen Ergebnisse, daß die Berechnung der Ziel- und Restriktionsfunktionen auf Basis des von der Workbench generierten Codes etwa hundertfach effizienter ist, als die Berechnung durch das Finite-Element System Ansys. Das entsprach zwar prinzipiell den Erwartungen, wurde in dieser Höhe aber

Kriterium	**OpTiX-III**	**SAPOP/Ansys**
Stab 1 (Querschnittsfläche in mm²)	79,378	79,380
Stab 2	1,0000	1,0000
Stab 3	1,0000	1,0000
Stab 4	39,377	39,378
Stab 5	80,621	80,623
Stab 6	1,0000	1,0000
Stab 7	55,690	55,690
Stab 8	57,447	57,446
Stab 9	55,690	55,689
Stab 10	1,0000	1,0000
Zielfunktionswert (Gewicht in kg)	15.9317	15.9318
benötigte CPU-Zeit in s	2,563	268,354
Parameterwerte des SECOP Algorithmus: EPSACT=1,0E3; EPSCO=0,0001; EPSF=0,001; EPSX=0,0001; EPSKT=1,0E-4; EPSG=0,001; KMAX=100; C01=0,5; C02=0,5; C1=0,7; C2==1,15		

Tabelle 16: Vergleich der Optimierungsergebnisse von OpTiX und SAPOP/Ansys

nicht vermutet. Mit dem hier ermittelten Ergebnis ist somit der Nachweis erbracht, daß der Datenaustausch und die funktionale Kopplung zwischen OpTiX und SAPOP/Ansys funktionieren. Gleichzeitig dient die Übereinstimmung zwischen der Strukturanalyse des FE-Modells und der Berechnung in einem aus OpTiX generierten C++-Programm auch als Nachweis für die erreichte Qualität der OpTiX-Workbench.

In Abb. 42 sind die Querschnittsflächen des optimierten Zehnstabsystems maßstäblich dargestellt. Das Volumen des optimierten Zehnstabsystems beträgt 15.9318mm^3. Das Gewicht liegt jetzt bei 1.251kg und ist damit um 6,7% niedriger als das Gewicht des Startentwurfs. Dabei ist zu beachten, daß der Startentwurf aufgrund der erhöhten Spannungen unzulässig ist, wohingegen bei dem optimierten Zehnstabsystem alle Spannungen im zulässigen Bereich liegen. Die Stäbe 2, 3, 6 und 10 sind Nullstäbe. Das ist daran zu erkennen, daß die Entwurfsvariablen für diese Stäbe (A_2, A_3, A_6 und A_{10}) gegen die untere Grenze gelaufen sind. Die Verformungen des optimierten Zehnstabsystem sind etwas höher als bei dem Startentwurf.

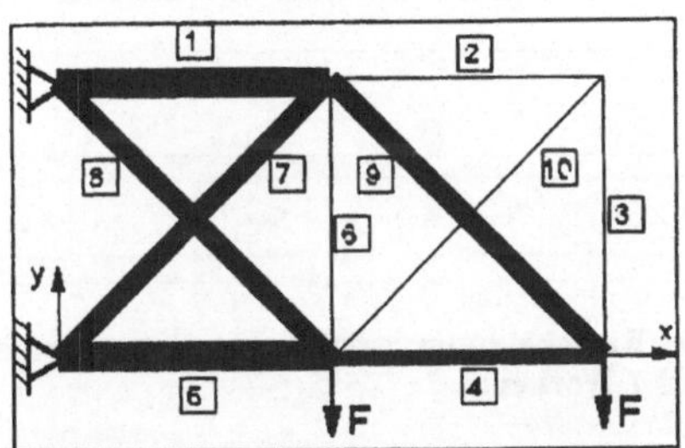

Abb. 42: Maßstäbliche Darstellung der Querschnittsflächen des optimierten Zehnstabs

Der Zehnstab ist zwar von seiner mechanischen Komplexität her ein verhältnismäßig einfaches Problem, zeigt aber leicht nachvollziehbar, daß mit dem erstellten Klassenmodell eine Einbindung von Finite-Element Systemen als Problemformulierer in die OpTiX-Workbench effizient möglich ist. Eine Einbindung weiterer Systeme und insbesondere die Integration aller an SAPOP angebundenen Modellierungswerkzeuge kann also prinzipiell mit dem Klassenmodell aus Abb. 13 geleistet werden.

5.3.3 Problemlösung mit dem Manager-Worker Konzept

Das Manager-Worker Konzept stellt eine der grundlegenden Techniken zur Verteilung von Problemstellungen auf einem Cluster dar. Es kann unmittelbar für die parallele Lösung von dekomponierten Aufgaben in der Optimierung genutzt werden und wurde deshalb in der Workbench implementiert. Wie nun eine Aufgabenstellung unter Zuhilfenahme von OpTiX dekomponiert und mit Hilfe der visuellen Optimierungsschemata parallel gelöst werden kann, soll in diesem Abschnitt an zwei Beispielen vorgestellt werden. Als erstes wird eine dekomponierte Fassung der Rosenbrock'schen Funktion vorgestellt und ihre verteilte Lösung mitsamt der erzielten Ergebnisse präsentiert. Darauf folgt die Gewichtsoptimierung des Modells eines Übersetzungsgetriebes als Manager-Worker System.

Die Rosenbrock'sche Testfunktion setzt sich aus unabhängigen additiven Termen zusammen und kann deshalb sehr einfach in Teilaufgaben zerlegt werden, die von einem Manager koordiniert und parallel gelöst werden können. Dabei werden die einzelnen Systeme jeweils nur noch über eine bzw. zwei Variablen miteinander gekoppelt. Für das 100-dimensionale Problem, das aus der Formulierung in Abb. 37 durch Anpassung des Vektors der Entscheidungsvariablen, des Summenterms und einer Erweiterung der Anfangswerte hervorgeht, werden zwei mögliche Partitionierungen in Abb. 43 dargestellt.. Dabei befindet sich im oberen Teil eine Partitionierung für 3

$x_{1..32}$	$\mathbf{x_{33}}$	$x_{34..66}$	$\mathbf{x_{67}}$	$x_{68..100}$

$x_{1..39}$	$\mathbf{x_{40}}$	$x_{41..60}$	$\mathbf{x_{61}}$	$x_{62..70}$	$\mathbf{x_{71}}$	$x_{72..82}$	$\mathbf{x_{83}}$	$x_{84..90}$	$\mathbf{x_{91}}$	$x_{92..96}$	$\mathbf{x_{97}}$	$x_{98..100}$

Abb. 43: Partitionierung der Entscheidungsvariablen des dekomponierten Rosenbrock 100 Problems für 3 und 7 Worker

und unten für 7 Worker. Die Entscheidungsvariablen des Managers sind im Gegensatz zu denen der Worker jeweils fett gedruckt. Der Manager verwendet die Entscheidungsvariablen der Worker wiederum als Koordinierungsvariablen. Die Worker hingegen verfügen nur über ihren Teil des Entscheidungsvektors und bekommen die angrenzenden Vektorelemente als Koordinierungsvariablen vom Manager zugewiesen

Mit wenigen algebraischen Umformungen gelingt es so, das hochdimensionale Gesamtproblem auf mehrere einfachere mit stark reduzierter Variablenanzahl abzubilden. Dem Manager als koordinierender Stelle obliegt es nun, die Lösung des Gesamtproblems zu gewährleisten. Dazu werden bei dem Manager die Ergebnisse der Teilaufgaben zusammengeführt, die koordinierenden Variablen bestimmt und den Teilaufgaben für die nächste Iteration als Konstanten übergeben. Je nach Struktur der Aufgabenstellung können unterschiedlich viele Worker-Prozesse notwendig sein. Als Beispiel soll hier die Variante mit drei Worker Prozessen (Abb. 44 und Abb. 45) vorgestellt und berechnet werden. Eine weitere Partitionierung mit sieben Worker-Prozessen zeigt, daß die Generierung unterschiedlicher Partitionierungen prinzipiell nicht aufwendig ist, da in den Beschreibungen der Worker-Prozesse lediglich die neuen Indexgrenzen angepaßt werden müssen. Wichtig ist hierbei, daß Worker-Prozesse mit gleichen Partitionsgrößen kopiert und unverändert übernommen werden können; in

```
problem "Rosenbrock_100_Manager":
decisionvars
    realvar         x33, x67;
coordinationvars
    realvar         worker1_x[32],      worker2_x[33],      worker3_x[33],      f;
objective
    f = min  sum(iw=1..31: 100*sqr(worker1_x[iw+1]-sqr(worker1_x[iw]))+sqr(worker1_x[iw]-1.0))
        + 100*sqr(x33-sqr(worker1_x[32]))+sqr(worker1_x[32]-1.0) +100*sqr(worker2_x[1]
        - sqr(x33))+sqr(x33-1.0) + sum(iww=1..32: 100*sqr(worker2_x[iww+1]-sqr(worker2_x[iww]))
        + sqr(worker2_x[iww]-1.0)) + 100*sqr(x67-sqr(worker2_x[32]))+sqr(worker2_x[32]-1.0)
        + 100*sqr(worker3_x[1]-sqr(x67))+sqr(x67-1.0) + sum(iwww=1..32:
          100*sqr(worker3_x[iwww+1]-sqr(worker3_x[iwww]))+sqr(worker3_x[iwww]-1.0));
bounds
    -3.0 <= x33 <= 3.0;             -3.0 <= x67 <= 3.0;
    -3.0 <= worker1_x <= 3.0;       -3.0 <= worker2_x <= 3.0;       -3.0 <= worker3_x <= 3.0;
initialvalues
    worker1_x=1.2;          worker2_x=1.2;          worker3_x=1.2;
    worker1_x[2]=-1.2;      worker1_x[4]=-1.2;      worker1_x[6]=-1.2;      worker1_x[8]=-1.2;
    worker1_x[10]=-1.2;     worker1_x[12]=-1.2;     worker1_x[14]=-1.2;     worker1_x[16]=-1.2;
    worker1_x[18]=-1.2;     worker1_x[20]=-1.2;     worker1_x[22]=-1.2;     worker1_x[24]=-1.2;
    worker1_x[26]=-1.2;     worker1_x[28]=-1.2;     worker1_x[30]=-1.2;     worker1_x[32]=-1.2;
    worker2_x[2]=-1.2;      worker2_x[4]=-1.2;      worker2_x[6]=-1.2;      worker2_x[8]=-1.2;
    worker2_x[10]=-1.2;     worker2_x[12]=-1.2;     worker2_x[14]=-1.2;     worker2_x[16]=-1.2;
    worker2_x[18]=-1.2;     worker2_x[20]=-1.2;     worker2_x[22]=-1.2;     worker2_x[24]=-1.2;
    worker2_x[26]=-1.2;     worker2_x[28]=-1.2;     worker2_x[30]=-1.2;     worker2_x[32]=-1.2;
    worker3_x[2]=-1.2;      worker3_x[4]=-1.2;      worker3_x[6]=-1.2;      worker3_x[8]=-1.2;
    worker3_x[10]=-1.2;     worker3_x[12]=-1.2;     worker3_x[14]=-1.2;     worker3_x[16]=-1.2;
    worker3_x[18]=-1.2;     worker3_x[20]=-1.2;     worker3_x[22]=-1.2;     worker3_x[24]=1.2;
    worker3_x[26]=-1.2;     worker3_x[28]=-1.2;     worker3_x[30]=-1.2;     worker3_x[32]=-1.2;
    x33=-1.2;               x67=-1.2;
```

Abb. 44: Formulierung des Managers für das dekomponierte Rosenbrock 100 Problem

diesem Fall muß lediglich die Zielfunktion des Manager-Prozesses und die Verteilung der Entscheidungs- und Koordinierungsvariablen („Mapping") des Manager-Prozesses für die neu hinzugekommenen Worker-Prozesse realisiert werden. Die Beschreibung des Managers und der Worker für die Partitionierung mit sieben Worker-Prozessen kann Anhang F entnommen werden.

Die detaillierte Formulierung der Manager-Aufgabe für das 100-dimensionale Problem mit drei Workern erfolgt in Abb. 44. Hier werden auch die Anfangswerte für die Entscheidungsvariablen eingegeben. Den Workern wird jeweils ein Drittel des Entscheidungsraumes als Arbeitsbereich zugeordnet. Der Manager-Prozeß belegt diese zu Beginn der Optimierung mit den Anfangswerten und sendet sie dann an die Worker. Als Entscheidungsvariablen des Managers bleiben die beiden Kopplungsgrößen x33 und x67, die zur Ermittlung der Gesamtlösung durch die Manager-Task benötigt werden.

```
problem "Rosenbrock_Worker_1":
decisionvars       realvar       worker1_x[32];
coordinationvars  realvar       f1, x33;
objective
     f1 = min sum(i=1..31: 100*sqr(worker1_x[i+1]-sqr(worker1_x[i]))+sqr(worker1_x[i]-1.0))
          + 100*sqr(x33-sqr(worker1_x[32]))+sqr(worker1_x[32]-1.0);
bounds
     -3.0 <= worker1_x <= 3.0;

problem "Rosenbrock_Worker_2":
decisionvars       realvar       worker2_x[33];
coordinationvars  realvar       f2, x33, x67;
objective
     f2 = min  100*sqr(worker2_x[1]-sqr(x33))+sqr(x33-1.0)
          + sum(i=1..32: 100*sqr(worker2_x[i+1]-sqr(worker2_x[i]))+sqr(worker2_x[i]-1.0))
          + 100*sqr(x67-sqr(worker2_x[32]))+sqr(worker2_x[32]-1.0);
bounds
     -3.0 <= worker2_x <= 3.0;

problem "Rosenbrock_Worker_3":
decisionvars       realvar       worker3_x[33];
coordinationvars  realvar       f3, x67;
objective
     f3 = min  100*sqr(worker3_x[1]-sqr(x67))+sqr(x67-1.0)
          + sum(i=1..32: 100*sqr(worker3_x[i+1]-sqr(worker3_x[i]))+sqr(worker3_x[i]-1.0));
bounds
     -3.0 <= worker3_x <= 3.0;
```

Abb. 45: Formulierung der drei Worker für das dekomponierte Rosenbrock 100 Problem

Die Definitionen der drei Worker-Komponenten gleichen einander recht stark (Abb. 45). Lediglich die Indexgrenzen der Summenfunktion und die koordinierenden Variablen sind unterschiedlich. Jeder Worker benötigt somit nur noch ein Drittel der Variablen des Gesamtsystems. Bei einem Rechenaufwand in der Größenordnung zwischen $O(n^2)$ und $O(n^3)$, die von den Lösungsalgorithmen benötigt werden, ist damit eine erhebliche Reduzierung des Suchraumes für diese Optimierungsaufgabe erreicht worden, die sich auch in einer geringeren Rechenzeit niederschlagen sollte.

Die so erfolgte Zerlegung des Gesamtproblems in einen Manager und drei Worker-Tasks wird in dem VOS-Editor der Worbkench (Abb. 46 Mitte) dargestellt. Alle Tasks erhalten gleichermaßen eine Instanz des Quasi-Newton Algorithmus zugeordnet. Somit benötigen sie ungefähr dieselben Rechenkapazitäten auf dem Cluster. Wie der Abbildung entnommen werden kann, wurden sie von der virtuellen Maschine auf vier Rechner des Clusters verteilt. In den Monitoring-Fenstern kann der Fortschritt der Optimierungsrechnung beobachtet werden. Man sieht das für einen erfolgreichen Optimierungslauf sehr erwünschte Verhalten eines raschen Annäherns an das gesuchte Minimum. Da die einzelnen Tasks nahezu identisch sind, erfolgt die Minimierung der Zielfunktionswerte sogar bei allen Tasks gleichmäßig. Durch die graphi-

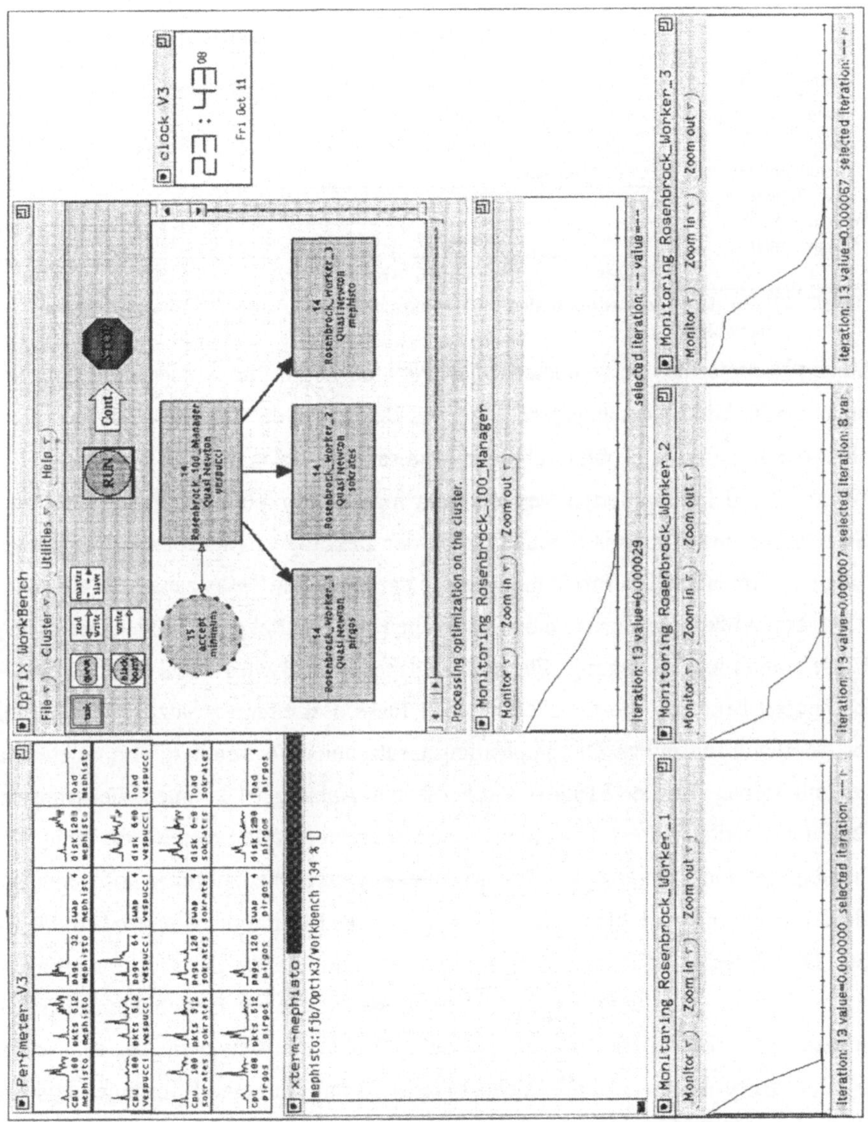

Abb. 46: Die OpTiX Workbench bei der Lösung des dekomponierten Rosenbrock 100 Problems

sche OpTiX-Workbench wird auf diese Weise der Lösungsprozeß von der anfänglichen Formulierung über die einzelnen Schritte der Algorithmenläufe bis hin zur Erreichung der Lösung einheitlich unterstützt.

In Tab. 17 werden die Rechenergebnisse der sequentiellen Lösung der 100 dimensionalen Rosenbrock'schen Testfunktion der dekomponierten Lösung mit 3 Managern gegenübergestellt. Dabei sind die jeweils benötigten CPU-Zeiten, Iterationsanzahlen,

Lösungsansatz	Art der Lösung	Wert der jeweiligen Zielfunktion	CPU-Zeit/s	benötigte Makro-Iterationen	maximale Iterations-anzahl	Abbruch-genauigkeit Epsilon
sequentielles Vorgehen	Gesamtproblem	8,30331E-14	935,373	7	150	0,0001
Manager mit drei Workern und ermittelten Zwischenergebnissen der Worker-Komponenten	Manager (Gesamtproblem)	7,34541E-7	13,9093	15	1500	0,0001
	Worker 1	2,01234E-10	16,4037	15	1500	0,0001
	Worker 2	1,85866E-7	16,5459	15	1500	0,0001
	Worker 3	1,66223E-6	16,4843	15	1500	0,0001

Tabelle 17: Vergleich der sequentiellen und dekomponierten Lösung des Rosenbrock 100 Problems

Steuerparameter des verwendeten Quasi-Newton Algorithmus und der erzielte optimale Zielfunktionswert angegeben. An den Rechenzeiten von 935 Sekunden für das nicht-dekomponierte Problem und den insgesamt 63 Sekunden für alle Manager und Worker der dekomponierten Version sieht man den erheblichen Zeitgewinn in der Berechnung des Problems durch Nutzung der Dekompositionstechnik. Die Reduzierung der Dimension des Problem innerhalb der einzelnen Tasks zahlt sich also unmittelbar aus. Außerdem werden die Teilaufgaben nun parallel gelöst und stehen nach ca. 17 Sekunden zur Verfügung. Für den Manager-Prozeß wird dabei in etwa dieselbe Rechenzeit benötigt, wie für die einzelnen Tasks. Bei einem zusätzlich durchgeführten Vergleich mit einem Dekompositionsansatz unter Verwendung von einem Manger mit sieben Worker-Tasks (s. Abb. 43 und Anhang F) konnten die ermittelten Ergebnisse nicht verbessert werden, denn der siebte Worker terminierte nicht. Wird ihm dagegen ein anderer Algorithmus (Steepest Descent) zugeordnet, so können auch die Entscheidungsvariablen dieses Workers für das Minimum korrekt bestimmt werden. Die Ursache dafür liegt vermutlich in der Granularität der Partitionierung, die hierbei zu kleine Partitionen erzeugt. Die geringe Anzahl von Entscheidungsvariablen in diesem Worker verhindert eine (schnelle) Konvergenz, wie sie bei den anderen Workern zu beobachten ist. Der siebte Worker ist nur über eine Koordinierungsvariable und drei Entscheidungsvariablen mit der Manager-Task verbunden. Eine leichte Änderung seiner Variablen führen aber bei dem Manager zu keiner spürbaren Beeinflussung der Optimierungsrechnung des Gesamtproblems. Der Quasi-Newton Algorithmus ist anscheinend nicht geeignet, dieses Problem zu lösen und es wird vermutet, daß sich sein Verhalten in einem numerischen Problem bei der iterativen Ermittlung der Hesse-Matrix für die geschilderte Konstellation begründet. Eine Partitionierung muß also an das untersuchte Problem und die verfügbaren Lösungsverfahren angepaßt werden.

Ein weiteres Beispiel zur Anwendung des Manger-Worker Konzepts bei der Lösung dekomponierter Aufgabenstellungen findet sich in der Gewichtsminimierung eines Übersetzungsgetriebes, die mit einem Manager und zwei Workern durchgeführt wird. Als Entscheidungsvariablen dienen die Gestaltsparameter des Getriebes [Gol70], die zur Erreichung seines minimalen Gewichtes verändert werden dürfen. Diese beschreiben zum einen Parameter der Getriebezahnräder (x_1, x_2, x_3) und geometrische Größen des Entwurfs, wie den Durchmesser der Wellen (x_6 und x_7) sowie deren Länge (x_4 und x_5). Dabei sollen alle mechanischen Eigenschaften gewahrt bleiben, die für einen fehlerfreien Betrieb notwendig sind. In Abb. 47 wird eine Prinzipskizze des zugehörigen dekomponierten Problem aus [Aza90] wiedergegeben. Da sich das Gesamtgewicht, wie dort dargelegt, aus einer partiell separablen Zielfunktion mit ebenfalls separablen Restriktionsfunktionen bestimmen läßt, kann es dekomponiert in Form zweier Teil- und einem Koordinierungssystem berechnet werden. Die beiden Teilsysteme bestehen jeweils aus einer zweifach gelagerten Welle und einem Ritzel.

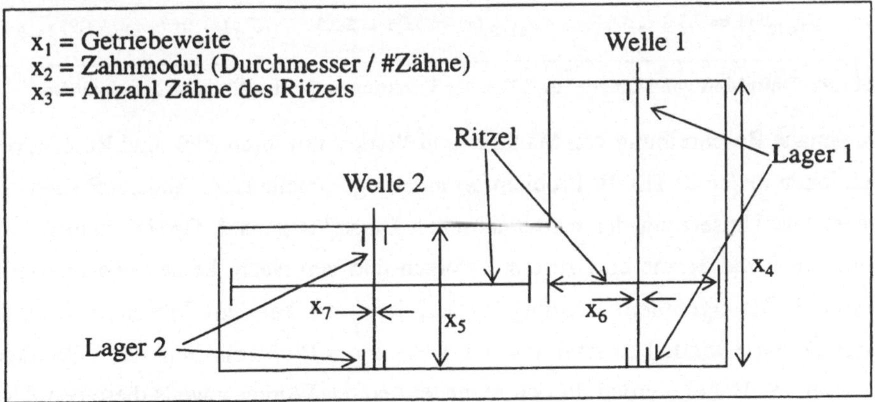

Abb. 47: Schematische Darstellung der Übersetzungsgetriebes aus [Aza90]

Die zur Berechnung mit OpTiX notwendige mathematisch geschlossene Darstellung kann im Detail Abb. 48 entnommen werden und beruht auf [Aza90]. Dort werden alle für die mechanische Modellbildung notwendigen Annahmen mit ihren Herleitungen aus verschiedenen Differentialgleichungen und den getroffenen Vereinfachungen erläutert. Die Formulierung der einzelnen Funktionen des dekomponierten Problems setzt sich aus der Definitionen des Managers und der beiden Worker mit den entsprechenden Zielfunktionen, Nebenbedingungen und Grenzen für die Entscheidungsvariablen zusammen. Der Manager und die Worker-Tasks sind über die Variablen x_1, x_2, und x_3 miteinander gekoppelt.

Manager Task zur Minimierung des Gesamtgewichts

$$Min \quad Manager(x) = -1{,}508 x_1 x_6^2 + 7{,}477 x_6^3 + 0{,}7854 x_4 x_6^2 - 1{,}508 x_1 x_7^2 + 7{,}477 x_7^3 + 0{,}7854 x_5 x_7^2$$

$G_1(x) \Leftrightarrow 27 x_1^{-1} x_2^{-2} x_3^{-1} \le 1$ $\quad G_2(x) \Leftrightarrow 397{,}5 x_1^{-1} x_2^{-2} x_3^{-2} \le 1$ $\quad G_7(x) \Leftrightarrow x_2 x_3 \le 40$

$G_{8,9}(x) \Leftrightarrow 5 \le x_1 / x_2 \le 12$ $\quad G_{10,11}(x) \Leftrightarrow 2{,}6 \le x_1 \le 3{,}6$ $\quad G_{12,13}(x) \Leftrightarrow 0{,}7 \le x_2 \le 0{,}8$

$G_{14,15}(x) \Leftrightarrow 17 \le x_3 \le 28$

Erster Worker zur Optimierung von Teilsystem 1:

$$Min \quad Worker1(x) = -1{,}508 x_1 x_6^2 + 7{,}477 x_6^3 + 0{,}7854 x_4 x_6^2$$

$G_3(x) \Leftrightarrow 1{,}93 x_2^{-1} x_3^{-1} x_4^3 x_6^{-4} \le 1$ $\quad G_5(x) \Leftrightarrow \left(\sqrt{\frac{745 x_4^2}{x_2 x_3} + 16{,}9 \times 10^6} \right) / \left(0{,}1 x_6^3 \right) \le 1100$

$G_{16,17}(x) \Leftrightarrow 7{,}3 \le x_4 \le 8{,}3$ $\quad G_{20,21}(x) \Leftrightarrow 2{,}9 \le x_6 \le 3{,}9$ $\quad G_{24}(x) \Leftrightarrow (1{,}5 x_6 + 1{,}9) x_4^{-1} \le 1$

Zweiter Worker zur Optimierung von Teilsystem 2:

$$Min \quad Worker2(x) = -1{,}508 x_1 x_7^2 + 7{,}477 x_7^3 + 0{,}7854 x_5 x_7^2$$

$G_4(x) \Leftrightarrow 1{,}93 x_2^{-1} x_3^{-1} x_5^3 x_7^{-4} \le 1$ $\quad G_6(x) \Leftrightarrow \left(\sqrt{\left(\frac{745 x_5}{x_2 x_3} \right)^2 + 157{,}5 \times 10^6} \right) / \left(0{,}1 x_7^3 \right) \le 850$

$G_{18,19}(x) \Leftrightarrow 7{,}3 \le x_5 \le 8{,}3$ $\quad G_{22,23}(x) \Leftrightarrow 5{,}0 \le x_7 \le 5{,}5$ $\quad G_{25}(x) \Leftrightarrow (1{,}1 x_7 + 1{,}9) x_5^{-1} \le 1$

Abb. 48: Definition von Manager und Worker-Funktionen für das Übersetzungsgetriebe

Die genaue Beschreibung von Manager und Worker mit ihren Ziel- und Restriktionsfunktionen in der OpTiX-III Problemformulierungssprache ist in Anhang F wiedergegeben. Die Umsetzung der mathematischen Darstellung nach OpTiX kann für alle Funktionen und Terme eins zu eins erfolgen und verursacht keinen nennenswerten Aufwand. Die eigentliche Leistung bestand darin, wie bei dem Zehnstabsystem, das dekomponierte Modell zu ermitteln. Zur Lösung des Problems dient das VOS-Skript aus Abb. 49. Dabei wurden für den Manager und die Worker jeweils dieselben Algorithmen verwendet. Auch bei der Parameterbelegung konnte auf unterschiedliche Einstellungen verzichtet werden. Als Verfahren wurde der SECOP-Algorithmus gewählt, der mit seinen Abbruchbedingungen (EPSACT=1,0E3; EPSCO=0,0001; EPSF=0,001; EPSX=0,0001; EPSKT=1,0E-4; EPSG=0,001; KMAX=100; C01=0,5; C02=0,5; C1=0,7; C2==1,15) in der Lage war, das Optimum zu bestimmen. Während der Konfiguration der Algorithmen sind die Beschreibungen der einzelnen Abbruchkriterien sowie Hinweise zu den Algorithmen Online verfügbar, so daß die Bedeutung der Parameter jederzeit nachgelesen werden kann.

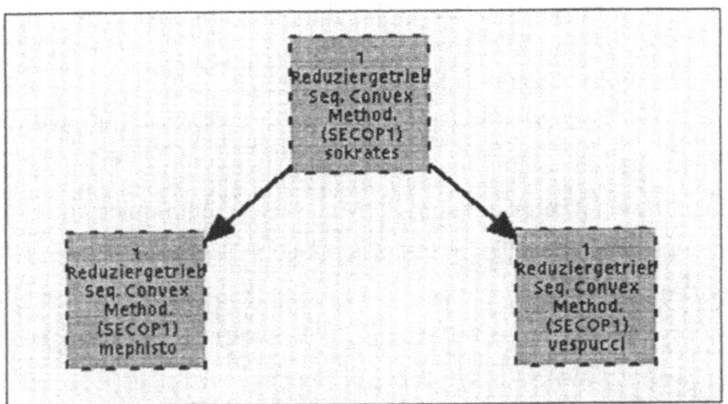

Abb. 49: VOS zur Lösung der Manager und Worker-Tasks für das Übersetzungsgetriebe

Das in der Literatur publizierte Optimum liegt an der Stelle $x^* = (3{,}5;\ 0{,}7;\ 17;\ 7{,}3;\ 7{,}71;\ 3{,}35;\ 5{,}29)$. Mit dem beschriebenen VOS aus Abb. 49 wurde in 2,5117 Sekunden eine Lösung von $x^*_{dekom} = (3{,}6;\ 0{,}7;\ 17;\ 7{,}3;\ 7{,}7145;\ 3{,}3465;\ 5{,}2859)$ ermittelt. Eine ebenfalls durchgeführte Optimierungsrechnung mit dem nicht dekomponierten Ausgangsproblem führte nach 4,83144 Sekunden Rechenzeit zu dem Optimum $x^*_{ausg} = (3{,}241298;\ 0{,}7;\ 17;\ 7{,}3;\ 7{,}715355;\ 3{,}350215;\ 5{,}286654)$. Damit bestätigt diese Version die dekomponierte Lösung und die Korrektheit des OpTiX-III Compilers, mit dem das Programm zur Problemberechnung erstellt wurde. Somit zeigt sich auch hier der Vorteil, den die Dekompositionstechnik bei der Bewältigung von Optimierungsproblemen der Mechanik bietet.

5.3.4 Weitere Einsatzmöglichkeit visueller Optimierungsschemata und von Blackboards

Die OpTiX-Workbench bietet sich nicht nur aufgrund ihrer einfachen Handhabung bei der Lösung paralleler und dekomponierter Optimierungsprobleme in einem weiten Einsatzspektrum an. Sie ermöglicht auch mit der Formulierung visueller Optimierungsschemata in sehr einfacher Weise, Meta-Algorithmen zu entwickeln und zu konfigurieren. Mit der Kopplung von Algorithmen über Blackboards können sich die Verfahren gegenseitig unterstützen, da sie über den Austausch von Entscheidungsvariablen und Zielfunktionswerten die Berechnungsergebnisse der anderen Verfahren nutzen können. Ein solchermaßen kooperierender Algorithmen-Mix verhält sich wie ein hybrider Meta-Algorithmus [Bode94], der auch komplexe Probleme lösen kann, bei denen ein Algorithmus allein für die Bestimmung des Optimums erheblich länger rechnen muß oder sogar ganz versagt.

Die Definition von Meta-Algorithmen läßt sich mit visuellen Optimierungsschemata sehr einfach für beliebige Probleme erstellen und anpassen. Dazu können Blackboards nicht nur als Synchronisationselement verwendet werden, sondern auch als Kommunikationsmittel zwischen parallel laufenden Tasks. Damit wird es möglich, unterschiedliche Algorithmen parallel zur Lösung einzusetzen und durch den Austausch von Zwischenergebnissen (über ein Blackboard) den Lösungsprozeß der übrigen Tasks zu verbessern. Die folgenden drei Beispielskripte aus Abb. 50 sollen diese Möglichkeiten anhand des 20-dimensionalen Rosenbrock Problems darstellen und den Einfluß auf die Lösung (sowohl quantitativ als auch qualitativ) belegen. Das erste Skript (von links) realisiert als Referenz die separate Bearbeitung des Problems durch zwei Algorithmen. Dabei erreicht der Algorithmus „Steepest Descent" nach 24,58s (100 Makroiterationen) einen Wert von 0,001031, wohingegen der Algorithmus „Constrained Polytope" die gewünschte Genauigkeit von 0,0001 mit 9E-5 erreicht und dafür lediglich 9,7652s benötigt.
Im zweiten Schema sind die beiden Algorithmen durch ein nicht-blockierendes Blackboard miteinander gekoppelt; d.h. beide Tasks tauschen bei jeder ihrer Iterationen die jeweils beste Lösung aus, wobei die schneller ablaufende Task öfter Lösungen auf das Blackboard eintragen kann. Für diesen Fall erreicht der „Steepest Descent" bereits nach 11,62s (34 Iterationen) einen Wert von 7,4693E-5; hierbei profitiert der — separat betrachtet — langsamere Algorithmus von den Lösungen, die der andere Algorithmus ihm über das Blackboard zur Verfügung stellt. Der Algorithmus „Constrained Polytope" erreicht ein qualitativ mit dem separat berechneten Ergebnis zu vergleichendes (von 5E-5) nach 53 Iterationen und benötigt dafür insgesamt 10,75s.

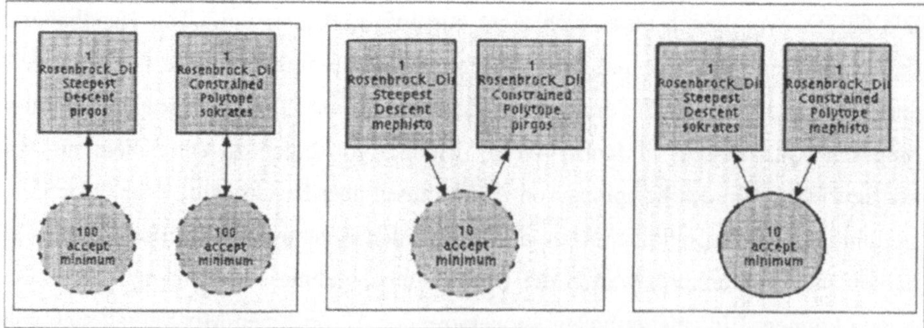

Abb. 50: Beispielskripte zur Bedeutung von Blackboards in der Kommunikation

Eine letzte Variante betrachtet die Kopplung zweier Algorithmen über ein blockierendes Blackboard; dabei wird der schnellere Algorithmus mit dem langsameren synchronisiert, um in jeder Iteration das beste der beiden Ergebnisse auf dem Blackboard verfügbar zu machen. Hierbei zeigt sich, daß sich beide Algorithmen nach 65 Iterationen bis auf 10E-3 an das Optimum angenähert haben und es also nach praktischen Gesichtspunkten gelöst haben. Dann bewegen sie sich aber nur noch in sehr kleinen Schritten von 10E-6 pro Iteration weiter in Richtung auf das Optimum bei 0,0. Ein Ergebnis von 5E-5 wird von beiden Algorithmen nach 221s erreicht. In dieser Version werden also beide Algorithmen durch das blockierende Blackboard „eingebremst", da der jeweils langsamere nicht von dem schnelleren profitieren kann. Somit werden auch die besseren Ergebnisse der zweiten Variante nicht erreicht.
Eine andere Möglichkeit bietet die Initialisierung eines Algorithmus mit den Berechnungsergebnissen einer vorherigen Optimierung. Bei diesem Lösungskonzept wird mit der Kommunikation über zwei Blackboards, wie in Abb. 51 dargestellt, die Ausführungsreihenfolge sequentialisiert. Dort dienen zwei Tasks mit unterschiedlichen Algorithmen, die über zwei Blackboards sequentialisiert sind, der Lösung des 100-dimensionalen Rosenbrock Problems; für die Problembeschreibung sei auf Abb. 37 für das Problem mit n=50 verwiesen. Der Steepest Descent Algorithmus aus der Gruppe der einfachen Gradientenverfahren wurde mit den Parameterwerten (Iterationsanzahl: it = 1500, Abbruchgenauigkeit: eps = 0,0001) belegt, für das Quasi-Newton Verfahren wurde (it = 100 und eps = 0,0001) gewählt. Bei dieser Konfiguration gelingt es den beiden Algorithmen zusammen, in 52,32s das Optimum (Zielfunktionswert 10E-14) zu finden. Dabei entfallen auf Steepest Descent 4,017s und auf Quasi-Newton 48,309s CPU-Zeit für die jeweiligen Berechnungen. Wenn beide Algorithmen zwar parallel aber ohne gegenseitigen Austausch über das Blackboard an der Lösung des Problems arbeiten, scheitern sie an der Bestimmung des Optimums. Das Quasi-Newton Verfahren bricht nach 93,01s mit 78,3157 als gefundenem Zielfunktionswert ab und Steepest Descent endet mit einem Wert von 95,249 nach 4,33s. Nur gemeinsam sind die Algorithmen in der Lage, das Problem effizient zu lösen. Dieser Effekt ist damit zu erklären, daß der Steepest Descent-Algorithmus aus der initialen

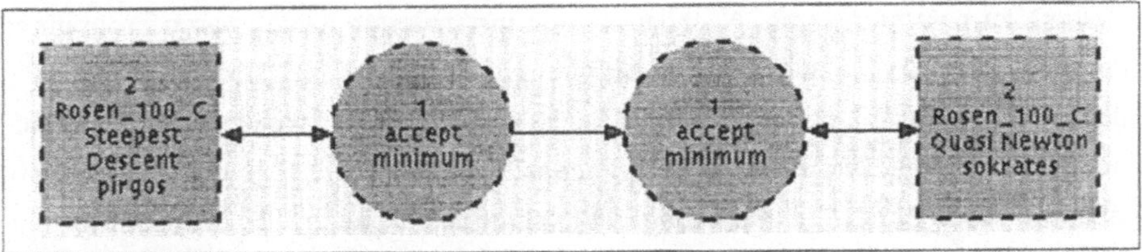

Abb. 51: VOS mit Blackboard zur Initalisierung/Sequentialisierung von Tasks

Belegung eine Lösung berechnet, die als Startpunkt für das nachgeschaltete Quasi Newton-Verfahren erheblich günstiger ist, als die initiale Lösung. Da die Rechenzeit für die erste Iteration des Steepest Descent sehr viel kürzer ist als die des Quasi Newton, ist es sinnvoll, auf diese Art und Weise die Initialisierung eines Algorithmus durch einen anderen durchzuführen. Die erhebliche Effizienzsteigerung des Quasi Newton (ohne Initialisierung 935,373s mit 52,32s) durch diesen Ansatz rechtfertigt die Verwendung dieses speziellen hybriden Ansatzes zur Lösung rechenzeitintensiver Problemstellungen.

Erhöht man die Kommunikation zwischen beiden Verfahren, indem die Iterationszahl bei den einzelnen Verfahren auf maximal 150 durchzuführende Iterationen gesenkt wird, verbessern sich die Rechenzeiten aber nicht mehr. Für einen optimalen Zielfunktionswert von 0,8E-12 benötigt dann allein das Quasi-Newton Verfahren 189,53s. Vergleicht man diese Ergebnisse mit den Werten der dekomponierten Lösung (s. Tab. 17) zeigt sich, daß nicht nur die Dekomposition genutzt werden kann. Wird zusätzlich der Aufwand zur Bildung der dekomponierten Fassung des Optimierungsproblems mitsamt den dabei auftretenden Fehlermöglichkeiten berücksichtigt, erscheint die Verwendung des Meta-Algorithmus unter Verwendung eines Blackboards auch vorteilhaft.

Ein vollkommen anderes Einsatzgebiet für visuelle Optimierungsschemata findet sich bei dem Vergleich von Algorithmen, wie er in Abb. 52 gezeigt wird. Mit wenigen Operationen besteht die Möglichkeit, ein einmal eingegebenes Problem zu vervielfältigen und mit mehreren Algorithmen berechnen zu lassen. Die Lösungsergebnisse können dann graphisch verglichen werden, um so ein Erfahrungswissen über die Güte des jeweiligen Verfahrens bei einer bestimmten Problemklasse zu erlernen. Dazu wird eine erste Task definiert, indem mit einem OpTiX-Editor das Problem eingegeben wird. Diese OpTiX-III Problembeschreibung wird geparst und in ein numerisches Optimierungsprogramm übersetzt. Je nach Anzahl der gewünschten Vergleiche werden dann alle weiteren Aufgabenstellungen von der Ursprungstask geklont, was über das Task-Menü zu geschehen hat. Anschließend ist für jede Aufgabenstellung ein Algorithmus zu bestimmen und wenn gewünscht, auch abweichend von der Voreinstellung zu parametrisieren. Nachdem so die instanzierten ausführbaren Programme definiert sind, genügt eine einfache Aktivierung der Workbench über die Betätigung des „RUN"-Knopfes, um die Ablaufphase zu starten. Die Workbench verteilt daraufhin die Probleme automatisch und gleichmäßig auf das verfügbare Cluster. Dem Benutzer wird durch die Änderung des Rahmens bei jedem Task-Icon mitgeteilt, wann eine Task ihre Aufgabenstellung beginnt und beendet hat. Die Ergebnisse kön-

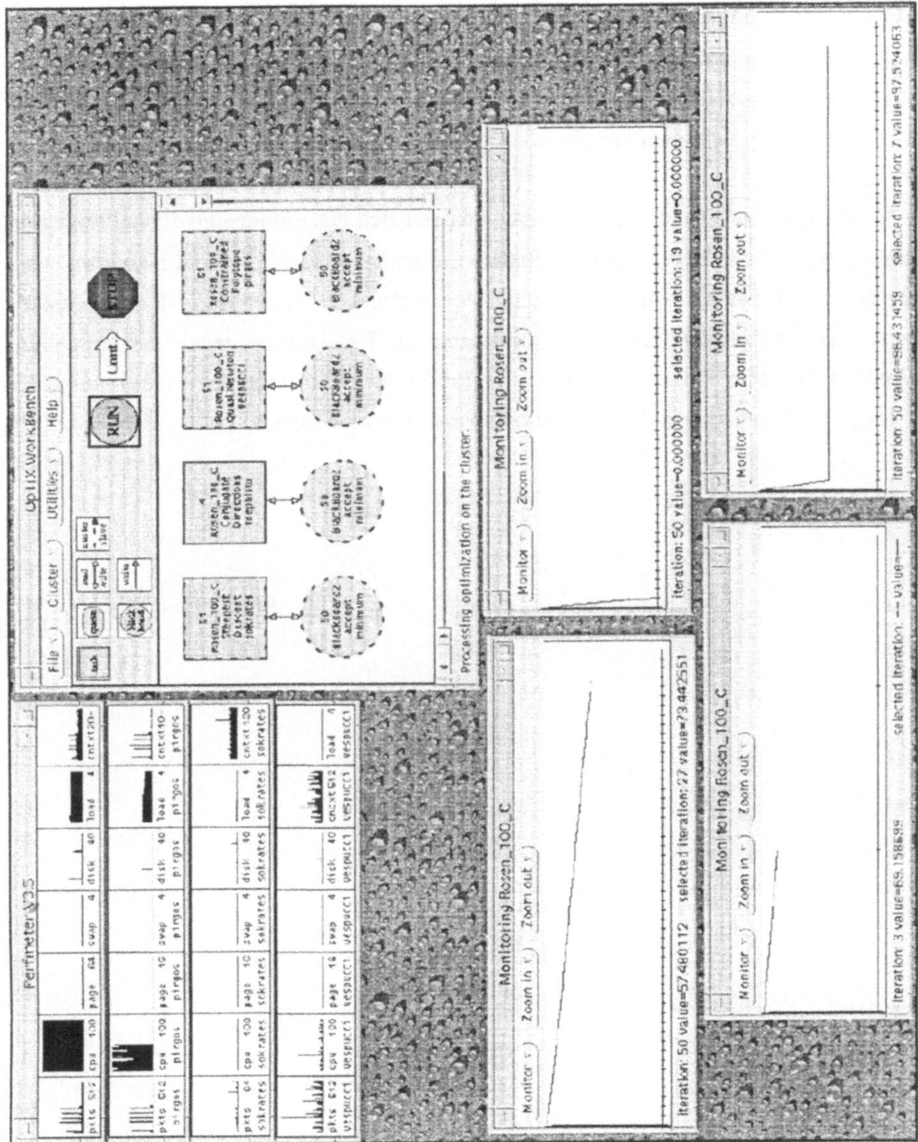

Abb. 52: VOS mit vier parallelen Tasks zum Vergleich der eingesetzten Algorithmen

nen im einzelnen dann über die Task-Menüs ansehen werden. Bei aktiviertem Monitoring erscheint auf dem graphischen Fenster (s. Abb. 52 unten) der Verlauf der Optimierungsdaten zu jedem gewählten Algorithmus.

Der unmittelbare Vorteil in der Handhabung von Optimierungsproblemen, der Auswahl und Parametrisierung von Algorithmen und der Nutzung paralleler Rechenkapazitäten wird deutlich, wenn man die verfügbaren Alternativen betrachtet. Mit Ausnahme der Vorläuferversionen von OpTiX bedeutet das, die Bearbeitung des Optimierungsproblems zu programmieren, einen Algorithmus zu bestimmen, einzubinden und die Aufgaben auf die Rechner des verfügbaren Netzwerks eigenhändig zu verteilen.

Mit den visuellen Optimierungsschemata lassen sich viele unterschiedliche Strategien entwickeln, die auch komplexe Probleme mit vorhandenen Verfahren lösbar machen. Insbesondere das Klonen und Kopieren vorhandener Tasks reduziert den Arbeitsaufwand des Optimierers erheblich. Somit steht die Bearbeitung gegebener Aufgabenstellung bei dem Anwender im Vordergrund und nicht mehr das Management der parallelen Prozesse und der Rechner des verwendeten Clusters.

Kapitel 6

Zusammenfassung und Ausblick

Die Entwicklung von Verfahren und integrierten Werkzeugen zur Kombination von Modellierung, Simulation und Optimierung führt zu einem steigenden Einsatz multidisziplinärer Optimierungssysteme. Diese weisen jedoch einen enorm hohen Bedarf an Rechenleistung auf, der bei vertretbaren Kosten nur durch die Nutzung von Clustersystemen gedeckt werden kann. Aus der Analyse der Phasen der multidisziplinären Optimierung ergeben sich drei zentrale Anforderungen, die als Schwerpunkte die vorliegende Arbeit bestimmen:

- Die verwendeten Analysewerkzeuge und Optimierungsalgorithmen stellen einen sehr hohen Bedarf an die verfügbare Rechenleistung, der — ohne den Einsatz teurer Parallelrechner und angepaßter Software — nur über verteilte Lösungsstrategien zu erreichen ist. Dabei können die vorhandenen Verfahren selbst nicht ohne weiteres parallelisiert werden. Die Nutzung existierender sequentieller Softwarebausteine, die in vielen Anwendungen zu hoher Qualität gereift sind, ist eine wesentliche Voraussetzung. Sie können geeignet gekapselt als einzelne Prozesse, im Sinne grobgranularer Parallelisierung, bei der verteilten Lösung von Aufgabenstellungen eingesetzt werden.
- Die unterschiedlichen Werkzeuge sind nicht aufeinander abgestimmt und besitzen kein einheitliches Paradigma, das ihre gemeinsame Nutzung gestattet. Es existieren keine genormten Schnittstellen und Protokolle, die Optimierungsprobleme mit Analysetools und Verfahren verbinden; dies wird ausschließlich über proprietäre Lösungen erreicht. Ein offenes und erweiterbares Konzept gestattet aber ihre Integration.
- Der Umgang mit parallelen Systemen stellt einen sehr hohen Anspruch an die Benutzerschnittstelle, da der menschliche Anwender zwar geschult ist, mit sequentiellen Abläufen zu arbeiten, ihn asynchrone, parallele Ereignisse jedoch vor ungewohnte Schwierigkeiten stellen. Die Aufnahme bildhafter Information, die der

Mensch in weit größerem Umfang parallel verarbeiten kann, stellt sich hierbei als gangbare Alternative zu rein textuellen Beschreibungen und Steuerungen paralleler Abläufe dar.

Das Anliegen der Arbeit, eine einheitliche Architektur für ein Softwaresystem zu konzipieren, in dem diesen Anforderungen Rechnung getragen werden kann, bedingt die Auseinandersetzung mit sehr heterogenen Wissenschaftsbereichen. Demzufolge wurden im Kapitel 2 in die methodischen Grundlagen für die Entwicklung komplexer Systeme durch Objektorientierung und visueller Sprachen eingeführt. Daran schloß sich im 3. Kapitel die Darstellung der fachlichen Grundlagen einmal der Optimierung und zum anderen der Parallelverarbeitung auf Workstation-Clustern an. Unter Beachtung der dabei gewonnen Erkenntnisse entstand im 4. Kapitel ein Klassenkonzept zur verteilten Optimierung mit den visuellen Optimierungsschemata als visueller Sprache. Mit der OpTiX-Workbench wurde so ein graphisches System konzipiert und als Prototyp implementiert, das die interaktive Formulierung und Lösung multidisziplinärer Optimierungsprobleme in einem heterogenen Netzwerk ermöglicht. Dabei erwies sich das objektorientierte Paradigma als das tragende Element, die heterogenen und gewachsenen Softwaresysteme in die wiederverwendbare Klassenbibliothek zu integrieren. Die Workbench ist nach gegenwärtigem Kenntnisstand der erste klassenbasierte Ansatz, multidisziplinäre Optimierungsprobleme als grobgranulare, verteilte Prozesse zu bearbeiten.

Die Architektur der OpTiX-Workbench basiert auf dem neuentwickelten Klassenkonzept zur verteilten multidisziplinären Optimierung mit einem virtuellen Parallelrechner als Basis. Die Vorgehensweise nach OMT erlaubte, eine offene Klassenstruktur für Algorithmen und Probleme festzulegen, mit der Problemformulierer und -löser aus verschiedenen existierenden Systemen konsistent eingebunden werden können. Damit ist es möglich, den Prototypen mit geringem Aufwand um Algorithmen und neue Problemklassen zu erweitern. Die Definition der Klassen und ihrer Methoden dient als Protokoll, mit dem das gesamte Leistungsspektrum vorhandener Algorithmenbibliotheken und Analysewerkzeuge für die parallele Lösung von Problemen zur Verfügung steht. Auch sequentiell ablaufende Verfahren und Software-Bausteine, die in klassischen Programmiersprachen implementiert sind, können mit geringen Anpassungen in die Workbench integriert werden.

Die Spezifikation visueller Optimierungsschemata mit Hilfe einer zweidimensionalen symbolischen Sprache und dem graphischen Editor der Workbench gestattet es, vielfältige Beschreibungen verteilter Strategien zu entwickeln. Sie sind der Kernpunkt der Definition von Meta-Algorithmen zur Optimierung, einer einfachen und effizienten Handhabung verteilter Ressourcen und der interaktiven benutzerfreundlichen Steuerung der Optimierungsprozesse. So lassen sich Parallelität und Sequentialität einfach formulieren und kontrollieren. Darüberhinaus können alle VOS als Postscript-Dateien gespeichert und unmittelbar zur Dokumentation herangezogen werden. Das Verhalten der gewählten Strategie während der Laufzeit ist durch die visuelle Rückkopplung unmittelbar verständlich.

Der im 5. Kapitel vorgestellte Prototyp der OpTiX Workbench dokumentiert, daß der klassenbasierte Ansatz multidisziplinärer Optimierung auch für die praktische Arbeit genutzt werden kann. Die graphische Oberfläche läßt sich einfach bedienen und stellt dem Anwender die Rechenressourcen des Clusters über eine einheitliche Schnittstelle zur Verfügung. Wie die durchgeführten Anwendungsbeispiele zeigen, kann der erstellte Prototyp sowohl unter Verwendung der OpTiX-III Problemformulierung als auch gekoppelt mit SAPOP/Ansys eingesetzt werden. Dabei ließen sich im einzelnen die folgende Ergebnisse ermitteln:

1. Der entwickelte objektorientierte Ansatz multidisziplinärer Optimierung, unter Verwendung der graphisch interaktiven Ablaufsteuerung der Optimierungsrechnung durch visuelle Optimierungsschemata, besitzt dieselbe numerische Effizienz bei der Lösung der berechneten Optimierungsaufgaben wie der prozedurale Ansatz des Vorgängersystems. Darüberhinaus verfügt der Prototyp über ein Klassensystem für die nachrichtenbasierte Kommunikation auf Basis von PVM mit einem gekapselten Zugriff auf den Cluster und weist ein offenes objektorientiertes Protokoll zur Integration von Optimierungsalgorithmen und Problemformulierern auf.

2. Die OpTiX-III Problemsprache kann zur Formulierung von geschlossen darstellbaren Problemstellungen der Strukturoptimierung genutzt werden. Die Korrektheit und Effizienz des generierten C++-Problemcodes bei der Berechnung des bearbeiteten Strukturmodells wurde gezeigt.

3. Eine objektorientierte Schnittstelle zum SAPOP-System für die Strukturoptimierung ist implementiert worden. Unter Einsatz der Workbench ist es nun möglich, Strukturoptimierungsprobleme mit den in SAPOP eingebundenen Analysewerkzeugen zu berechnen, was an der Verwendung des Finite-Element Systems Ansys gezeigt wurde. Ebenso können durch diese Integration Optimierungsalgorithmen aus SAPOP für die Lösung von Optimierungsproblemen, die mit OpTiX-III formuliert sind, verwendet werden.

4. Manager- und Worker-Tasks sind mit den VOS einfach zu formulieren und können zur Berechnung dekomponierter Probleme benutzt werden. Die damit erzielte Reduzierung der Komplexität (Dimension) von Optimierungsaufgaben führen in den berechneten Beispielen zu erheblichen Geschwindigkeitssteigerungen gegenüber dem jeweils nicht dekomponierten Ausgangsproblem.

5. Unter Verwendung der visuellen Optimierungsschemata lassen sich hybride Algorithmen entwickeln, bei denen sich die Verfahren gegenseitig während des Lösungsprozesses unterstützen und gemeinsam schneller das gesuchte Optimum bestimmen können.

6. Mit Hilfe der Workbench kann sehr leicht das numerische Verhalten von Optimierungsalgorithmen untersucht werden. Denn zum einen bietet sie eine umfangreiche Unterstützung bei der Bearbeitung von Optimierungsaufgaben mitsamt einer einfachen Ablaufsteuerung der zugehörigen parallelen Prozesse, zum anderen wird der Verlauf der Lösungsfindung in den Monitoring-Fenstern sofort visualisiert. So lassen sich insbesondere auch mehrere Algorithmen gleichzeitig beobachten und direkt vergleichen.

Einige Aspekte der vorgestellten Arbeit sollten in einer fortgesetzten Auseinandersetzung mit dem klassenbasierten Ansatz verteilter Optimierung und visueller Schemata weiter untersucht werden. Der erste Teil der Prototypimplementierung ist abgeschlossen und zeigt ein stabiles Verhalten. Derzeit enthält die Workbench noch keine vollständig Einbindung aller Strukturanalyseprogramme, die in SAPOP zur Verfügung stehen. Die Einbindung der anderen aufgezeigten Verfahren kann jederzeit vorgenommen werden. Die Realisierung von allgemeinen Problemeditoren für eine direkte Anbindung einzelner Programmiersprachen, die die Problembeschreibungen in Fortran, C oder C++ erlauben, ist in Anlehnung an den OpTiX-Editor möglich. Das Grundgerüst für einen daran angepaßten Editor ist vorhanden, und im wesentlichen müssen die Methoden *Parse*, *Generate*, und *Build* angepaßt werden. Auch ein symbolischer Ableiter für C/C++ Funktionsausdrücke kann anhand des OpTiX-Ableiters adaptiert werden. Das bei der Formulierung des dekomponierten Zehnstab-Systems aufgetretene Problem fehlender lokaler Funktionen kann durch eine Erweiterung der OpTiX-III Sprache behoben werden und sollte Ziel in einer nächsten Version sein. Außerdem könnte der OpTiX-Compiler durch einen Interpreter ergänzt werden, der für einfache Aufgabenstellungen mit geringen Rechenzeitanforderungen wahlweise vom Anwender benutzt werden kann. Denn im Einsatz mit heterogenen Rechnern entsteht durch den Compilationsvorgang ein beachtlicher zusätzlicher Aufwand.

Auf konzeptioneller Ebene sind Erweiterungen insbesondere zu den visuellen Optimierungsschemata zu überlegen. Blackboards können um ein „Gedächtnis“ und Strategien erweitert werden, die die Art der Aufgabenstellung (*OxDescription*) mit berücksichtigen und das Wissen über die Vergangenheit des Optimierungsprozesses nutzen. Hierzu müßte eine benutzerseitige Definition von Strategien und Gütefunktionen integriert werden. Ebenso fehlt eine Implementation für ein umfassendes Hilfesystem; dies kann über die Hilfe-Skripten der WxWindows-Bibliothek erfolgen. Bei der Algorithmenauswahl, die mit der Methode *OxCanSolve* die Eignungsprüfung von Algorithmen zu einem Problem durchführt, werden Elemente der Klasse *OxProperty* benutzt. Hier ist eine Verfeinerung der Klasse und der Auswahlstrategie sowie eine Einbindung der Kriterien in die Algorithmenkonfigurationsdatei wünschenswert.

Insgesamt erweist sich die OpTiX-Workbench als leicht bedienbar, und die Bearbeitung visueller Optimierungsschemata ist rasch erlernbar. Das Feedback auf graphische Operationen und in der Ablaufsteuerung der Optimierungsprozesse erweist sich als unerläßliche Hilfe im Einsatz eines Workstation-Clusters für die verteilte multidisziplinäre Optimierung.

Literaturverzeichnis

Literatur Kapitel 1:

[Bode94] Boden, H.: *Einsatz der Parallelverarbeitung zur Lösung von Problemen der Nichtlinearen Optimierung*. Dissertation, Universität-GH Siegen, Juni 1994.

[Bode95] Boden, H.; Grauer, M. OpTiX-II: A software environment for the parallel solution of nonlinear optimization problems. In: *Annals of Operations Research*, 58: S. 129–140, 1995.

[Booc91] Booch, G. (Ed.). *Object-Oriented Design With Applications*. Benjamin Cummings, Menlo Park, CA, 1991.

[BGL94] Burnett, M. M.; Goldberg, A.; Lewis, T. G. (Eds.): *Visual Object-Oriented Programming*. Prentice Hall and Manning, Greenwich, CT, 1994.

[Cap93] Cap, C. H.: Architekturelle Entscheidungen zur Unterstützung parallelen Rechnens in Workstation Clustern und deren Realisierung in existenten Produkten. In: *Proceedings of the Second Workshop on Workstations*, Hagen, 1993. VDE-Verlag.

[Cram94] Cramer, E. J; Dennis, J. E.; Frank, P. D.; Lewis, R. M.; Shubin, G. R.: Problem formulation for multidisciplinary optimization. In: *SIAM Journal on Optimization*, 4(4):754–776, 1994.

[Esch93] Eschenauer, H. A.; Geilen, J.; Wahl, H. J.: SAPOP – An Optimization Procedure for Multicriteria Structural Design. In: Hörnlein, H. R. E. M.; Schittkowski, K. (Eds.): *Software Systems for Structural Optimization*, S. 207–227. Birkhäuser Verlag, 1993.

[Göpf86] Göpfert, A.; Bittner, L.; Elster, K.-H.; Nozicka, F.; Piehler, J.; Tichatschke, R: *Lexikon der Optimierung*. Akademie-Verlag, Berlin, 1986.

[Grau89] Grauer, M.: About the development of integrated software-systems for mathematical programming. In: Streitfeldt, L.; Hauptmann, H.; Marusev, A. W.; Ohse, D.; Pape, U. (Eds.): *Operations Research Proceedings 1989*, S. 489 – 496, Springer Verlag, Berlin, 1989.

[Hörn93] Hörnlein, H. R. E. M.; Schittkowski, K. (Eds.): *Software Systems for Structural Optimization*, Ausg. 110 von *Internation*

[Krus88] Kruskal, C. P.; Smith, C. H.: On the notation of granularity. *The Journal of Supercomputing*, 1, 1988.

[McIn92] McIntyre, D.W.: *A Visual Method for Generating Iconic Programming Environments*. Dissertation, Rensselaer Polytechnic Institute, Troy, N.Y., 1992.

[Mill84] Mills, G.: *Optimisation in Economic Analysis*. George Allen & Unwin, London, 1984.

[MPI94] MPI: A message-passing interface standard. Technischer Bericht CS-94-230, Computer Science Department, University of Tennessee, Knoxville, TN, Mai 1994.

[Mül70] Müller-Mehrbach, H.: *Optimale Reihenfolgen*. Springer Verlag, Berlin 1970.

[Rumb91] Rumbaugh, J.; Blaha, M.; Premerlani, W.; Eddy, F.; Lorensen, W.: *Object-Oriented Modeling and Design*. Prentice Hall, New Jersey, 1991.

[SOF92] Situation und Perspektiven des Einsatzes der parallelen Datenverarbeitung. Landesinitiative SOFTECH NRW; Ministerium für Wirtschaft, Mittelstand Technologie des Landes Nordrhein-Westfalen, D-4000 Düsseldorf, Haroldstr. 4, September

Literatur Kapitel 2:

[ACM81] Special issue: The psychology of human-computer interaction, 1981.

[Appl87] Apple. *Human Interface Guidelines, The Apple Desktop Interface*. Apple Comput. Inc., Cupertino, CA, USA, 1987.

[Bail89] Bailin, S. C.: An Object-Oriented Requirements Specification Method. In: *Communications of the ACM*, 32(5):608–623, Mai 1989.

[Balz82] Balzert, H.: *Die Entwicklung von Software-Systemen (Prinzipien, Methoden, Sprachen, Werkzeuge)*. BI Wissenschaftsverlag, Mannheim, Wien, Zürich, 1982.

[Bart86] Barth, P. S.: An object-oriented approach to graphical interfaces. In: *ACM Transactions on Graphics*, 5(2):142–172, April 1986.

[Bati85] Batini, C.; Furlani, L.; Nardelli, E.: What is a good diagram? A pragmatic approach. *CH IEEE*, S. 312–319, 1985.

[Bera93] Berard, E. V.: *Essays On Object-Oriented Software Engineering*, Ausg. 1. Prentice Hall, 1993.

[Birt73] Birtwistle, G.; Dahl, O.-J.; Myrhaug, B.; Nygard, K.: *Simula Begin*. Studentenliteratur, Schweden, 1973.

[Booc91] Booch, G. (Ed.).: *Object-Oriented Design With Applications*. Benjamin Cummings, Menlo Park, CA, 1991.

[Booc94] Booch, G., (Ed.). *Object-Oriented Analysis And Design With Applications*. Benjamin Cummings, Menlo Park, CA, 2. Ausg., 1994.

[Broo75] Brooks, F. P. Jr.: *The Mythical Man-Month (Essays on Software Engineering)*. Addison-Wesley, Reading, MA, 1975.

[Brüg94] Brüggemann F. J.: About visual programming and distributed problem solving. In: Eschenauer, H. A.; Grauer, M.; Reinhardt, H.-J. (Eds.): *FOMAAS 1992 – 1994: Fortschrittsbericht Status Report*, Bericht Nr. TIM01–03.04, S. 106 –125. FOMAAS, Universität – GH Siegen, 1994.

[Card85] Cardelli, L.; Wegner, P.: Understanding Types, Data Abstraction, and Polymorphism. In: *ACM Computing Surveys*, 17(4):471–523, Dezember 1985.

[Chan89] Chang, S.-K.; Tauber, M. J.; Yu, B.; Yu, J.-S.: A visual language compiler. In: *IEEE Transaction on Software Engineering*, 15(5):506–525, Mai 1989.

[Chan90] Chang, S.-K.; (Eds.): *Principles of Visual Programming Systems*. Prentice Hall, New York, 1990.

[Cher90] Cherry, G.: *Software-Construction by Object-Oriented Pictures*. Dorset House, New York, 1990.

[Coad91a] Coad, P.; Yourdon, E.: *Object-Oriented Analysis*. Computing Series. Yourdon Press, Englewood Cliffs, NJ, 2. Ausg., 1991.

[Coad91b] Coad, P.; Yourdon, E.: *Object-Oriented Design*. Computing Series. Yourdon Press, Englewood Cliffs, NJ, 1991.

[Colb89] Colbert, E.: The object-oriented software development method: A practical approach to object-oriented development. In: *Tri-Ada Proc.*, New York, 1989.

[Cole94] Coleman, D.; et al. *Object-Oriented Development - The Fusion Method*. Prentice Hall Object-Oriented Series, Englewood Cliffs, NJ, 1994.

[Cong94] Conger, S. A. (Eds.): *The New Software Engineering*. Wadsworth Publishing Company, Belmont, California, 1994.

[Cost90] Costagliola, G.; Chang, S.-K.: DR parsers: A generalization of LR parsers. In: *Proceedings of the 1990 IEEE Workshop on Visual Languages*, S. 174–180. IEEE Computer Soc., 1990.

[Cox91] Cox, B. J.: *Object Oriented Programming – An Evolutionary Approach*. Addison-Wesley, Reading, Mass., 1991.

[deCh92] de Champeaux, D.; Faure, P.: A comparative study of object-oriented analysis methods. In: *Journal of Object-Oriented Programming*, S. 21–33, März 1992.

[deCh93] de Champeaux, D.; Lea, D.; Faure, P: *Object-Oriented System Development*. Addison-Wesley, Reading, Mass., 1993.

[DeMa79] DeMarco, T.: *Structured Analysis and System Specification*. Prentice Hall, 1979. Auch in: Yourdon, Inc., New York, 1978.

[Doda89] Dodani, M. H.; Hughes, C. H.; Moshell J. .M: Separation of powers. In: *Byte*, S. 255–262, März 1989.

[Dong93] Dongarra, J.; Pozo, P.; Walker D. W.: Lapack++: A design overview of object-oriented extensions for high performance linear algebra. Technischer Bericht, Oak Ridge National Laboratory und Univ. of Tennessee, 1993.

[Drak93] Drakos, N.: Constructing object-oriented software in interactive graphical programming environments: An anthology. Technischer Bericht http://cbl.leeds.ac.uk/nikos/tex2html/examples/concepts/concepts.html, Computer Based Learning Unit, Univ. of Leeds, UK, März 1993.

[Edge92] Edge, R.M: *Programming in an Object-Oriented Environment*. Academic Press, 1992.

[Elli90] Ellis, M. A.; Stroustrup, B.: *Annotated C++ Reference Manual*. Addison-Wesley, 1990.

[Embl92] Embley, D.W.; Kurtz, D.; Woodfield, N. W.: *Object-Oriented System Analysis – A Model Driven Approach*. Computing Series. Yourdon Press/ Prentice Hall, Englewood Cliffs, NJ, 1992.

[Fers90] Ferstel, O. K.; Sinz, E. J.: Objektmodellierung betrieblicher Informationssysteme im Semantischen Objektmodell (SOM). In: *Wirtschaftsinformatik*, 32(6):566–581, Juni 1990.

[Fich92] Fichman, C. H.; Kemerer, R, G.: Object-Oriented and Conventional Analysis and Design Methodologies — Comparison and Critique. In: *IEEE Computer*, S. 22–39, Oktober 1992.

[Foun93] Open Software Foundation. *OSF/Motif Style Guide: Revision 1.2*. Prentice Hall, Englewood Cliffs, NJ, 1993.

[Fowl93] Fowler, M.: OO methods: A comparative overview. In: *SIGS Publications*, S. 2–13, 1993.

[Gamm93] Gamm, C. v.: Design Aspekte beim Programmieren grafischer Benutzeroberflächen. *SIGS Publications*, S. 2–13, 1993.

[Glin90] Glinert, E. P. (Eds.): *Visual Programming Environments: Applications and Issues*. IEEE Computer Society Press Tutorial, Los Alamitos, CA, 1990.

[Gold83] Goldberg, A. Robson, D.: *Smalltalk-80: The Language and its Implementation*. Addison-Wesley, Reading, MA, 1983.

[Grou89] HOOD Working Group. HOOD Reference Manual, September 1989.

[Guth95] Guthrie, W. Portable GUI FAQ, Mai 1995.

[Halb87] Halbert, D. C.; O'Brien, P. D.: Using types and inheritance in object-oriented languages. In: Cointe, P.; Bézivin, J.; Hullot, J.-M.; Lieberman, M.; (Eds.); *Proceedings ECOOP '87*, LNCS 276, S. 20–31, Paris, Frankreich, Juni 15-17 1987. Springer-Verlag.

[Hare87] Harel, D.: Statecharts: A visual formalism for complex systems. In: *Science of Computer Programming*, 8:231–274, 1987.

[Hath94] Hathaway, B.: Comp.object faq, Oktober 1994.

[Hela88] Helander M.: *Handbook of Human-Computer Interaction*. North-Holland, Amsterdam, 1988.

[Henr93] Henry, S.; Humphrey, M.: Object-Oriented vs. Procedural Programming Languages. In: *Journal of Object-Oriented Programming*, S. 41–49, Juni 1993.

[Hoc91] Hoc, J.-M.; Green, T. R. G.; Samurcay, R.; Gilmore, D. J. (Eds.):. *Psychology of Programming*. Academic Press, London, 1991.

[HS92] Henderson-Sellers, B.: *A book of object-oriented knowledge*. Prentice Hall, Englewood Cliffs, NJ, 1992.

[IBM89] IBM. Systems application architecture/commmon user access advanced interface design guide, 1989.

[IEE88] 1988 IEEE workshop on visual languages. Washington, D.C., 1988.

[Jaco92] Jacobson, I.; Christerson, M.; Jonsson, P.; Overgaard, G.: *Object-Oriented Software Engineering – A Use Case Driven Approach*. Addison-Wesley/ACM Press, Reading, Mass., 1992.

[Joyn92] Joyner, I.: A c++ critique, 1992.

[Juri92] Jurik, J. A.; Schemenaur, R. S.: Experiences in Object Oriented Development. In: *ACM*, 1992.

[Kras88] Krasner, G. E.; Pope, S. T.: A cookbook for using the model-view-controller user interface pradigm in Smalltalk-80. *Journal of Object-Oriented Programming*, S. 26–45, Aug./Sept. 1988.

[Lee94] Lee, L.: *Object-Oriented GUI Application Development*. Prentice Hall Publishing, Englewood Cliffs, NJ, 1994.

[Lewi91] Lewis, J. A.; Henry, S. M.; Kafura, D. G.; Schulman, R. S.: On the relationship between the object-oriented paradigm and software reuse: An empirical investigation. In: *Journal of Object-Oriented Programming*, S. 184–196, November 1991. publiziert als: Proceedings OOPSLA '91, ACM SIGPLAN Notices, Ausg. 26, Nr. 11.

[Lint88] Linton, M. A.; Vlissides, J. M.; Calder, P. R: Applying object-oriented design to structured graphics. Technischer Bericht CSL-TR-88-364, Stanford University, August 1988.

[Lint89] Linton, M. A.; Vlissides, J. M.; Calder, P. R: Composing user interfaces with InterViews. In: *IEEE Transactions on Computers*, 22(2):8–22, 1989.

[Marc90] Marcus, A.: Designing graphical user interfaces. In: *Unix World*, August 1990.

[Mart92] Martin, J.; Odell, J. J.: *Object-Oriented Analysis and Design*. Prentice Hall, Englewood Cliffs, NJ, 1992.

[Meye87] Meyer, B.: Reusability: The case for object-oriented design. In: *IEEE Transaction on Software Engineering*, S. 50–64, März 1987.

[Micr90] Sun Microsystems. *OPEN LOOK graphical user interface application style guidelines / Sun Microsystems, Inc.*. Addison-Wesley, Reading, MA, 1990.

[Micr92] Microsoft Corp. *The Windows Interface. An Application Design Guide*. Microsoft Press, Remond, CA, 1992.

[Mill56] Miller, G. A.: The magical number seven, plus or minus two: Some limits on our capacity for processing information. In: *Psychological Review*, 63(2):81–97, März 1956.

[Mull95] Mullet, K.; Sano, D.: *Designing Visual Interfaces: Communication Oriented Techniques*. SunSoft Press, Sun Microsystems, Inc. Mountain View CA, 1995.

[Myer86] Myers, B.A.: Visual programming, programming by example and program visualization: A taxonomy. In: *Proceedings of ACM CHI'86 Conference on Human Factors in Computing Systems*, S. 59–66, 1986.

[Ners92] Nerson, J.-M.: Applying Object-Oriented Analysis and Design. In: *Communications of the ACM*, 35(9):63–74, September 1992.

[NeXT92] NeXT Computer, Inc. *NeXTSTEP User Interface Guidelines*. Addison-Wesley, Redwood City, CA, 1992.

[Reen92] Reenskaug, T.; Andersen, E. P.; Berre, A. J.; Hurlen, A.; Landmark, A.; Lehne, O. A.; Nordhagen, E.; Nêss-Ulseth, E.; Oftedal, G.; Skaar, A. L.; Stenslet, P.: OORASS: Seamless support for the creation and maintenance of object-oriented systems. In: *Journal of Object-Oriented Programming*, 5, Okt. 1982.

[Rubi92] Rubin, K. S.; Goldberg, A.: Object-Behavior Analysis. In: *Communications of the ACM*, 35(9):48–62, Sept. 1992.

[Rumb91] Rumbaugh, J.; Blaha, M.; Premerlani, W.; Eddy, F.; Lorensen, W.: *Object-Oriented Modeling and Design*. Prentice Hall, New Jersey, 1991.

[Saun89] Saers, J. H.: A survey of object-oriented programming languages. In: *Journal of Object-Oriented Programming*, S. 5–11, März 1989.

[Schm86] Schmucker, K. J.: MacApp an application framework. In: *Byte*, S. 189–193, August 1986.

[Seli94] Selic, B.; Gullekson, G.; Ward, P. T.: *Real-Time Object-Oriented Modeling*. John Wiley & Sons, 1994.

[Selk88] Selker, T.; Koved, L.: Elements of visual language. In: *IEEE*, S. 38–44, 1988.

[Shla88] Shlaer, S.; Mellor, S. J.: *Object-Oriented Systems Analysis - Modelling the World in Data*. Computing Series. Yourdon Press, Englewood Cliffs, NJ, 1988.

[Sma95] Smart, J.: *Reference Manual for wxWindows 1.6.4: a portable C++ GUI toolkit*. University of Edinburgh, 1995. http://www.aiai.ed.ac.uk/~jacs/wxwin.htm.

[Smit77] Smith, D. C.: *Pygmalion: A Computer Program to Model and Stimulate Creative Thought*. Birkhäuser Verlag, 1977.

[Smit86] Smith, S. L.; Mosie, J. N.: *Guidelines for Designing User Interface Software*. Mitre Corp., Bedford, Ma., 1986.

[Star94] Stary, C.: *Interaktive Systeme – Software-Entwicklung Software-Ergonomie*. Vieweg Informatik/DV-Praxis, Braunschweig, 1994.

[Stei93] Stein, W.; Schulman, R. S.: Objektorientierte Analysemethoden – ein Vergleich. In: *Informatik-Spektrum*, 16:317–332, 1993.

[Stro91] Stroustrup, B.: *The C++ Programming Language*. Addison-Wesley, 2. Ausg., 1991.

[Tell89] Tello, E. R.: *Object-Oriented Programming for Artificial Intelligence: a Guide to Tools and System Design*. Addison-Wesley, 1989.

[Tort90] Tortora, G.: Structure and interpretation of visual languages. In: Chang, S.-K. (Eds.), *Visual Languages and Visual Programming*, S. 3–30. Plenum Press, 1990. Theory of Visual Languages.

[Vlis90] Vlissides, J. M.: *Generalized Graphical Object Editing*. Dissertation, Stanford University, April 1990.

[Wass90] Wasserman, A. I.; Pircher, P. A.; Muller, R. J.: The Object-Oriented Structured Design Notation for Software Design Representation. In: *IEEE Computer*, 23(3):50–63, März 1990.

[WB90] Wirfs-Brock, R.; Wilkerson, B.; Wiener L.: *Designing Object-Oriented Software*. Prentice Hall, Englewood Cliffs, NJ, 1990.

[Wegn89] Wegner, P.: Learning the language. In: *Byte*, S. 245–253, März 1989.

[Weir91] Weir, G. R. S.; Alty, J. J.: *Human-Computer Interaction and Complex Systems*. Academic Press, London, 1991.

[Wu90] Wu, T. C.: Benefits of Object-Oriented Programming in Implementing Visual Database Interface. In: *Journal of Object-Oriented Programming*, S. 8–16, März 1990.

Literatur Kapitel 3:

[ABL95] Arabe, J.; Beguelin, A.; Lowekamp, B.; Seligman, E.; Starkey, M.; Stephan, P.: Dome: Parallel Programming in a Heterogeneous Multi-User Environment. Technischer Bericht, Carnegie Mellon University, 1995.

[Akl89] Akl, S. G.: *The Design and Analysis of Parallel Algorithms*. Prentice Hall, 1989.

[Alla95] Allan, R. J..; Lockey, P.: Survey of Parallel Software Packages of Potential Interest in Scientific Applications. Technischer Bericht, Daresbury Laboratory, Daresbury UK, 1995.

[Andr93] Andrews, G. R.; Olsson, R. A.: *The SR Programming Language: Concurrency in Practice*. Benjamin/Cummings, 1993.

[Ans89] ANSYS: Engineering Analysis System USER MANUAL Revision 4.4 A, 1989.

[Bal91] Bal, H. E.: A Comparative Study of Five Parallel Programming Languages. In: *Proceedings of EurOpen'91*, Tromso, Mai 1991. ftp://ftp.cs.vu.nl:/pub/amoeba/orca_papers/europen91.ps.Z.

[Beg91a] Beguelin, A.; Dongarra, J.; Geist, A.; Manchek, R.; Sunderam, V. S.: Solving computational grand challenges using a network of heterogeneous supercomputers. In: Sorensen, D. (Ed.); *Proceedings of Fifth SIAM Conference on Parallel Processing*, Philadelphia, PA, 1991.

[Beg91b] Beguelin, A.; Dongarra, J.; Geist, A.; Manchek, R.; Sunderam, V. S.: Graphical developement tools for network-based concurrent supercomputers. In: Sorensen, D. (Ed.); *Proceedings of Fifth SIAM Conference on Parallel Processing*, Philadelphia, PA, 1991.

[Beg91c] Beguelin, A.; Dongarra, J.; Geist, A.; Manchek, R.; Moore, K.; Wade, R.: HeNCE: A users's guide (Draft). Oak Ridge National Laboratory, Nov. 1991.

[Beg92] Beguelin, A. L.: Xab: a tool for monitoring PVM programs. School of Computer Science, Carnegie Mellon University, Jun. 1992.

[Bei90] Beier, H.; Bemmerl, T.; Bode, A. et. al.: TOPSYS - tool for parallel systems. Technischer Bericht SFB-Bericht 342/9/90, Technische Universität München, Jan. 1990.

[Ber88] Bershad, B. N.; Zekauskas, M. J.; Sawdon, W. A.; The Midway Distributed Shared Memory System. In: *Proc. of the 38th IEEE Int'l Computer Conf. (COMPCON Spring'93)*, S. 528-537, Feb. 1993.

[Bert89] Bertsekas, D. P.; Tsitsiklis, J. N.: *Parallel and Distributed Computation: Numerical Methods*. Prentice Hall, 1989.

[Blel90] Blelloch, G.: Vector Models for Data-Parallel Computing. MIT Press, 1990.

[Bode91] Boden, H.; Gehne, R., Grauer, M.: Parallel nonlinear optimization on a multiprocessor system with distributed memory. In: Grauer, M.; Pressmar, D.B. (Eds.), *Parallel Computing and Mathematical Optimization*. Springer, 1991.

[Bode94] Boden, H.: *Einsatz der Parallelverarbeitung zur Lösung von Problemen der Nichtlinearen Optimierung*. Dissertation, Universität-GH Siegen, Juni 1994.

[Bode95] Boden, H.; Grauer, M.: OpTiX-II: A software environment for the parallel solution of nonlinear optimization problems. In: *Annals of Operations Research*, 58:129–140, 1995.

[Bodi91] Bodin, F.; Beckman, P.; Gannon, D. B.; Narayana, S.; Yang, S.: Distributed pC++: Basic ideas for an object parallel language. In: *Proc. Supercomputing '91*, S. 273--282, 1991.

[Bois94] Boisvert, R.F.: The architecture of an intelligent virtual mathematical software repository system. In: *Mathematics and Computers in Simulation*, 36:269–279, 1994.

[Brad95] Braddy, D.; Brown, S. A.: PACT User's Guide. Technischer Bericht UCRL-MA-112087, Lawrence Livermore National Laboratory, 1995.

[Broo88] Brooke, A.; Kendrick, D.; Meeraus, A.: *GAMS: A User's Guide*. The Scientific Press, 1988.

[Carr94] Carriero, N.; Gelernter, D.; Mattson, T. G.; Shermann, A. H.: The Linda alternative to message-passing systems. In: Parallel Computing, 20(4): 633-655, 1994.

[Cap94] Cap, C. H.: Workstation Cluster Computation from the Perspective of the User. Technischer Bericht IFI-TR 94.06, CS Dept. University of Zürich, 1994. http://www.ifi.unizh.ch/groups/cap/ifi-94.06.ps.

[Chan92] Chang, L.-Ch.; Smith, B. T.: Classification and evaluation of parallel programming tools. Technischer Bericht CS90-22, University of New Mexico, Department of Computer Science, Albuquerque, New Mexico 87131, 1992.

[Chan93] Chandy, K. M.; Kesselman, C.: CC++: A declarative concurrent object-oriented programming notation. In: *Research Directions in Concurrent Object-Oriented Programming*. MIT Press, 1993.

[Cheo92] Cheong, F.-C.: *OASIS: An Agent Oriented Programming Language for Heterogeneous Distributed Environments*. Dissertation. University of Michigan, 1992.

[Chie93] Chien, A. A.; Karamcheti, V.: Concert - Efficient Runtime Support for Concurrent Object-Oriented Programming Languages on Stock Hardware. In: *Proceedings of SUPERCOMPUTING*, 1993.

[Chiu95] Chiueh, T.-C.; Verma, M.: A Compiler-Directed distributed Shared Memory System. In: *Proc. of the 9th ACM Int'l Conf. on Supercomputing*, Juli 1995.

[Com93] Comer, D.; Stevens, D. L.: *Internetworking with TCP/IP*, Bd. III: Client Server Programming and Applications. Prentice Hall, 1993.

[Conn92] Conn, A. R.; Gould, N. I. M.; Toint, P. L.: *LANCELOT: a Fortran pakkage for large-scale nonlinear optimization (Release A), Springer Series in Computational Mathematics*. Springer Verlag, Heidelberg, Berlin, New York, 1992.

[CP89] Pinto, I. C.: *Wissensbasierte Unterstützung bei der Lösung von Optimierungsaufgaben*. Dissertation, Universität Dortmund, Fachb. Informatik, 1989.

[Cram94] Cramer, E. J; Dennis, J. E.; Frank, P. D.; Lewis, R. M.; Shubin, G. R.: Problem formulation for multidisciplinary optimization. In: *SIAM Journal on Optimization*, 4(4):754–776, 1994.

[Cull93] Culler, D. E.; Dusseau, A.; Goldstein, S.; Krishnarmurthy, A.; Lumetta, S. Eicken, T. von; Yelick, K.: Parallel Programming in Split-C. In: *Proceedings of COMPUTING*, 1993.

[Cull95] Culler, D. E.; Yellick, K.: CASTLE: *Practical Software Support for Parallel Computing*, Technischer Bericht, University of Berkeley, 1995.

[Dant66] Dantzig, G. B.: *Lineare Programmierung Erweiterungen*. Springer-Verlag, 1966.

[Diek91] Dieker, S.; Grillenbeck, A.; Rittweger, A.; Weinert, M.: Dynamische Berechnung vorgespannter rotationssymmetrischer Flüssigkeitstanks, Universität GH-Siegen, 1991.

[Dixo78] Dixon, L. C. W.; Szego, G. P.: *Towards Global Optimization, 2*. North-Holland, Amsterdam, 1978.

[Dong93] Dongarra, J.; Pozo, R.; Walker, D.: ScaLAPACK++: An object-oriented linear algebra library for scalable systems. In: *Proc. Scalable Parallel Libraries Conf.*, S. 216--223. IEEE Computer Society, 1993.

[Don94] Dongen, V. van; Bonello, C; Freehill, C: Data Parallelism with High Performance C. In: *Supercomputing Symposium 94*, Canada's 8th Annual High Performance Computing Conference, 1994.

[Dong95] Dongarra, J.; Walker, D.: Software libraries for linear algebra computations on high performance computers. In: SIAM Review, 1995.

[Dowd93] Dowd, K. (Eds.): *High Performance Computing*. O'Reilly and Associates, 1993.

[Esch89] Eschenauer, H. A.; Weinert, M.: Optimale Radkonstruktionen, interner Abschlußbericht, Universität-GH Siegen, 1989

[Esch93] Eschenauer, H. A.; Geilen, J.; Wahl, H. J.: SAPOP – An Optimization Procedure for Multicriteria Structural Design. In: H.R.E.M. Hörnlein K. Schittkowski, (Eds.), *Software Systems for Structural Optimization*, S. 207–227. Birkhäuser Verlag, 1993.

[Flei89] Fleisch, B. D.; Popek, G. J.: Mirage: A Coherent Distributed Shared Memory Design. In: *Proc. of the 12th ACM Symp. on Operating Systems Principles (SOSP'89)*, S. 211-223, Dez. 1989.

[Flet87] Fletcher, R.: *Practical Methods of Optimization*. John Wiley & Sons, 2. Ausg., 1987.

[Fost89] Foster, I.; Taylor, S.: *Strand: New Concepts in Parallel Programming*. Prentice Hall, 1989.

[Fost92] Foster, I.; Olson, R;. Tuecke, S. Productive parallel programming: The PCN approach. Scientific Programming, 1(1):51--66, 1992

[Fost94] Foster, I.; Kesselmann, C.; Olson, R;. Tuecke, S.: Nexus: An Interoperability Toolkit for Parallel and Distributed Computer Systems. Technischer Bericht ANL/MCS-TM-189, Argonne National Laboratory, Argonne, Ill., 1994.

[Fost95] Foster, I; Chandy, K. M.: Fortran M: A language for modular parallel programming. J. Parallel and Distributed Computing, 25(1), 1995.

[Fost95a] Foster, I: *Designing and Building Parallel Programs*. Addison-Wesley, 1995.

[Frei95] Freisleben, B.; Kielmann, T.: Approaches to Support Parallel Programming on Workstation Clusters: A Survey. Technischer Bericht Fachbereich Elektrotechnik und Informatik, Universität GH Siegen, 1995.

[Gel95] Gelernter, D.: Generative Communication in Linda. In: *ACM Transaction on Programming Languages and Systems*, 7(1):80-112, 1995.

[Gill81] Gill, P. E.; Murray, W.; Wright, M. H.: *Practical Optimization*. Academic Press, New York, London, Toronto, Sydney and San Francisco, 1981.

[Glen92] Glendinning, I.; Hellberg, St.; Shallow, P.: Tools for parallel high performance systems – comparative evaluation. SNARC 92-01, University of Southampton, Department of Electronics and Computer Science, 1992.

[Göpf86] Göpfert, A.; Bittner, L.; Elster, K.-H.; Nozicka, F.; Piehler, J.; Tichatschke, R: *Lexikon der Optimierung*. Akademie-Verlag, Berlin, 1986.

[Grim91] Grimshaw, A. S.: An introduction to parallel object-oriented programming with Mentat. Technischer Bericht 91 07, University of Virginia, 1991.

[Hain93] Haines, M.; Bohm, W.: Task Management, Virtual Shared Memory, and Multithreading in a Distributed Memory Implementation of Sisal. In: *Proc. of Parallel Architectures and Languages Europe (PARLE'93)*, S 12-23, Jun. 1993.

[Hea93] Heath, M.: Recent developments and case studies in performance visualization using ParaGraph. In: *Performance Measurement and Visualization of Parallel Systems*, S.175-200. Elsevier Science Publishers, 1993.

[Hed93a] Heddaya, A.; Sinha, H.: An Overview of Mermera: A System and Formalism for Non-coherent Distributd Parallel Memory. In: *Proc. of the 26th Hawaii Int'l Conf. on System Sciences (HICSS-26)*, S. 164-173, 1993.

[Hed93b] Heddaya, A.; Sinha, H.: An Implementation of Mermera: A Shared Memory System that Mixes Coherence with Non-coherence. Technischer Bericht BU-CS-93-006, Computer Science Departement, Boston University, 1993.

[Herr91] Herrarte, V.; Lusk, E.: Studying parallel program behavior with upshot. Technischer Bericht ANL-91/15, Mathematics and Computer Science Division, Argonne National Laboratory, Argonne, Ill., 1991.

[Hörn93] Hörnlein, H. R. E. M.; Schittkowski, K. (Eds.): *Software Systems for Structural Optimization*, Ausg. 110 von *International Series of Numerical Mathematics*. Birkhäuser Verlag, 1993.

[HPF93] High Performance Fortran Forum: High Performance Fortran language specification, Version 1.0, Technischer Bericht CRPC-TR92225, Center for Research on Parallel Computation, Rice University, Huston, Tex., 1993.

[Kale92] Kale, L. V.: A Tutorial Introduction to Charm. Parallel Programming Laboratory Report 92-6, University of Illinoies, 1992.

[Kess94] Kessler, G. Shepard S.: A primer on internet and TCP/IP tools. Request for Comments (Informational) RFC 1739, Internet Engineering Task Force, Dezember 1994.

[Konn94] Konno, K.; Nagatsuka, M.; Kobayashi, N.; Matsuoka, S.; Yonezawa, A.: PARCS: An MPP-Oriented CLP Language. In: *Proceedings of the First International Symposium on Parallel Symbolic Computation (PASCO'94)*, S. 254-263, Linz, Österreich, 1994

[Krus88] Kruskal, C. P.; Smith, C. H.: On the notation of granularity. *The Journal of Supercomputing*, 1, 1988.

[Lin88] LINDO: An Optimization Modeling System, Text and Software, 1988.

[MacK90] MacKinnon, D.; McCrum, W.; Sheppard, D. (Eds.): *An Introduction to Open Systems Interconnection*. Computer Science Press, 1990.

[McIn95] McInnes, L. C.; Smith, B.: PETSc 2.0: A Case Study of Using MPI to Develop Numerical Software Libraries. In: *Proc. of the 1995 MPI Developers Conference*, University of Notre Dame, 1995.

[Macf93] Macfarlane, J. F.; Armstrong, R.: POET: A Parallel Object-Oriented Environment and Toolkit for Enabling High-Performance Scientific Computing. Technischer Bericht, Sandia National Laboratory, Livermore, Ca., 1993.

[Minn89] Minnich, R. G.; Faber, D. J.: The Mether system: distributed shared memory for SunOS 4.0. *Usenix*. Sommer 1989.

[Minn93] Minnich, R. G.: Mether-NFS: A Modified NFS Which Supports Virtual Shared Memory. In: *Proc. of the Symp. on Experiences with Distributed and Multiprocessor Systems (SEDMS-IV)*, S. 89-107, Sept. 1993.

[Mohi91] Mohindra, A.; Ramachandran, U.: A survey of distributed shared memory in loosely-coupled systems. Technischer Bericht GIT-CC-91/01, Georgia Institute of Technology, Atlanta, January 1991. e-mail: rama@cc.gatech.edu.

[Moir93] Moiré, J. J.; Wright, St. J.: *Optimization Software Guide*. SIAM, 1993.

[MPI94] MPI: A message-passing interface standard. Technischer Bericht CS-94-230, Computer Science Department, University of Tennessee, Knoxville, TN, Mai 1994.

[Murr93] Murrer, S.; Feldman, J. A.; Lim, C.-C.: pSather: Layered Extensions to an Object-Oriented Language for Efficient Parallel Computation. Technischer Bericht TR-93-028, Berkeley, Ca., 1993.

[Nitz91] Nitzberg, B.; Lo, V.: Distributed Shared Memory: A Survey of Issues and Algorithms. In: IEEE Computer, 24(8):52-60, 1991.

[NOC95] High Performance Computing and Communications: Foundation for America's Information Future (FY 1996 Blue Book). http://www.hpcc.gov/blue95/index.html, November 1995.

[Orfa95] Orfali, R.; Harkey, D.; Edwards, J.: *The Essential Distributed Objects Survival Guide*. John Wiley & Sons, 1995.

[PC++95] ESPRIT Working Group EUROPA: Parallel C++. http://www.lpac.ac.uk/europa, 1995.

[Pei91] Peierls, R.; Campbell, G.; ALMS - programming tools for coupling application codes in a network environment. In: *Proceedings of the Heterogeneous Network-Based Concurrent Computing Workshop*, Tallahassee, FL, Okt. 1991, ftp://ftp.scri.fsu.edu/pub/parallel-workshop.91.

[Pete91] Peters, E.: *Ein Beitrag zur wissensbasierten Auswahl Steuerung von Optimierverfahren*. Dissertation, Universität Dortmund, Fachbereich Informatik, 1991.

[Pip93] Piper, A. J.: Generalized Parallel Programming with Divide-and-Conquer: The Beeblebrox System. Technischer Bericht CUED/F-INFENG/TR 132, Cambridge University, Engineering Department, 1993.

[PVM95] Geist, A.; Beguelin, A.; Dongarra, J.; Cheng, W.; Manchek, R.; Sunderam, V.: *PVM: Parallel Virtual Machine: A Users' Guide and Tutorial for Networked Parallel Computing*. The MIT Press, Cambrigde Ma, 1995. http://www.netlib.org/pvm3/book/pvm-book.html.

[Rein94] Reinefeld, A. The ZEUS Report. Technischer Bericht TR-006-94, Paderborn Center of Parallel Computing, Paderborn, DE, 1994. http://www.uni-paderborn.de/pcpc/publications/1994/zeusreport.ps.Z.

[Reut92] Reuter, A.: Grenzen der Parallelität. In: *Informationstechnik it*, 34:62–92, 1992.

[Rina92] Rinard, M. C.; Scales, D. J.; Lam, M. S.: Heterogeneous parallel programming in Jade. In: *Proceedings of the Workshop on Cluster Computing*, Tallahassee, FL, Dez.1992, ftp://ftp.scri.fsu.edu/pub/parallel-workshop.92.

[Rose92] Rosenberry, W.; Kenney, D.; Fisher, G. (Eds.). *Understanding DCE*. O'Reilly and Associates, 1992. ISBN 1-56592-005-8.

[Rosi90] Rosing, M.; Schnabel, R. B.; Weaver, R. P.: The DINO parallel programming language. Technischer Bericht CU-CS-501-90, Computer Science Department, University of Colorado at Boulder, Boulder, Col., 1990.

[Rohw84] Rohwer, K.: BEOS, Buckling Loads and Natural Vibrations of Eccentrically Orthotropic Shells. DFVLR-Mitteilungen 81-07 / 1984.

[Scal94] Scales, D. J.; Lam, M. S.: The Design and Evaluation of a Shared Object System for Distributed Memory Machines. In: *Proc. of the Symp. on Operating Systems Design and Implementation (OSDI)*, S. 101-114, Nov. 1994.

[Schn94] Schnabel, R. B.: A view of the limitations, opportunities and challenges in parallel nonlinear optimization. *Parallel Computing*, 21:875–905, Dezember 1994.

[Schw77] Schwefel, H.-P.: *Numerische Optimierung von Computer – Modellen mittels der Evolutionsstrategie*. Birkhäuser Verlag, 1977.

[Skje93] Skjellum, A:. The Multicomputer Toolbox: Current and future directions. In: *Proc. Scalable Parallel Libraries Conf.*, S. 94-103. IEEE Computer Society, 1993.

[Smit92] Smith, G.: *Object-oriented Fortran tutorial*. Engineering Research Center, Mississippi State Univeristy, 1992.

[Smit93] Smith, J. R.: *The Design and Analysis of Parallel Algorithms*. Oxford University Press, 1993.

[SOF92] Situation und Perspektiven des Einsatzes der parallelen Datenverarbeitung. Landesinitiative SOFTECH NRW; Ministerium für Wirtschaft, Mittelstand Technologie des Landes Nordrhein-Westfalen, D-4000 Düsseldorf, Haroldstr. 4, September 1992. Studie der Pallas GmbH Parsytec Computer GmbH.

[Spie88] Spielberg, K.: Entwicklungstendenzen in der Mathematischen Programmierung. IBM: Wissenschaftliches Forum '88, München, Oktober 1988.

[Stel94] Stellner, G.; Lamberts, S.; Ludwig, T.: NXLib Users Guide Version 1.1.2. Technische Universität München, 1994.

[Sun87] Sun Microsystems, Inc. XDR: External data representation standard. Request for Comments RFC 1014, Internet Engineering Task Force, Juni 1987.

[Sun88] Sun Microsystems, Inc. RPC: Remote procedure call protocol specification version 2. Request for Comments (Informational) RFC 1057, Internet Engineering Task Force, Juni 1988.

[Tur93] Turcotte, L. H.: A Survey of Software Environments for Exploiting Networked Computing Resources. Technischer Bericht, Engineering Research Center for Computational Field Simulation, Mississippi, MS, 1993.

[Vino93] Vinoski, St.: Distributed object computing with CORBA. *C++ Report*, 5(6):32–38, August 1993.

[Wasi89] Wasil, E.; Golden, B.; Sharda, R.: Mathematical programming software for the microcomputer: Recent advances, comparisons, and trends. In: Sharda, R.; Golden, B. L.; Wasil, E.; Balci, O.; Stewart, W. (Eds.): *Impacts of Recent Computer Advances on Operations Research*. Elsevier Science Publ. Co., 1989.

[Yan93] Yan, J.; Hontalas, P.; Listgarten, S., et al.: The Automated Instrumentation and Monitoring System (AIMS) reference manual. NASA Technical Memorandum.

Literatur Kapitel 4:

[Aho88] Aho, A. V.; Sethi, R.; Ullman, J. D.: *Compilerbau: Teil 1, Teil 2*. Addison Wesley, Reading, MA, 1988.

[Akl89] Akl, S. G.: *The Design and Analysis of Parallel Algorithms*. Prentice Hall, 1989.

[Bert89] Bertsekas, D. P.; Tsitsiklis, J. N.: *Parallel and Distributed Computation: Numerical Methods*. Prentice Hall, 1989.

[Bode94] Boden, H.: *Einsatz der Parallelverarbeitung zur Lösung von Problemen der Nichtlinearen Optimierung*. Dissertation, Universität-GH Siegen, Juni 1994.

[Bode95] Boden, H.; Grauer, M.: OpTiX-II: A software environment for the parallel solution of nonlinear optimization problems. In: *Annals of Operations Research*, 58:129–140, 1995.

[Bois94] Boisvert, R.F.: The architecture of an intelligent virtual mathematical software repository system. In: *Mathematics and Computers in Simulation*, 36:269–279, 1994.

[Carv92] Carver, N.; Lesser, V.: The evolution of blackboard control architectures. Technischer Bericht CMPSCI 92-71, Department of Computer Science, University of Massachusetts, Okt. 1992. ftp://ftp.cs.umass.edu/pub/lesser/carver-92-71.ps.

[From91] Frommberger, M.; Brüggemann, F. J.; Grauer, M.: PCL – a language for parallel optimization on distributed workstations. In: Grauer, M.; Pressmar, D. B. (Eds.), *Parallel computing and mathematical Optimization*. Springer, 1991.

[Gel95] Gelernter, D.: Generative Communication in Linda. In: *ACM Transaction on Programming Languages and Systems*, 7(1):80-112, 1995.

[Grau89] Grauer, M.: About the development of integrated software-systems for mathematical programming. In: Streitfeldt, L.; Hauptmann, H.; Marusev, A. W.; Ohse, D.; Pape, U.(Eds.): *Operations Research Proceedings 1989*, S. 489 – 496, Springer Verlag, Berlin, 1989.

[HR83] Hayes-Roth, B.: The blackboard architecture: A general framework for problem solving. Technischer Bericht HPP-83-30, Stanford University, May 1983.

[Smit93] Smith, J. R.: *The Design and Analysis of Parallel Algorithms*. Oxford University Press, 1993.

[Parr95] Parr, T. J.: Language Translation Using PCCTS and C++ (A Reference Guide). ftp://ftp.parr-research.com/pub/pccts/Book/reference.ps.gz, 1995. Initial Release to Internet for Review and General Bashing.

Literatur Kapitel 5:

[Aza90] Azarm, S.; Li, W.C.: Optimality and Constrained Derivatives in Two-Level Design Optimization. In: *Journal of Mechanical Design*, 112:563–586, 1990.

[Bode94] Boden, H.: *Einsatz der Parallelverarbeitung zur Lösung von Problemen der Nichtlinearen Optimierung*. Dissertation, Universität-GH Siegen, Juni 1994.

[Gol70] Golinski, J.: Optimal Synthesis Problems Solved by Means of Nonlinear Programming and Random Methods. In: *Journal of Mechanism*, 5:286-309, 1990.

[Rose60] Rosenbrock, H. H.: An automatic method for finding the greatest or least value of a function. In: *The Computer Journal*, 3:175–184, 1960.

[Schw77] Schwefel, H.-P.: *Numerische Optimierung von Computer – Modellen mittels der Evolutionsstrategie*. Birkhäuser Verlag, 1977.

[Wahl96] Wahl, H.-J.; Rottler, A.: *SAPOP-Handbuch*. FOMAAS, Universität – GH Siegen, 1996.

Anhang A OMT Diagramm-Notation

Notation für das Objektmodell
Grundlegende Konzepte

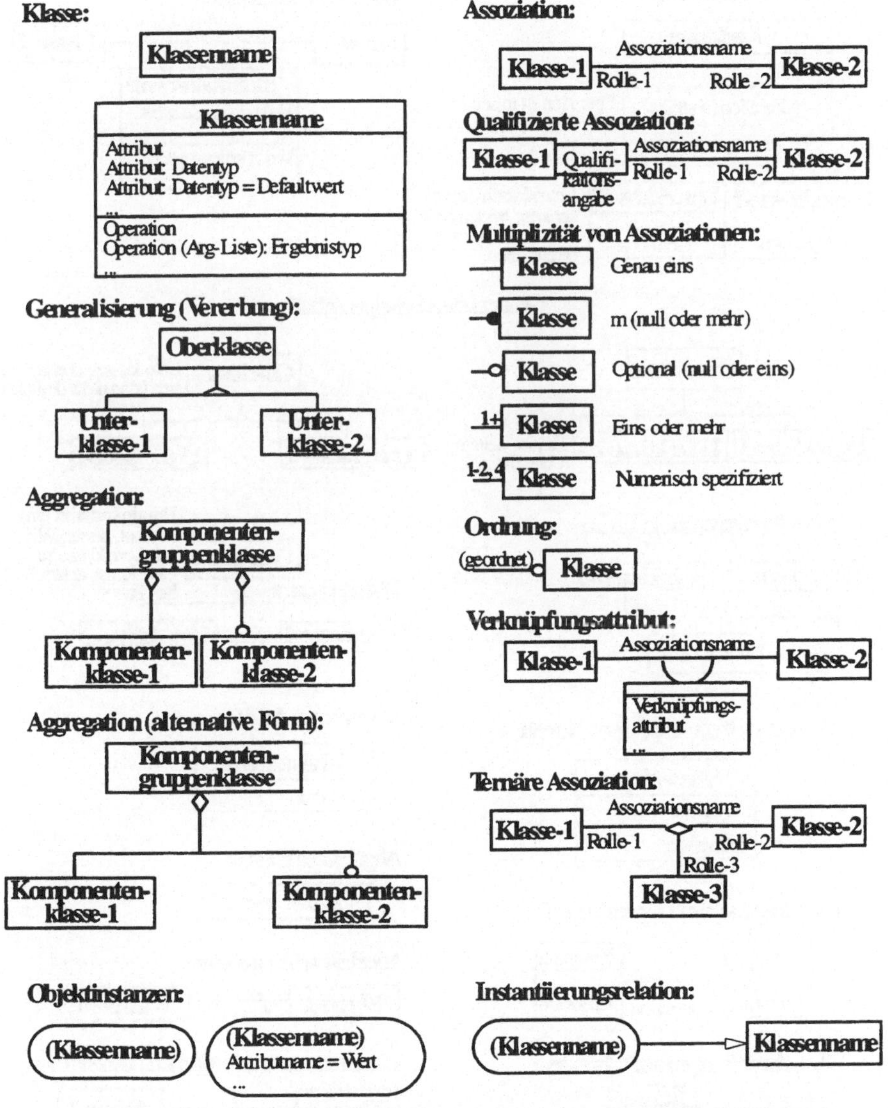

[Rumbaugh, J., et al: Object-oriented Modeling and Design, Prentice-Hall, 1991]

Notation für das Objektmodell Weiterführende Konzepte

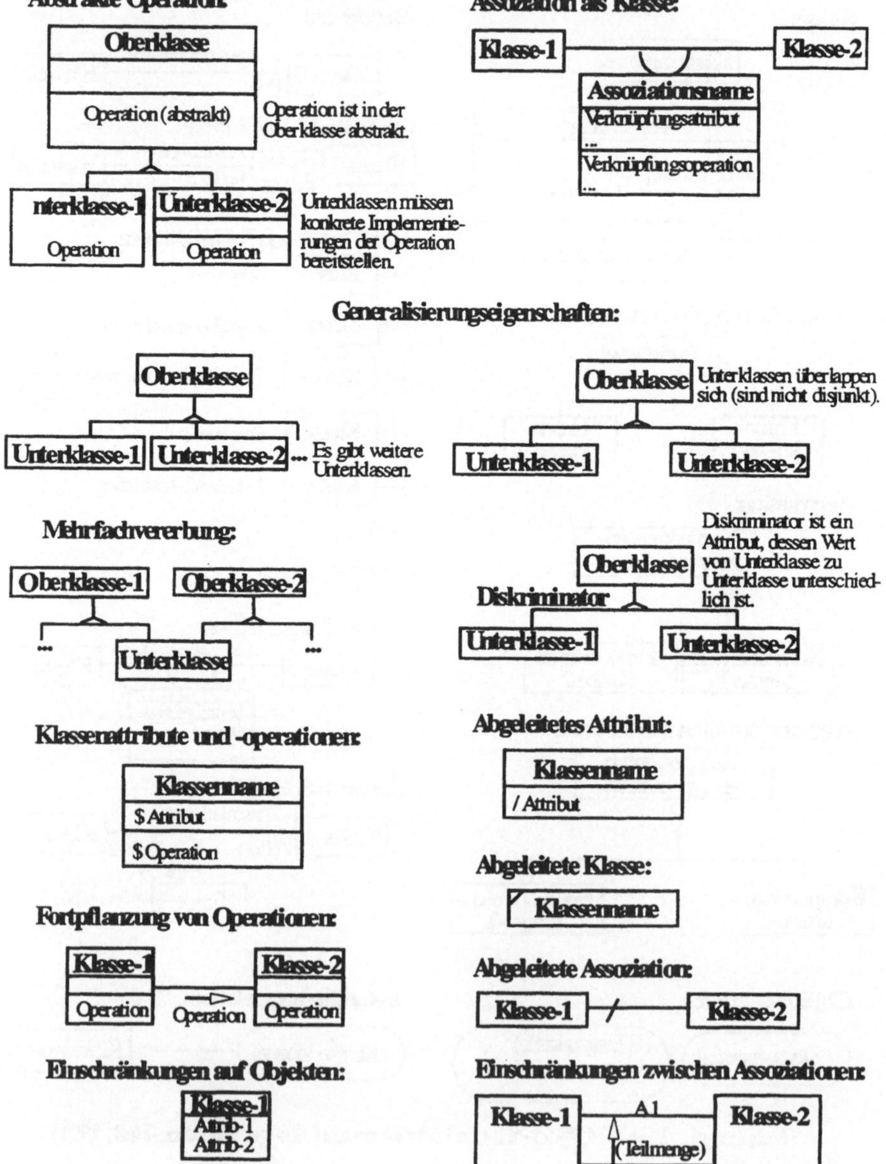

Notation für das dynamische Modell

Ereignis verursacht Transition zwischen Zuständen:

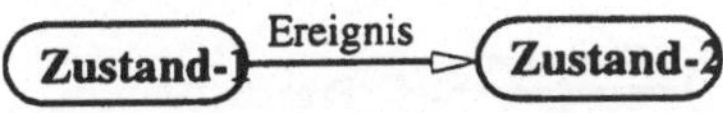

Ereignis mit Attribut:

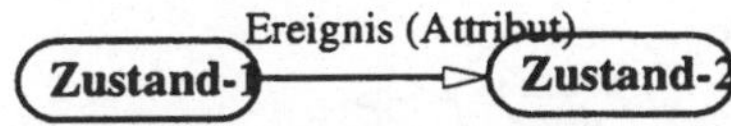

Anfangs- und Schlußzustand:

Aktion auf einer Transition:

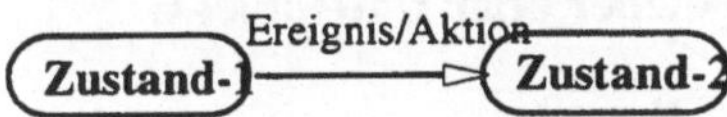

Bewachte Transition:

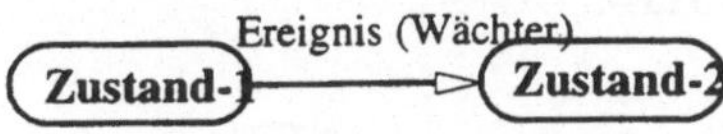

Ausgabeereignis auf einer Transition:

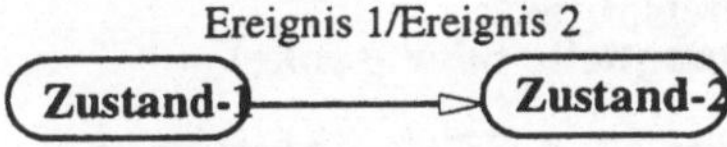

Aktionen und Aktivität in einem Zustand:

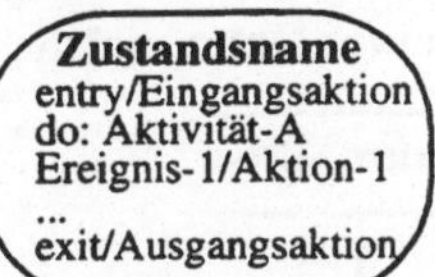

Senden eines Ereignisses an ein anderes Objekt:

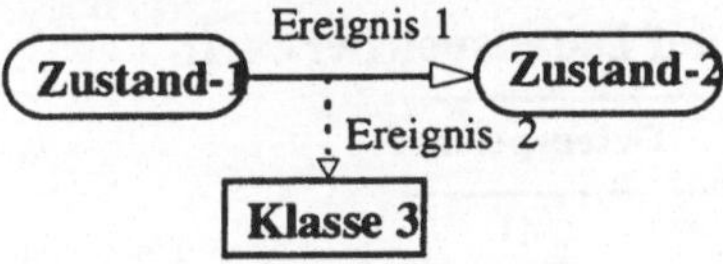

Zustandsgeneralisierung (Verschachtelung):

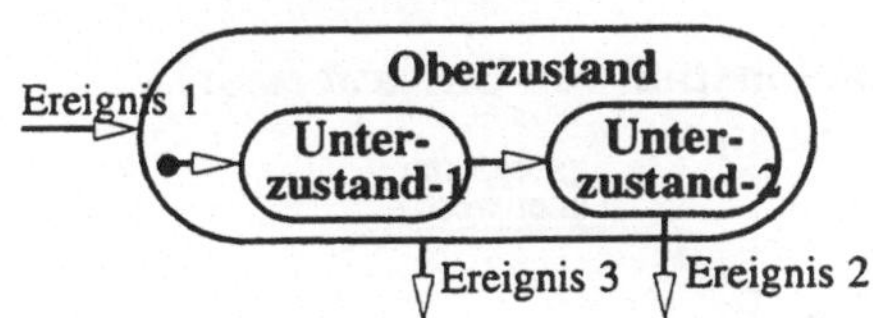

Parallele Unterdiagramme:

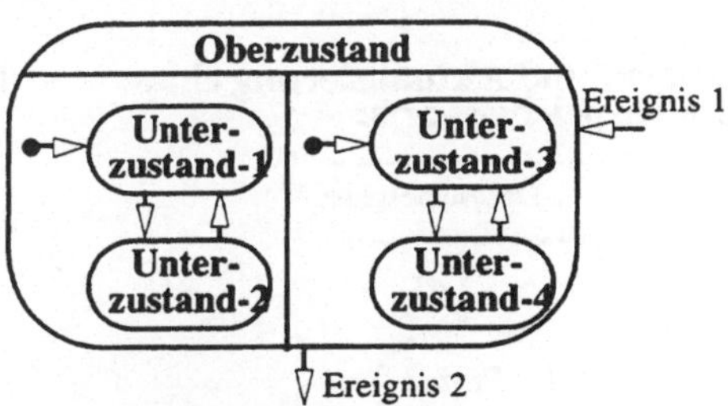

Aufspaltung von Steuerung:

Steuerungssynchronisation:

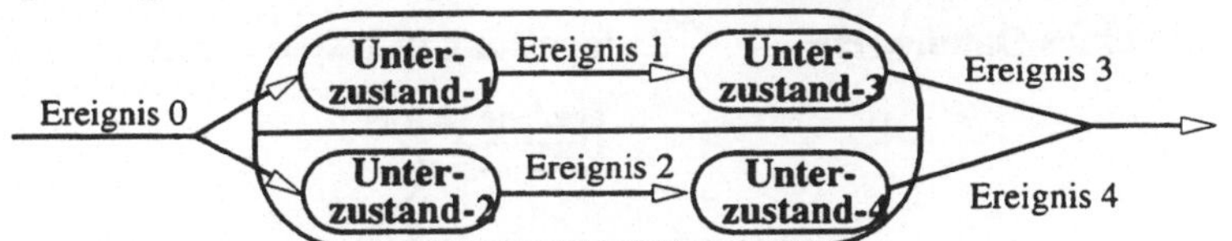

Notation für das funktionale Modell

Prozeß:

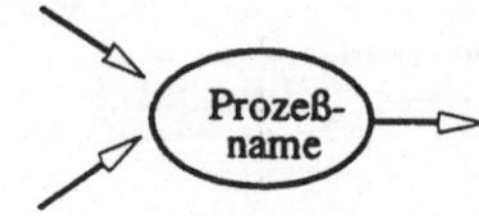

Datenfluß zwischen Prozessen:

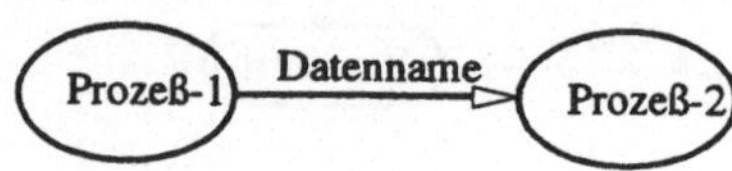

Datenspeicher oder Dateiobjekt:

Name des Datenspeichers

Datenfluß in einen Datenspeicher:

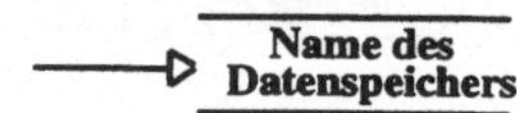

Handlungsobjekte:
(als Datenquelle oder -senke)

Kontrollfluß:

Zugriff auf Datenspeicherwert:

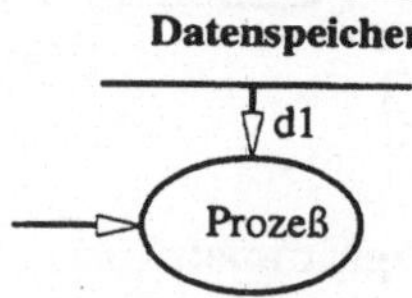

Aktualisierung eines Datenspeicherwert:

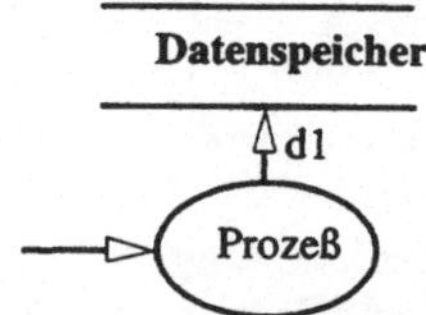

Zugriff und Aktualisierung eines Datenspeicherwerts:

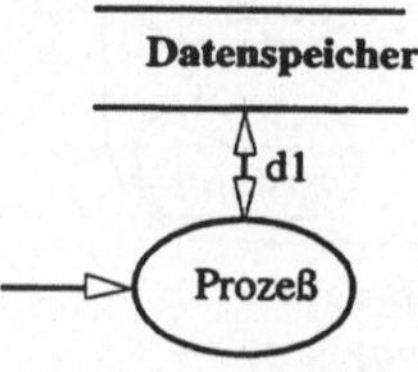

Kombination von Datenwerten:

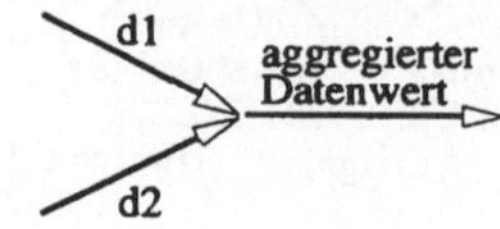

Duplizierung eines Datenwerts:

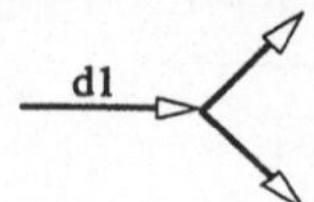

Aufspaltung in Datenwerte:

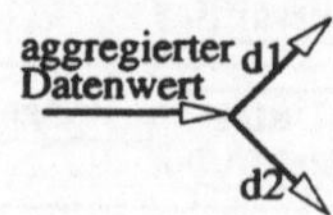

Anhang B Übersicht zu WxWindows

- scrollbar
- wxIntPoint
- wxLogClass
- wxObject
  - XFontInfo
  - wbMenuItem — wxMenuItem
  - wxColour
  - wxEvent
    - wxCommandEvent
    - wxKeyEvent
    - wxMouseEvent
  - wxForm
  - wxFormItem
  - wxFormItemConstraint
  - wxHashTable — wxTypeTree
  - wxIntPoint
  - wxList
    - XFontPool
    - wxBrushList
    - wxColourDatabase
    - wxFontList
    - wxGDIList
    - wxPathList
    - wxPenList
    - wxStringList
  - wxNode
  - wxPoint
  - wxRealRange
  - wxString
  - wxSystemEventClassStruc
  - wxSystemEventNameStruc
  - wxTypeDef
  - wxbApp — wxApp
  - wxbBitmap — wxBitmap
  - wxbBrush — wxBrush
  - wxbColourMap — wxColourMap
  - wxbConnection — wxConnection — wxHelpConnection
  - wxbCursor — wxCursor
  - wxbDC — wxDC
    - wxPostScriptDC
    - wxbCanvasDC — wxCanvasDC — wxbMemoryDC — wxMemoryDC
    - wxbMetaFileDC — wxMetaFileDC
  - wxbFont — wxFont
  - wxbIPCObject — wxIPCObject
    - wxbClient — wxClient — wxHelpInstance
    - wxbServer — wxServer
  - wxbIcon — wxIcon
  - wxbMetaFile — wxMetaFile
  - wxbPen — wxPen
  - wxbTimer — wxTimer
  - wxbWindow — wxWindow
    - wxbCanvas — wxCanvas
    - wxbFrame — wxFrame
    - wxbItem — wxItem
      - wxbButton — wxButton
      - wxbCheckBox — wxCheckBox
      - wxbChoice — wxChoice
      - wxbListBox — wxListBox
      - wxbMenu — wxMenu
      - wxbMenuBar — wxMenuBar
      - wxbMessage — wxMessage
      - wxbRadioBox — wxRadioBox
      - wxbSlider — wxSlider
      - wxbText — wxText — wxbMultiText — wxMultiText
    - wxbPanel — wxPanel — wxbDialogBox — wxDialogBox — wxEnhDialogBox
    - wxbTextWindow — wxTextWindow
- wxPoint

Anhang C OpTiX-III Syntaxdiagramme

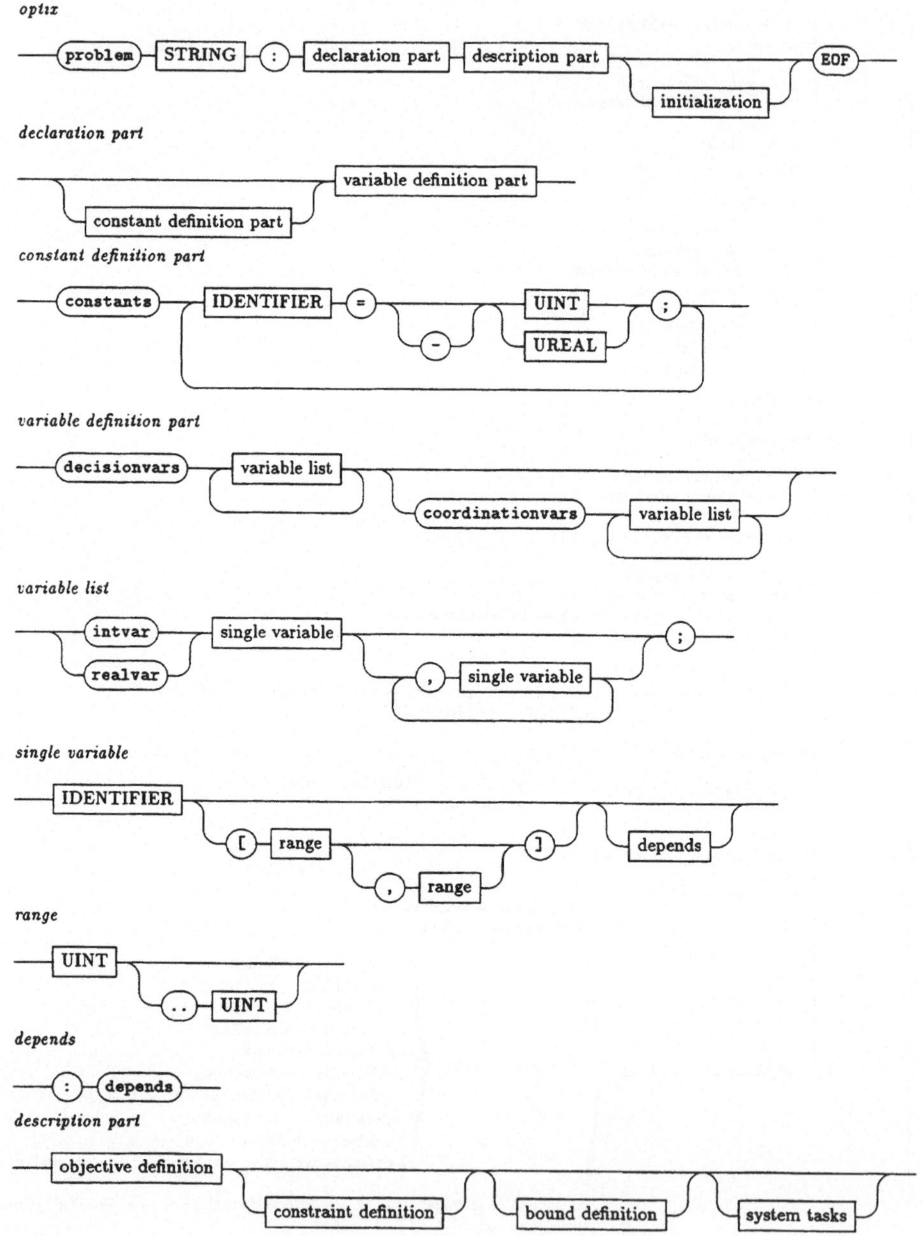

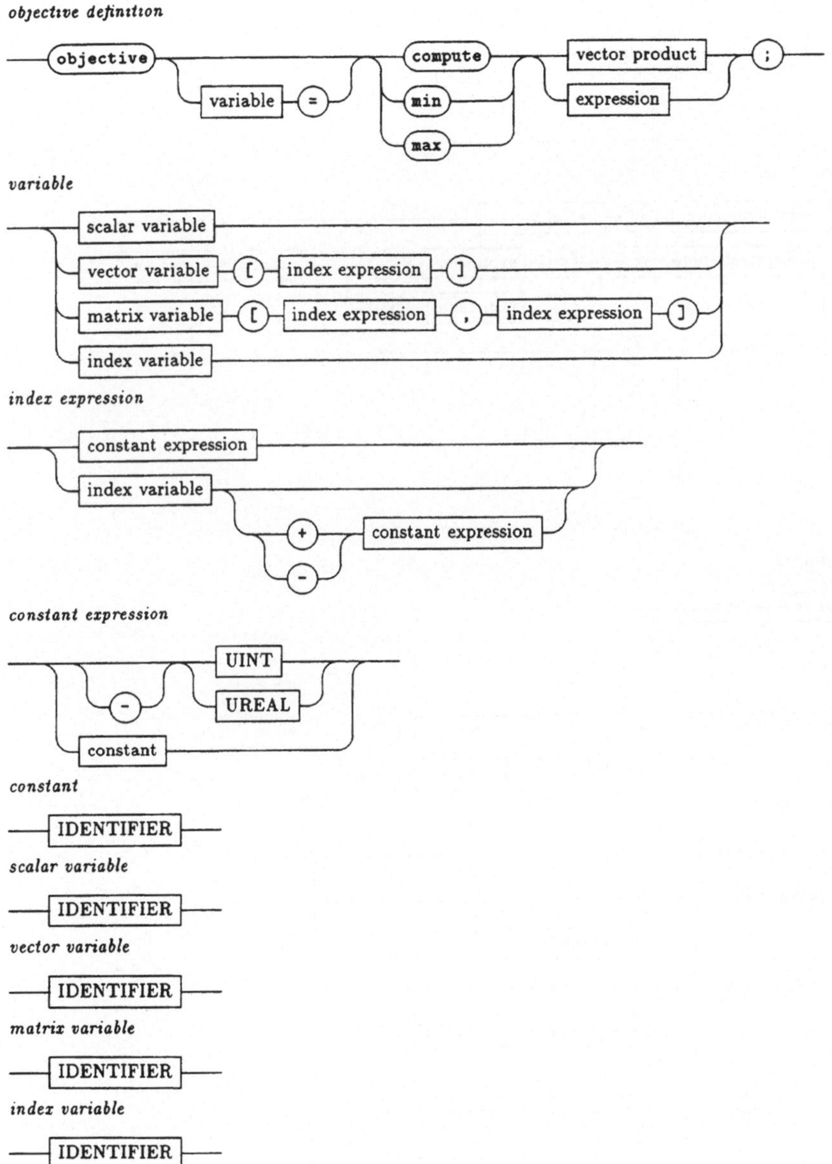
objective definition
objective
variable
=
compute
min
max
vector product
expression
;
variable
scalar variable
vector variable
[
index expression
]
matrix variable
[
index expression
,
index expression
]
index variable
index expression
constant expression
index variable
+
-
constant expression
constant expression
-
UINT
UREAL
constant
constant
IDENTIFIER
scalar variable
IDENTIFIER
vector variable
IDENTIFIER
matrix variable
IDENTIFIER
index variable
IDENTIFIER

constraint definition

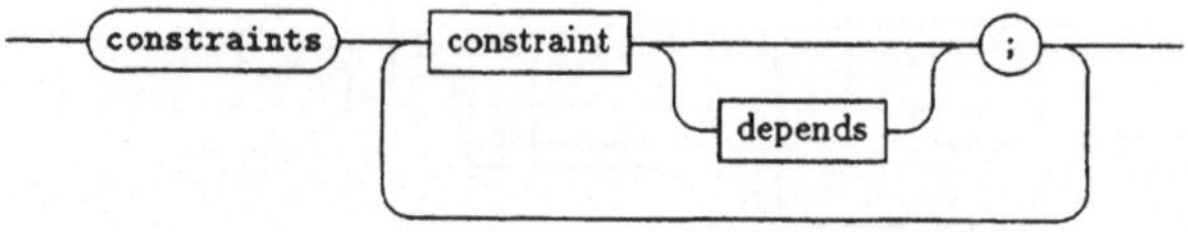

constraints constraint depends ;

constraint

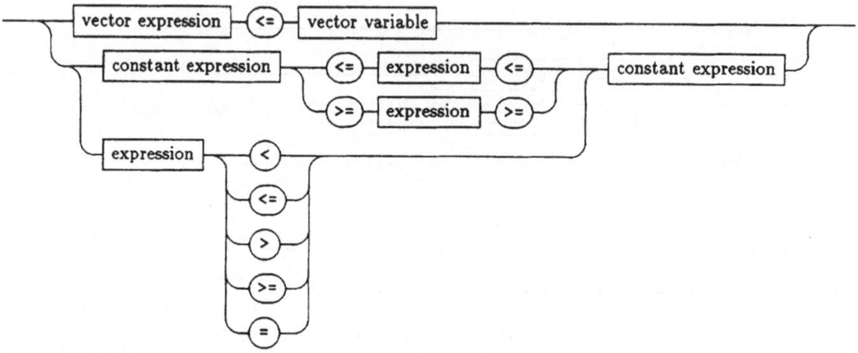

vector expression <= vector variable

constant expression <= expression <= constant expression

>= expression >=

expression < <= > >= =

bound definition

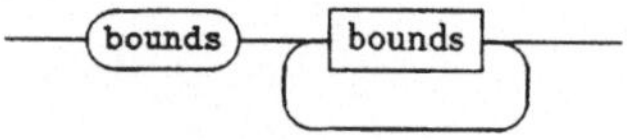

bounds bounds

bounds

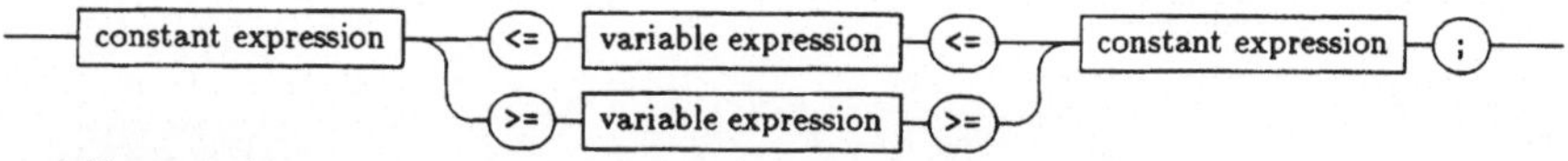

constant expression <= variable expression <= constant expression ;

>= variable expression >=

variable expression

scalar variable

vector variable [range]

matrix variable [range , range]

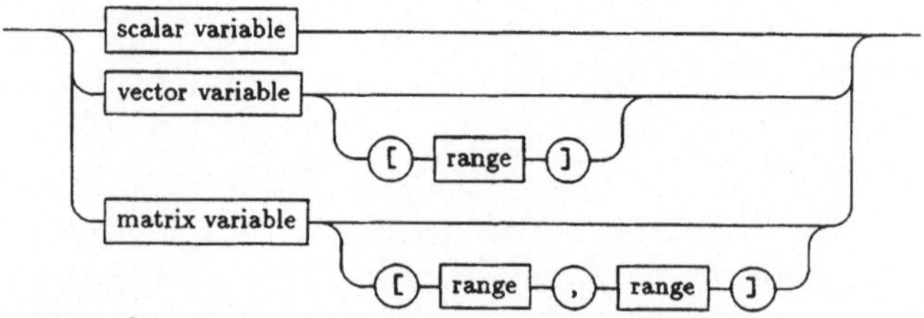

system tasks

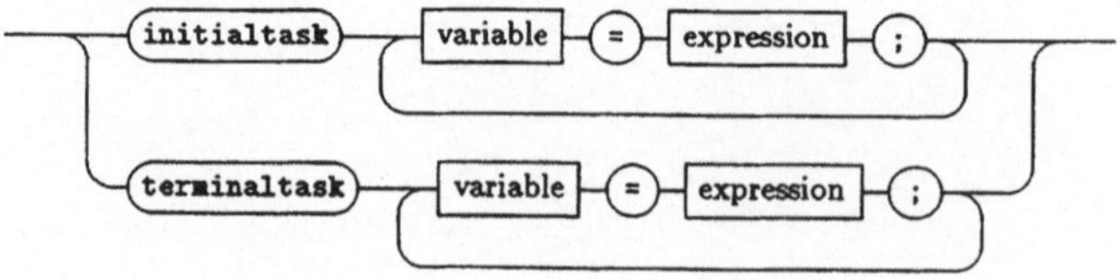

initialtask variable = expression ;

terminaltask variable = expression ;

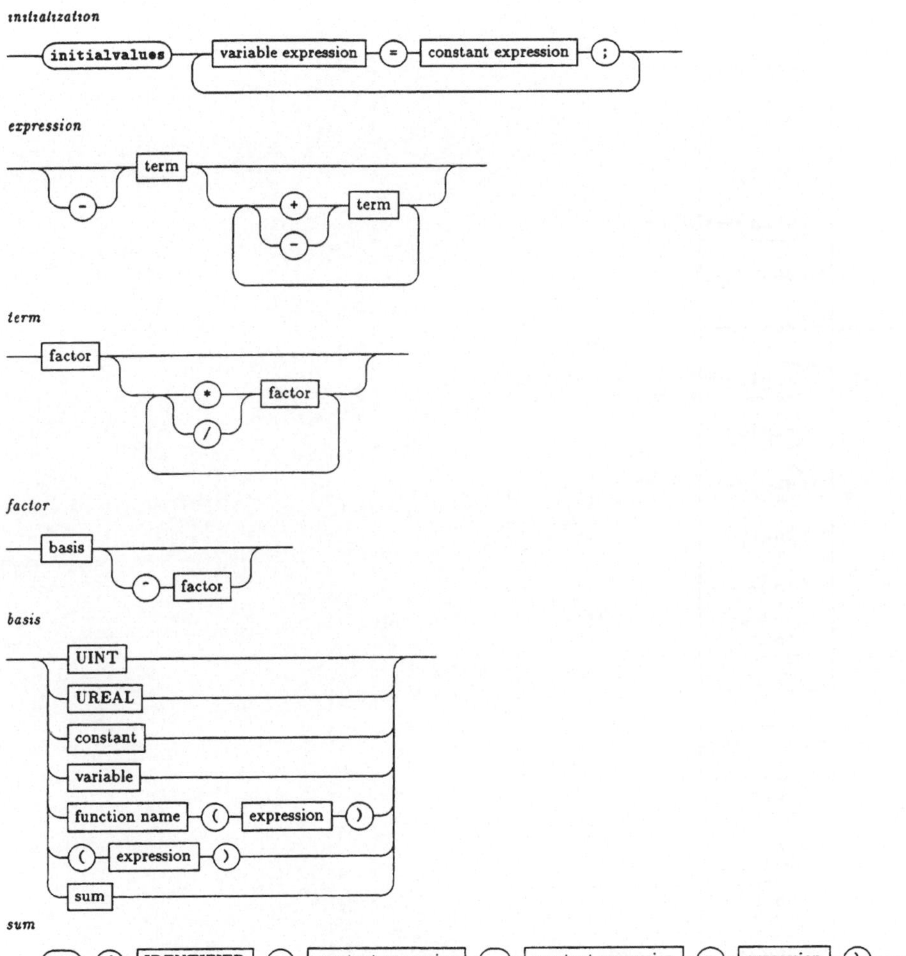
initialization
initialvalues
variable expression
=
constant expression
;
expression
-
term
+
-
term
term
factor
*
/
factor
factor
basis
^
factor
basis
UINT
UREAL
constant
variable
function name
(
expression
)
(
expression
)
sum
sum
sum
(
IDENTIFIER
=
constant expression
..
constant expression
:
expression
)

function name

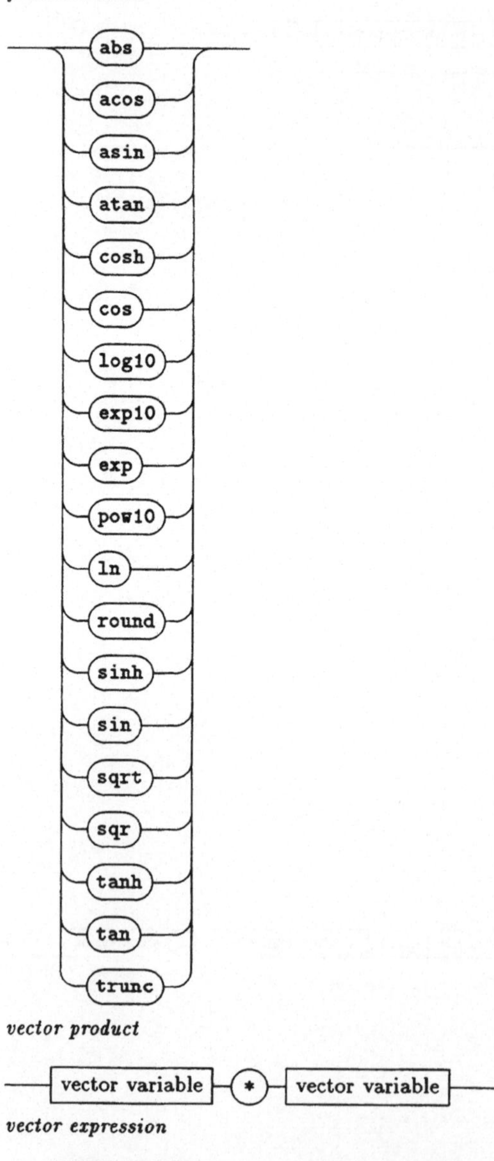

Anhang D Algorithmen

Konfigurationsdatei

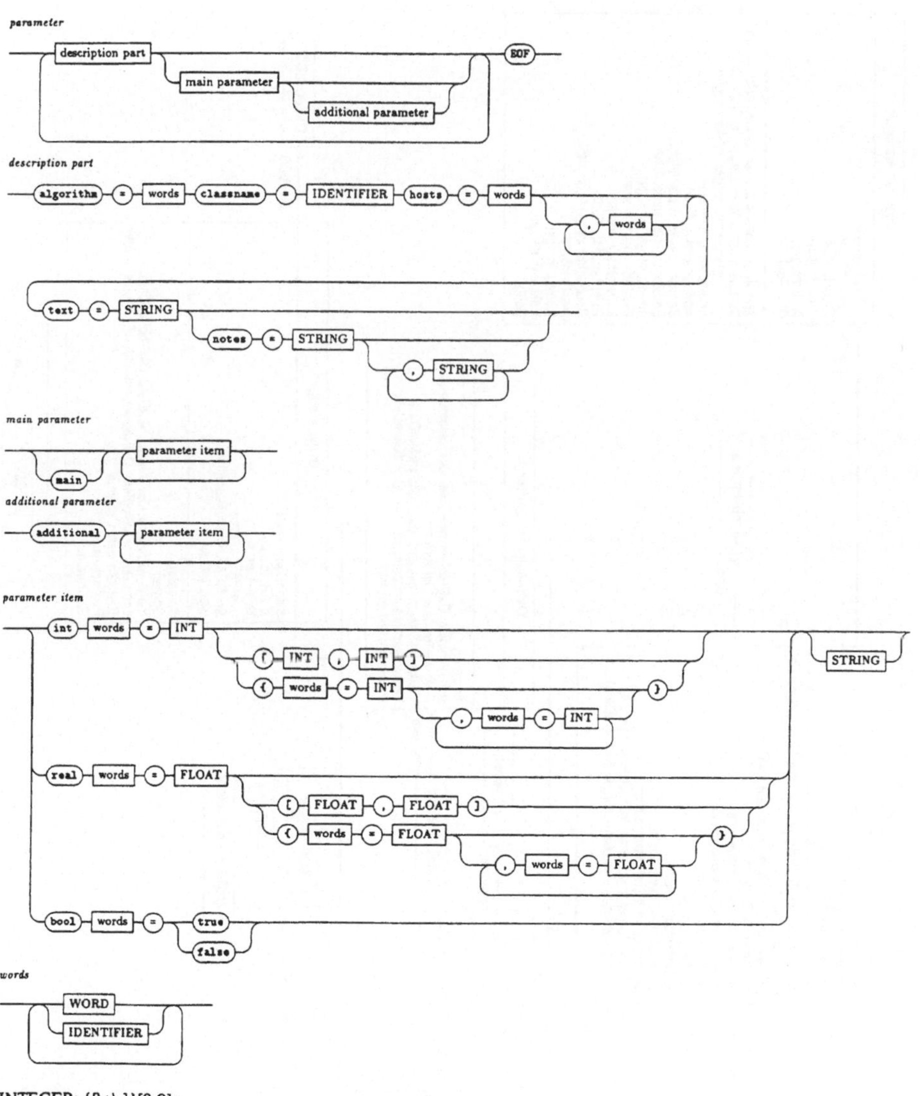

INTEGER: {[\+\-]}[0-9]+
FLOAT:{[\+\-]}([1-9][0-9]*{.[0-9]*}|{0}.[0-9]+){[Ee]{[\+\-]}[0-9]+}
IDENTIFIER:[a-zA-Z_][0-9a-zA-Z_]
WORD: [a-zA-Z_äöüßÄÖÜ\(][0-9a-zA-Z_äöüßÄÖÜ\(:\) V \- \+ \, \. \' \`\^]
STRING:"[^"]+"

Anhang E OMT-Diagramme der Workbench

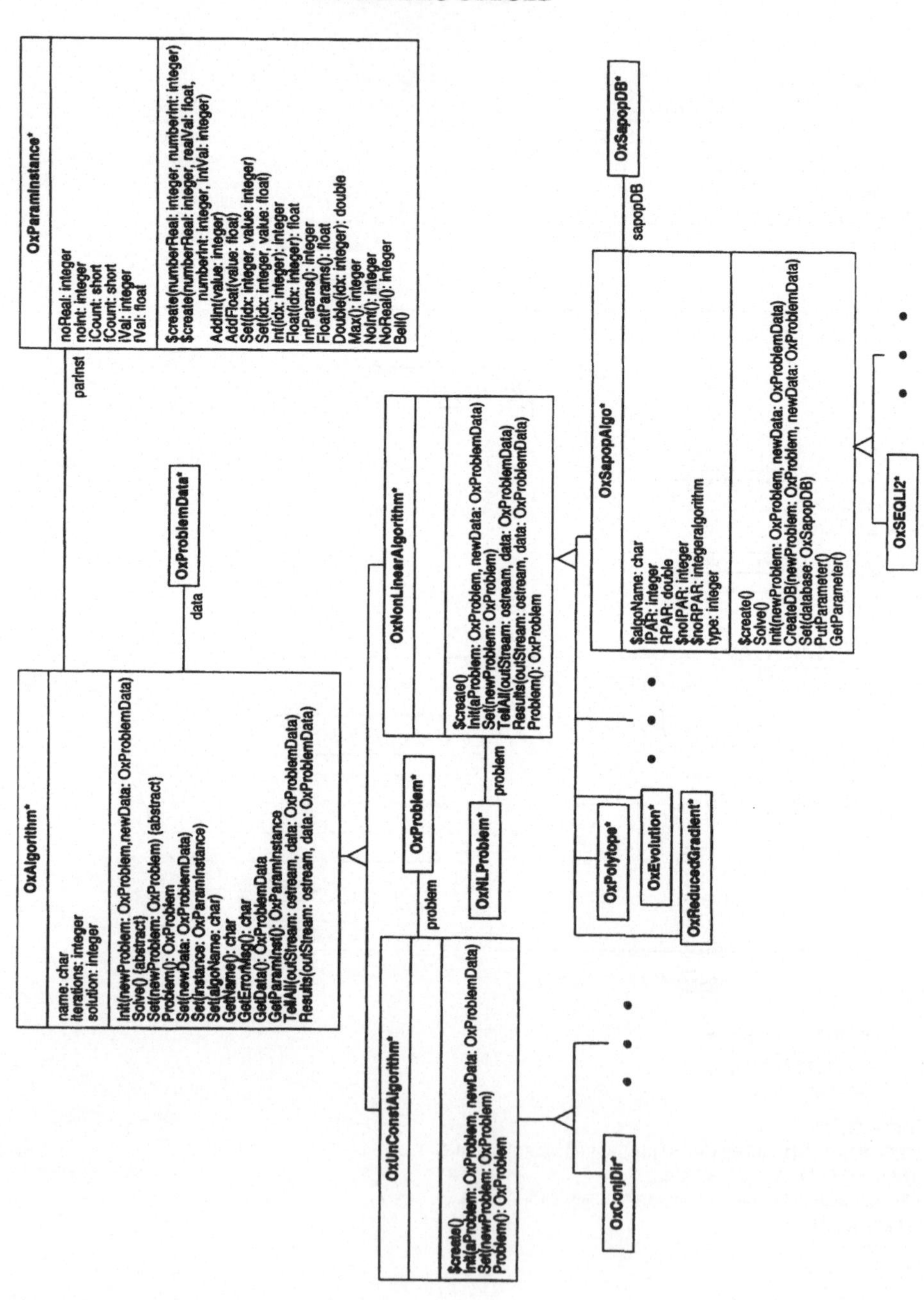

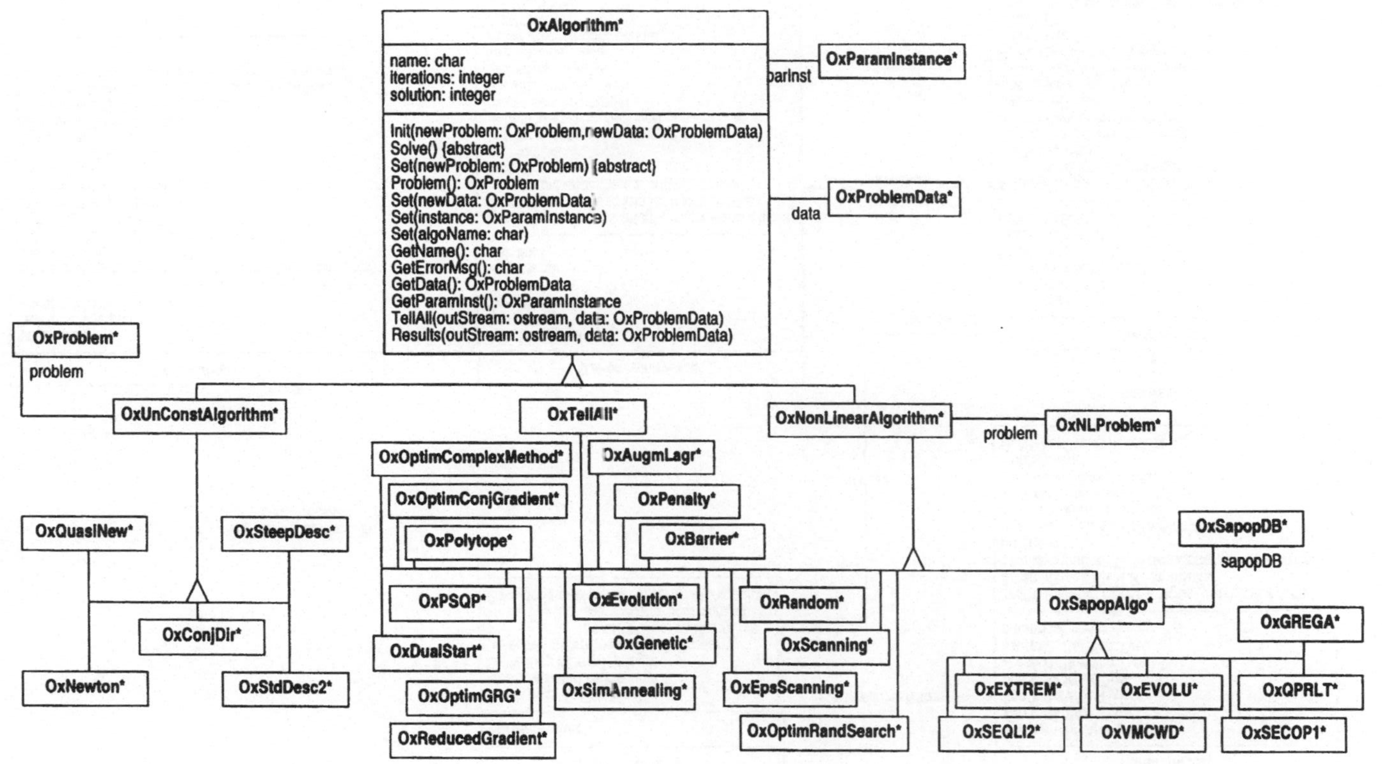
OxAlgorithm*
name: char
iterations: integer
solution: integer
Init(newProblem: OxProblem,newData: OxProblemData)
Solve() {abstract}
Set(newProblem: OxProblem) {abstract}
Problem(): OxProblem
Set(newData: OxProblemData
Set(instance: OxParamInstance)
Set(algoName: char)
GetName(): char
GetErrorMsg(): char
GetData(): OxProblemData
GetParamInst(): OxParamInstance
TellAll(outStream: ostream, data: OxProblemData)
Results(outStream: ostream, data: OxProblemData)
parInst
OxParamInstance*
data
OxProblemData*
OxProblem*
problem
OxUnConstAlgorithm*
OxTellAll*
OxNonLinearAlgorithm*
problem
OxNLProblem*
OxOptimComplexMethod*
OxAugmLagr*
OxOptimConjGradient*
OxPenalty*
OxPolytope*
OxBarrier*
OxQuasiNew*
OxSteepDesc*
OxSapopDB*
sapopDB
OxConjDir*
OxPSQP*
OxEvolution*
OxRandom*
OxSapopAlgo*
OxGREGA*
OxDualStart*
OxGenetic*
OxScanning*
OxNewton*
OxStdDesc2*
OxOptimGRG*
OxSimAnnealing*
OxEpsScanning*
OxEXTREM*
OxEVOLU*
OxQPRLT*
OxReducedGradient*
OxOptimRandSearch*
OxSEQLI2*
OxVMCWD*
OxSECOP1*

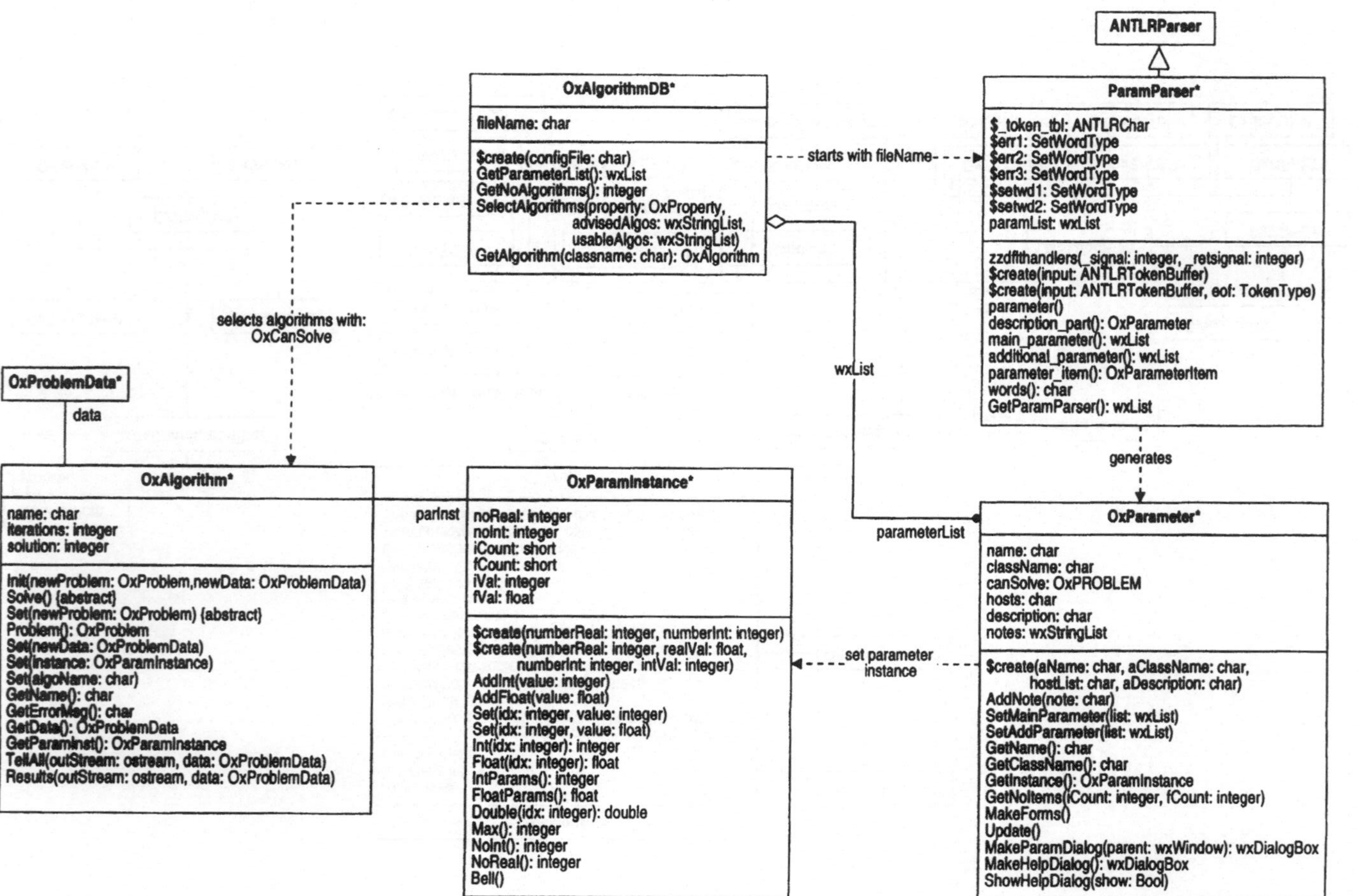

ANTLRParser
ParamParser*
$_token_tbl: ANTLRChar
$err1: SetWordType
$err2: SetWordType
$err3: SetWordType
$setwd1: SetWordType
$setwd2: SetWordType
paramList: wxList
zzdflthandlers(_signal: integer, _retsignal: integer)
$create(input: ANTLRTokenBuffer)
$create(input: ANTLRTokenBuffer, eof: TokenType)
parameter()
description_part(): OxParameter
main_parameter(): wxList
additional_parameter(): wxList
parameter_item(): OxParameterItem
words(): char
GetParamParser(): wxList
starts with fileName
OxAlgorithmDB*
fileName: char
$create(configFile: char)
GetParameterList(): wxList
GetNoAlgorithms(): integer
SelectAlgorithms(property: OxProperty, advisedAlgos: wxStringList, usableAlgos: wxStringList)
GetAlgorithm(classname: char): OxAlgorithm
selects algorithms with: OxCanSolve
wxList
generates
parameterList
OxParameter*
name: char
className: char
canSolve: OxPROBLEM
hosts: char
description: char
notes: wxStringList
$create(aName: char, aClassName: char, hostList: char, aDescription: char)
AddNote(note: char)
SetMainParameter(list: wxList)
SetAddParameter(list: wxList)
GetName(): char
GetClassName(): char
GetInstance(): OxParamInstance
GetNoItems(iCount: integer, fCount: integer)
MakeForms()
Update()
MakeParamDialog(parent: wxWindow): wxDialogBox
MakeHelpDialog(): wxDialogBox
ShowHelpDialog(show: Bool)
set parameter instance
OxProblemData*
data
OxAlgorithm*
name: char
iterations: integer
solution: integer
Init(newProblem: OxProblem,newData: OxProblemData)
Solve() {abstract}
Set(newProblem: OxProblem) {abstract}
Problem(): OxProblem
Set(newData: OxProblemData)
Set(instance: OxParamInstance)
Set(algoName: char)
GetName(): char
GetErrorMsg(): char
GetData(): OxProblemData
GetParamInst(): OxParamInstance
TellAll(outStream: ostream, data: OxProblemData)
Results(outStream: ostream, data: OxProblemData)
parInst
OxParamInstance*
noReal: integer
noInt: integer
iCount: short
fCount: short
iVal: integer
fVal: float
$create(numberReal: integer, numberInt: integer)
$create(numberReal: integer, realVal: float, numberInt: integer, intVal: integer)
AddInt(value: integer)
AddFloat(value: float)
Set(idx: integer, value: integer)
Set(idx: integer, value: float)
Int(idx: integer): integer
Float(idx: integer): float
IntParams(): integer
FloatParams(): float
Double(idx: integer): double
Max(): integer
NoInt(): integer
NoReal(): integer
Bell()

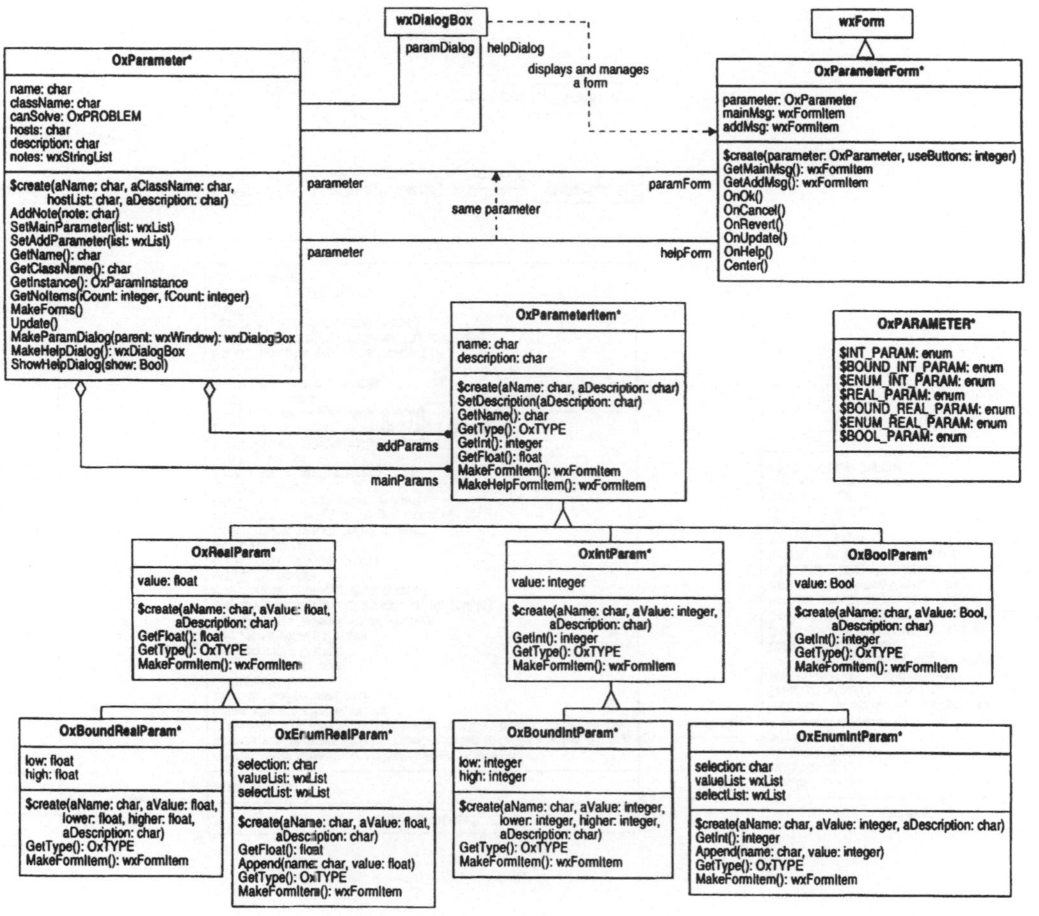
wxDialogBox
paramDialog
helpDialog
displays and manages a form
wxForm
OxParameterForm*
parameter: OxParameter
mainMsg: wxFormItem
addMsg: wxFormItem
$create(parameter: OxParameter, useButtons: integer)
GetMainMsg(): wxFormItem
GetAddMsg(): wxFormItem
OnOk()
OnCancel()
OnRevert()
OnUpdate()
OnHelp()
Center()
OxParameter*
name: char
className: char
canSolve: OxPROBLEM
hosts: char
description: char
notes: wxStringList
$create(aName: char, aClassName: char, hostList: char, aDescription: char)
AddNote(note: char)
SetMainParameter(list: wxList)
SetAddParameter(list: wxList)
GetName(): char
GetClassName(): char
GetInstance(): OxParamInstance
GetNoItems(iCount: integer, fCount: integer)
MakeForms()
Update()
MakeParamDialog(parent: wxWindow): wxDialogBox
MakeHelpDialog(): wxDialogBox
ShowHelpDialog(show: Bool)
parameter
paramForm
same parameter
parameter
helpForm
addParams
mainParams
OxParameterItem*
name: char
description: char
$create(aName: char, aDescription: char)
SetDescription(aDescription: char)
GetName(): char
GetType(): OxTYPE
GetInt(): integer
GetFloat(): float
MakeFormItem(): wxFormItem
MakeHelpFormItem(): wxFormItem
OxPARAMETER*
$INT_PARAM: enum
$BOUND_INT_PARAM: enum
$ENUM_INT_PARAM: enum
$REAL_PARAM: enum
$BOUND_REAL_PARAM: enum
$ENUM_REAL_PARAM: enum
$BOOL_PARAM: enum
OxRealParam*
value: float
$create(aName: char, aValue: float, aDescription: char)
GetFloat(): float
GetType(): OxTYPE
MakeFormItem(): wxFormItem
OxIntParam*
value: integer
$create(aName: char, aValue: integer, aDescription: char)
GetInt(): integer
GetType(): OxTYPE
MakeFormItem(): wxFormItem
OxBoolParam*
value: Bool
$create(aName: char, aValue: Bool, aDescription: char)
GetInt(): integer
GetType(): OxTYPE
MakeFormItem(): wxFormItem
OxBoundRealParam*
low: float
high: float
$create(aName: char, aValue: float, lower: float, higher: float, aDescription: char)
GetType(): OxTYPE
MakeFormItem(): wxFormItem
OxEnumRealParam*
selection: char
valueList: wxList
selectList: wxList
$create(aName: char, aValue: float, aDescription: char)
GetFloat(): float
Append(name: char, value: float)
GetType(): OxTYPE
MakeFormItem(): wxFormItem
OxBoundIntParam*
low: integer
high: integer
$create(aName: char, aValue: integer, lower: integer, higher: integer, aDescription: char)
GetType(): OxTYPE
MakeFormItem(): wxFormItem
OxEnumIntParam*
selection: char
valueList: wxList
selectList: wxList
$create(aName: char, aValue: integer, aDescription: char)
GetInt(): integer
Append(name: char, value: integer)
GetType(): OxTYPE
MakeFormItem(): wxFormItem

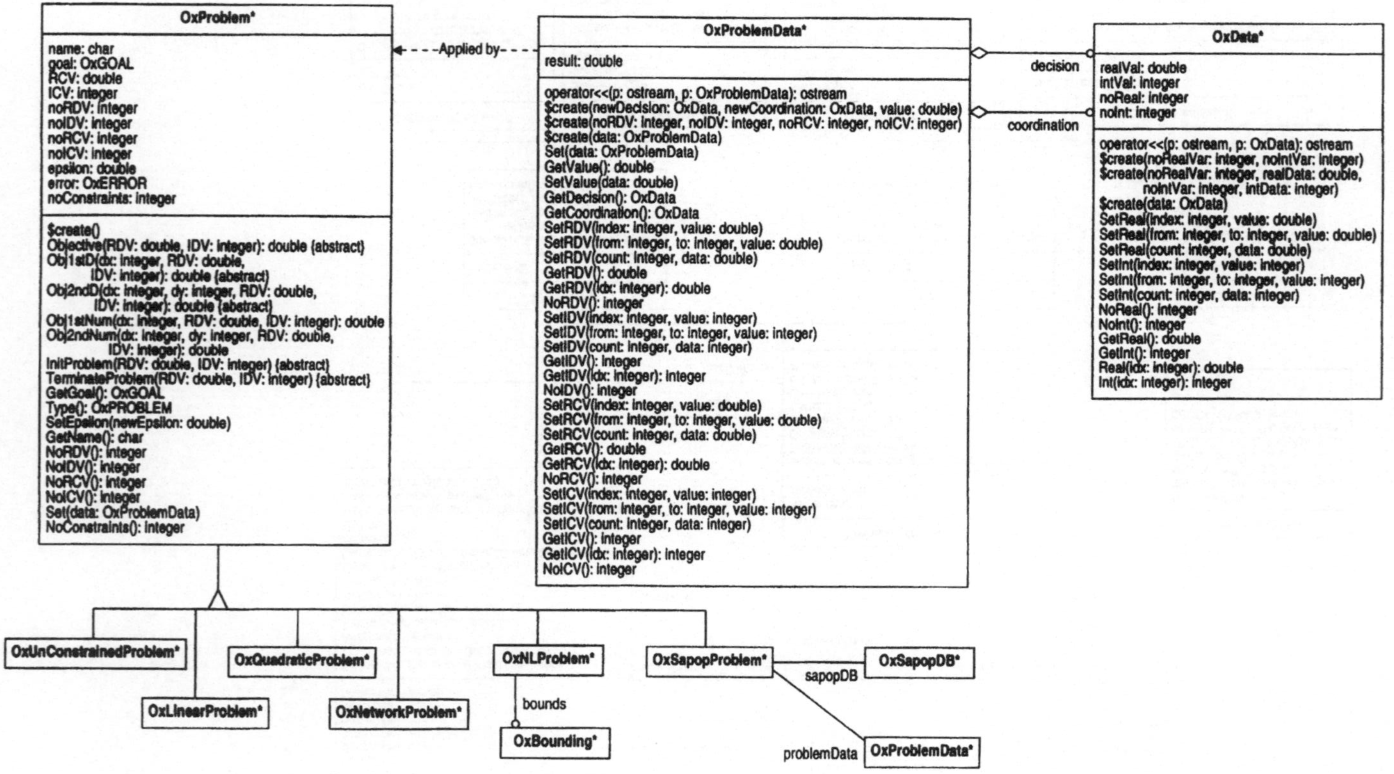
OxProblem*
name: char
goal: OxGOAL
RCV: double
ICV: integer
noRDV: integer
noIDV: integer
noRCV: integer
noICV: integer
epsilon: double
error: OxERROR
noConstraints: integer
$create()
Objective(RDV: double, IDV: integer): double {abstract}
Obj1stD(dx: integer, RDV: double, IDV: integer): double {abstract}
Obj2ndD(dx: integer, dy: integer, RDV: double, IDV: integer): double {abstract}
Obj1stNum(dx: integer, RDV: double, IDV: integer): double
Obj2ndNum(dx: integer, dy: integer, RDV: double, IDV: integer): double
InitProblem(RDV: double, IDV: integer) {abstract}
TerminateProblem(RDV: double, IDV: integer) {abstract}
GetGoal(): OxGOAL
Type(): OxPROBLEM
SetEpsilon(newEpsilon: double)
GetName(): char
NoRDV(): integer
NoIDV(): integer
NoRCV(): integer
NoICV(): integer
Set(data: OxProblemData)
NoConstraints(): integer
Applied by
OxProblemData*
result: double
operator<<(p: ostream, p: OxProblemData): ostream
$create(newDecision: OxData, newCoordination: OxData, value: double)
$create(noRDV: integer, noIDV: integer, noRCV: integer, noICV: integer)
$create(data: OxProblemData)
Set(data: OxProblemData)
GetValue(): double
SetValue(data: double)
GetDecision(): OxData
GetCoordination(): OxData
SetRDV(index: integer, value: double)
SetRDV(from: integer, to: integer, value: double)
SetRDV(count: integer, data: double)
GetRDV(): double
GetRDV(idx: integer): double
NoRDV(): integer
SetIDV(index: integer, value: integer)
SetIDV(from: integer, to: integer, value: integer)
SetIDV(count: integer, data: integer)
GetIDV(): integer
GetIDV(idx: integer): integer
NoIDV(): integer
SetRCV(index: integer, value: double)
SetRCV(from: integer, to: integer, value: double)
SetRCV(count: integer, data: double)
GetRCV(): double
GetRCV(idx: integer): double
NoRCV(): integer
SetICV(index: integer, value: integer)
SetICV(from: integer, to: integer, value: integer)
SetICV(count: integer, data: integer)
GetICV(): integer
GetICV(idx: integer): integer
NoICV(): integer
decision
coordination
OxData*
realVal: double
intVal: integer
noReal: integer
noInt: integer
operator<<(p: ostream, p: OxData): ostream
$create(noRealVar: integer, noIntVar: integer)
$create(noRealVar: integer, realData: double, noIntVar: integer, intData: integer)
$create(data: OxData)
SetReal(index: integer, value: double)
SetReal(from: integer, to: integer, value: double)
SetReal(count: integer, data: double)
SetInt(index: integer, value: integer)
SetInt(from: integer, to: integer, value: integer)
SetInt(count: integer, data: integer)
NoReal(): integer
NoInt(): integer
GetReal(): double
GetInt(): integer
Real(idx: integer): double
Int(idx: integer): integer
OxUnConstrainedProblem*
OxLinearProblem*
OxQuadraticProblem*
OxNetworkProblem*
OxNLProblem*
bounds
OxBounding*
OxSapopProblem*
sapopDB
OxSapopDB*
problemData
OxProblemData*

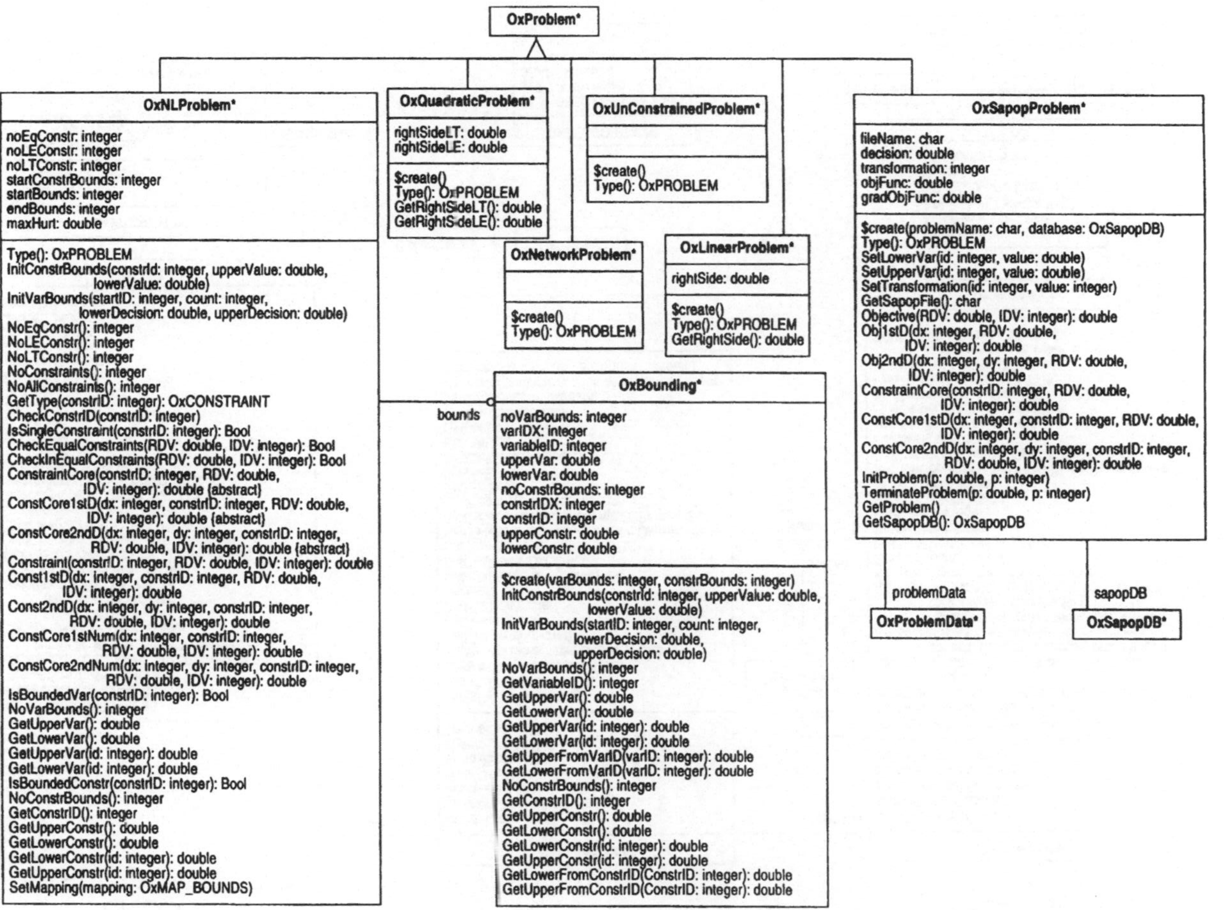
OxProblem*
OxNLProblem*
noEqConstr: integer
noLEConstr: integer
noLTConstr: integer
startConstrBounds: integer
startBounds: integer
endBounds: integer
maxHurt: double
Type(): OxPROBLEM
InitConstrBounds(constrId: integer, upperValue: double,
lowerValue: double)
InitVarBounds(startID: integer, count: integer,
lowerDecision: double, upperDecision: double)
NoEqConstr(): integer
NoLEConstr(): integer
NoLTConstr(): integer
NoConstraints(): integer
NoAllConstraints(): integer
GetType(constrID: integer): OxCONSTRAINT
CheckConstrID(constrID: integer)
IsSingleConstraint(constrID: integer): Bool
CheckEqualConstraints(RDV: double, IDV: integer): Bool
CheckInEqualConstraints(RDV: double, IDV: integer): Bool
ConstraintCore(constrID: integer, RDV: double,
IDV: integer): double {abstract}
ConstCore1stD(dx: integer, constrID: integer, RDV: double,
IDV: integer): double {abstract}
ConstCore2ndD(dx: integer, dy: integer, constrID: integer,
RDV: double, IDV: integer): double {abstract}
Constraint(constrID: integer, RDV: double, IDV: integer): double
Const1stD(dx: integer, constrID: integer, RDV: double,
IDV: integer): double
Const2ndD(dx: integer, dy: integer, constrID: integer,
RDV: double, IDV: integer): double
ConstCore1stNum(dx: integer, constrID: integer,
RDV: double, IDV: integer): double
ConstCore2ndNum(dx: integer, dy: integer, constrID: integer,
RDV: double, IDV: integer): double
IsBoundedVar(constrID: integer): Bool
NoVarBounds(): integer
GetUpperVar(): double
GetLowerVar(): double
GetUpperVar(id: integer): double
GetLowerVar(id: integer): double
IsBoundedConstr(constrID: integer): Bool
NoConstrBounds(): integer
GetConstrID(): integer
GetUpperConstr(): double
GetLowerConstr(): double
GetLowerConstr(id: integer): double
GetUpperConstr(id: integer): double
SetMapping(mapping: OxMAP_BOUNDS)
OxQuadraticProblem*
rightSideLT: double
rightSideLE: double
$create()
Type(): OxPROBLEM
GetRightSideLT(): double
GetRightSideLE(): double
OxUnConstrainedProblem*
$create()
Type(): OxPROBLEM
OxNetworkProblem*
$create()
Type(): OxPROBLEM
OxLinearProblem*
rightSide: double
$create()
Type(): OxPROBLEM
GetRightSide(): double
bounds
OxBounding*
noVarBounds: integer
varIDX: integer
variableID: integer
upperVar: double
lowerVar: double
noConstrBounds: integer
constrIDX: integer
constrID: integer
upperConstr: double
lowerConstr: double
$create(varBounds: integer, constrBounds: integer)
InitConstrBounds(constrId: integer, upperValue: double,
lowerValue: double)
InitVarBounds(startID: integer, count: integer,
lowerDecision: double,
upperDecision: double)
NoVarBounds(): integer
GetVariableID(): integer
GetUpperVar(): double
GetLowerVar(): double
GetUpperVar(id: integer): double
GetLowerVar(id: integer): double
GetUpperFromVarID(varID: integer): double
GetLowerFromVarID(varID: integer): double
NoConstrBounds(): integer
GetConstrID(): integer
GetUpperConstr(): double
GetLowerConstr(): double
GetLowerConstr(id: integer): double
GetUpperConstr(id: integer): double
GetLowerFromConstrID(ConstrID: integer): double
GetUpperFromConstrID(ConstrID: integer): double
OxSapopProblem*
fileName: char
decision: double
transformation: integer
objFunc: double
gradObjFunc: double
$create(problemName: char, database: OxSapopDB)
Type(): OxPROBLEM
SetLowerVar(id: integer, value: double)
SetUpperVar(id: integer, value: double)
SetTransformation(id: integer, value: integer)
GetSapopFile(): char
Objective(RDV: double, IDV: integer): double
Obj1stD(dx: integer, RDV: double,
IDV: integer): double
Obj2ndD(dx: integer, dy: integer, RDV: double,
IDV: integer): double
ConstraintCore(constrID: integer, RDV: double,
IDV: integer): double
ConstCore1stD(dx: integer, constrID: integer, RDV: double,
IDV: integer): double
ConstCore2ndD(dx: integer, dy: integer, constrID: integer,
RDV: double, IDV: integer): double
InitProblem(p: double, p: integer)
TerminateProblem(p: double, p: integer)
GetProblem()
GetSapopDB(): OxSapopDB
problemData
sapopDB
OxProblemData*
OxSapopDB*

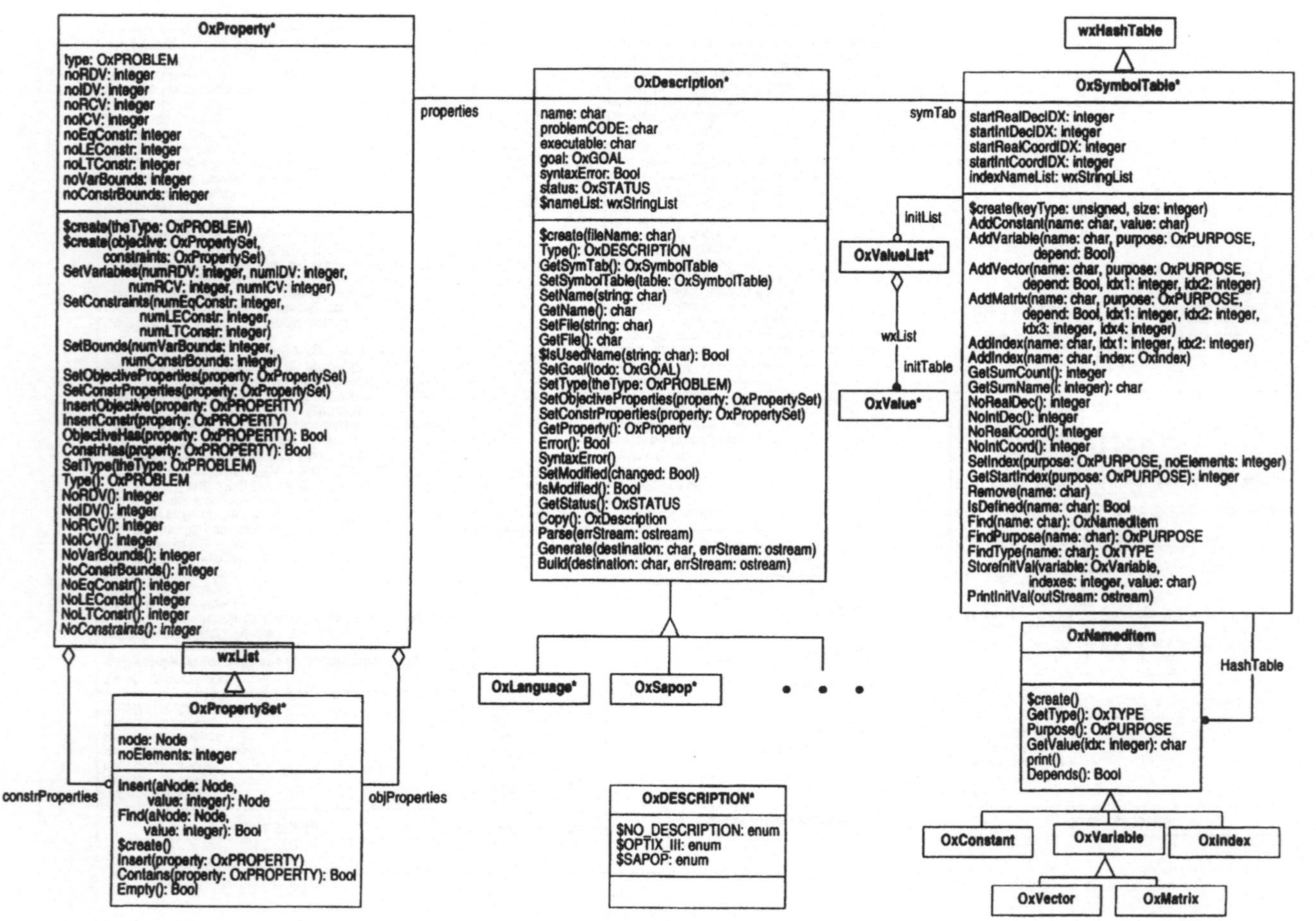
OxProperty*
type: OxPROBLEM
noRDV: integer
noIDV: integer
noRCV: integer
noICV: integer
noEqConstr: integer
noLEConstr: integer
noLTConstr: integer
noVarBounds: integer
noConstrBounds: integer
$create(theType: OxPROBLEM)
$create(objective: OxPropertySet,
constraints: OxPropertySet)
SetVariables(numRDV: integer, numIDV: integer,
numRCV: integer, numICV: integer)
SetConstraints(numEqConstr: integer,
numLEConstr: integer,
numLTConstr: integer)
SetBounds(numVarBounds: integer,
numConstrBounds: integer)
SetObjectiveProperties(property: OxPropertySet)
SetConstrProperties(property: OxPropertySet)
InsertObjective(property: OxPROPERTY)
InsertConstr(property: OxPROPERTY)
ObjectiveHas(property: OxPROPERTY): Bool
ConstrHas(property: OxPROPERTY): Bool
SetType(theType: OxPROBLEM)
Type(): OxPROBLEM
NoRDV(): integer
NoIDV(): integer
NoRCV(): integer
NoICV(): integer
NoVarBounds(): integer
NoConstrBounds(): integer
NoEqConstr(): integer
NoLEConstr(): integer
NoLTConstr(): integer
NoConstraints(): integer
properties
wxList
OxPropertySet*
node: Node
noElements: integer
Insert(aNode: Node,
value: integer): Node
Find(aNode: Node,
value: integer): Bool
$create()
Insert(property: OxPROPERTY)
Contains(property: OxPROPERTY): Bool
Empty(): Bool
constrProperties
objProperties
OxDescription*
name: char
problemCODE: char
executable: char
goal: OxGOAL
syntaxError: Bool
status: OxSTATUS
$nameList: wxStringList
$create(fileName: char)
Type(): OxDESCRIPTION
GetSymTab(): OxSymbolTable
SetSymbolTable(table: OxSymbolTable)
SetName(string: char)
GetName(): char
SetFile(string: char)
GetFile(): char
$IsUsedName(string: char): Bool
SetGoal(todo: OxGOAL)
SetType(theType: OxPROBLEM)
SetObjectiveProperties(property: OxPropertySet)
SetConstrProperties(property: OxPropertySet)
GetProperty(): OxProperty
Error(): Bool
SyntaxError()
SetModified(changed: Bool)
IsModified(): Bool
GetStatus(): OxSTATUS
Copy(): OxDescription
Parse(errStream: ostream)
Generate(destination: char, errStream: ostream)
Build(destination: char, errStream: ostream)
OxLanguage*
OxSapop*
OxDESCRIPTION*
$NO_DESCRIPTION: enum
$OPTIX_III: enum
$SAPOP: enum
symTab
initList
OxValueList*
wxList
initTable
OxValue*
wxHashTable
OxSymbolTable*
startRealDecIDX: integer
startIntDecIDX: integer
startRealCoordIDX: integer
startIntCoordIDX: integer
indexNameList: wxStringList
$create(keyType: unsigned, size: integer)
AddConstant(name: char, value: char)
AddVariable(name: char, purpose: OxPURPOSE,
depend: Bool)
AddVector(name: char, purpose: OxPURPOSE,
depend: Bool, idx1: integer, idx2: integer)
AddMatrix(name: char, purpose: OxPURPOSE,
depend: Bool, idx1: integer, idx2: integer,
idx3: integer, idx4: integer)
AddIndex(name: char, idx1: integer, idx2: integer)
AddIndex(name: char, index: OxIndex)
GetSumCount(): integer
GetSumName(i: integer): char
NoRealDec(): integer
NoIntDec(): integer
NoRealCoord(): integer
NoIntCoord(): integer
SetIndex(purpose: OxPURPOSE, noElements: integer)
GetStartIndex(purpose: OxPURPOSE): integer
Remove(name: char)
IsDefined(name: char): Bool
Find(name: char): OxNamedItem
FindPurpose(name: char): OxPURPOSE
FindType(name: char): OxTYPE
StoreInitVal(variable: OxVariable,
indexes: integer, value: char)
PrintInitVal(outStream: ostream)
HashTable
OxNamedItem
$create()
GetType(): OxTYPE
Purpose(): OxPURPOSE
GetValue(idx: integer): char
print()
Depends(): Bool
OxConstant
OxVariable
OxIndex
OxVector
OxMatrix

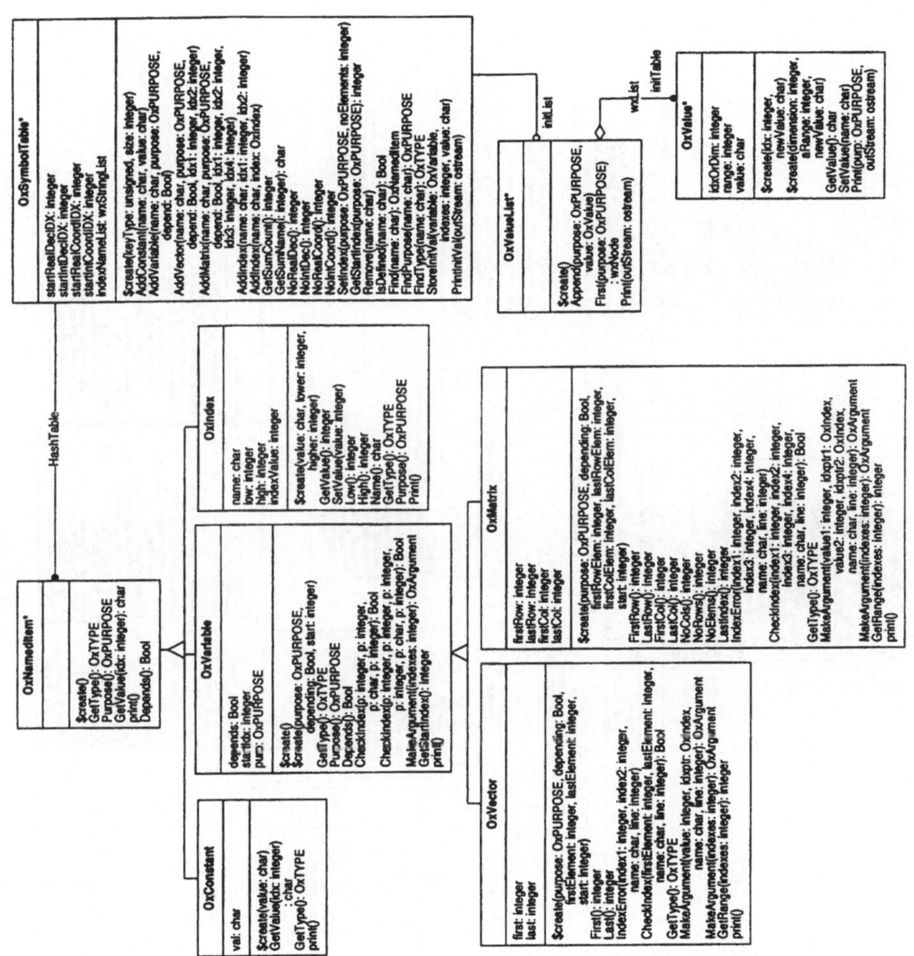
OxNamedItem*
$create()
GetType(): OxTYPE
Purpose(): OxPURPOSE
GetValue(idx: integer): char
print()
Depends(): Bool
HashTable
OxSymbolTable*
startRealDecIDX: integer
startIntDecIDX: integer
startRealCoordIDX: integer
startIntCoordIDX: integer
indexNameList: wxStringList
$create(keyType: unsigned, size: integer)
AddConstant(name: char, value: char)
AddVariable(name: char, purpose: OxPURPOSE, depend: Bool)
AddVector(name: char, purpose: OxPURPOSE, depend: Bool, idx1: integer, idx2: integer)
AddMatrix(name: char, purpose: OxPURPOSE, depend: Bool, idx1: integer, idx2: integer, idx3: integer, idx4: integer)
AddIndex(name: char, idx1: integer, idx2: integer)
AddIndex(name: char, index: OxIndex)
GetSumCount(): integer
GetSumName(i: integer): char
NoRealDec(): integer
NoIntDec(): integer
NoRealCoord(): integer
NoIntCoord(): integer
SetIndex(purpose: OxPURPOSE, noElements: integer)
GetStartIndex(purpose: OxPURPOSE): integer
Remove(name: char)
IsDefined(name: char): Bool
Find(name: char): OxNamedItem
FindPurpose(name: char): OxPURPOSE
FindType(name: char): OxTYPE
StoreInitVal(variable: OxVariable, indexes: integer, value: char)
PrintInitVal(outStream: ostream)
OxConstant
val: char
$create(value: char)
GetValue(idx: integer) : char
GetType(): OxTYPE
print()
OxVariable
depends: Bool
startIdx: integer
purp: OxPURPOSE
$create()
$create(purpose: OxPURPOSE, depending: Bool, start: integer)
GetType(): OxTYPE
Purpose(): OxPURPOSE
Depends(): Bool
CheckIndex(p: integer, p: integer, p: char, p: integer): Bool
CheckIndex(p: integer, p: integer, p: integer, p: integer, p: char, p: integer): Bool
MakeArgument(indexes: integer): OxArgument
GetStartIndex(): integer
print()
OxIndex
name: char
low: integer
high: integer
indexValue: integer
$create(value: char, lower: integer, higher: integer)
GetValue(): integer
SetValue(value: integer)
Low(): integer
High(): integer
Name(): char
GetType(): OxTYPE
Purpose(): OxPURPOSE
Print()
OxValueList*
initList
$create()
Append(purpose: OxPURPOSE, value: OxValue)
First(purpose: OxPURPOSE) : wxNode
Print(outStream: ostream)
wxList
initTable
OxValue*
idxOrDim: integer
range: integer
value: char
$create(idx: integer, newValue: char)
$create(dimension: integer, aRange: integer, newValue: char)
GetValue(): char
SetValue(name: char)
Print(purp: OxPURPOSE, outStream: ostream)
OxVector
first: integer
last: integer
$create(purpose: OxPURPOSE, depending: Bool, firstElement: integer, lastElement: integer, start: integer)
First(): integer
Last(): integer
IndexError(index1: integer, index2: integer, name: char, line: integer)
CheckIndex(firstElement: integer, lastElement: integer, name: char, line: integer): Bool
GetType(): OxTYPE
MakeArgument(value: integer, idxptr: OxIndex, name: char, line: integer): OxArgument
MakeArgument(indexes: integer): OxArgument
GetRange(indexes: integer): integer
print()
OxMatrix
firstRow: integer
lastRow: integer
firstCol: integer
lastCol: integer
$create(purpose: OxPURPOSE, depending: Bool, firstRowElem: integer, lastRowElem: integer, firstColElem: integer, lastColElem: integer, start: integer)
FirstRow(): integer
LastRow(): integer
FirstCol(): integer
LastCol(): integer
NoCols(): integer
NoRows(): integer
NoElems(): integer
LastIndex(): integer
IndexError(index1: integer, index2: integer, index3: integer, index4: integer, name: char, line: integer)
CheckIndex(index1: integer, index2: integer, index3: integer, index4: integer, name: char, line: integer): Bool
GetType(): OxTYPE
MakeArgument(value1: integer, idxptr1: OxIndex, value2: integer, idxptr2: OxIndex, name: char, line: integer): OxArgument
MakeArgument(indexes: integer): OxArgument
GetRange(indexes: integer): integer
print()

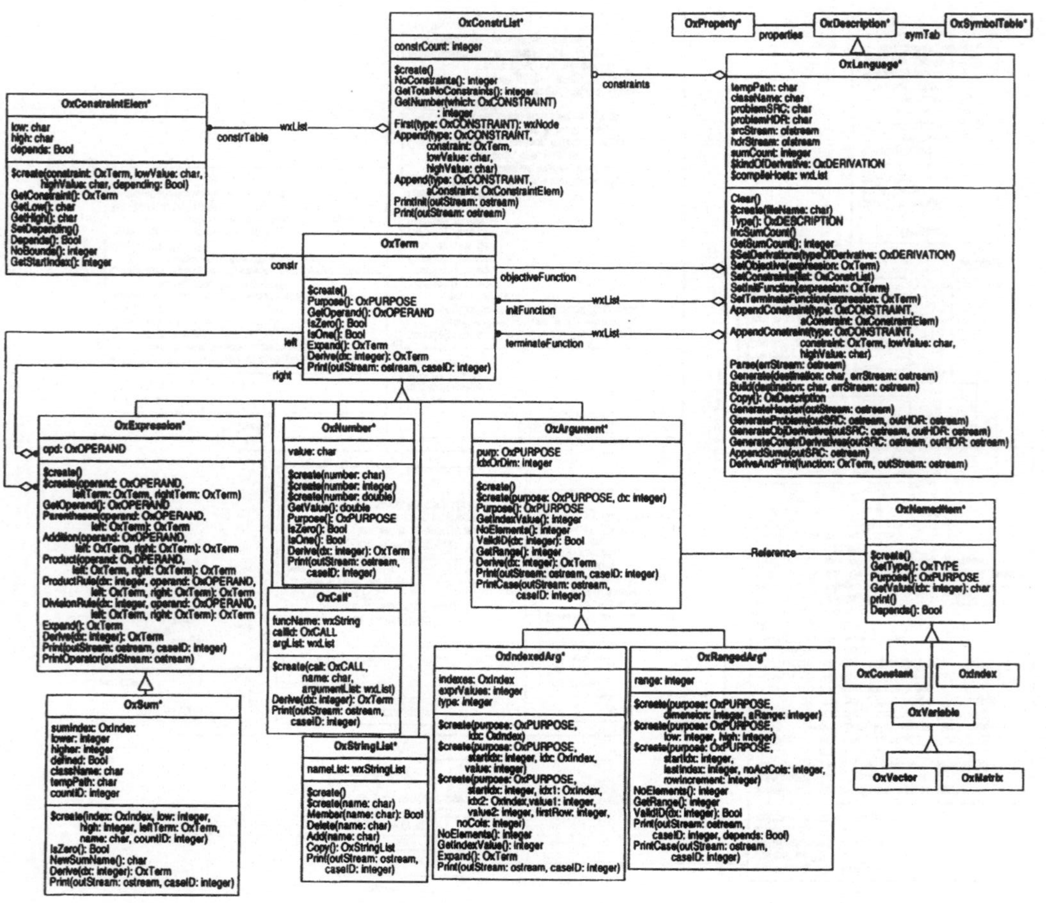
OxProperty*
properties
OxDescription*
symTab
OxSymbolTable*
OxLanguage*
tempPath: char
className: char
problemSRC: char
problemHDR: char
srcStream: ofstream
hdrStream: ofstream
sumCount: integer
$kindOfDerivative: OxDERIVATION
$compileHosts: wxList
Clear()
$create(fileName: char)
Type(): OxDESCRIPTION
IncSumCount()
GetSumCount(): integer
$SetDerivations(typeOfDerivative: OxDERIVATION)
SetObjective(expression: OxTerm)
SetConstraints(list: OxConstrList)
SetInitFunction(expression: OxTerm)
SetTerminateFunction(expression: OxTerm)
AppendConstraint(type: OxCONSTRAINT, aConstraint: OxConstraintElem)
AppendConstraint(type: OxCONSTRAINT, constraint: OxTerm, lowValue: char, highValue: char)
Parse(errStream: ostream)
Generate(destination: char, errStream: ostream)
Build(destination: char, errStream: ostream)
Copy(): OxDescription
GenerateHeader(outStream: ostream)
GenerateProblem(outSRC: ostream, outHDR: ostream)
GenerateObjDerivative(outSRC: ostream, outHDR: ostream)
GenerateConstrDerivatives(outSRC: ostream, outHDR: ostream)
AppendSums(outSRC: ostream)
DeriveAndPrint(function: OxTerm, outStream: ostream)
constraints
OxConstrList*
constrCount: integer
$create()
NoConstraints(): integer
GetTotalNoConstraints(): integer
GetNumber(which: OxCONSTRAINT) : integer
First(type: OxCONSTRAINT): wxNode
Append(type: OxCONSTRAINT, constraint: OxTerm, lowValue: char, highValue: char)
Append(type: OxCONSTRAINT, aConstraint: OxConstraintElem)
PrintInit(outStream: ostream)
Print(outStream: ostream)
wxList
constrTable
OxConstraintElem*
low: char
high: char
depends: Bool
$create(constraint: OxTerm, lowValue: char, highValue: char, depending: Bool)
GetConstraint(): OxTerm
GetLow(): char
GetHigh(): char
SetDepending()
Depends(): Bool
NoBounds(): integer
GetStartIndex(): integer
constr
OxTerm
$create()
Purpose(): OxPURPOSE
GetOperand(): OxOPERAND
IsZero(): Bool
IsOne(): Bool
Expand(): OxTerm
Derive(dx: integer): OxTerm
Print(outStream: ostream, caseID: integer)
objectiveFunction
initFunction
wxList
terminateFunction
wxList
left
right
OxExpression*
opd: OxOPERAND
$create()
$create(operand: OxOPERAND, leftTerm: OxTerm, rightTerm: OxTerm)
GetOperand(): OxOPERAND
Parentheses(operand: OxOPERAND, left: OxTerm): OxTerm
Addition(operand: OxOPERAND, left: OxTerm, right: OxTerm): OxTerm
Product(operand: OxOPERAND, left: OxTerm, right: OxTerm): OxTerm
ProductRule(dx: integer, operand: OxOPERAND, left: OxTerm, right: OxTerm): OxTerm
DivisionRule(dx: integer, operand: OxOPERAND, left: OxTerm, right: OxTerm): OxTerm
Expand(): OxTerm
Derive(dx: integer): OxTerm
Print(outStream: ostream, caseID: integer)
PrintOperator(outStream: ostream)
OxSum*
sumIndex: OxIndex
lower: integer
higher: integer
defined: Bool
className: char
tempPath: char
countID: integer
$create(index: OxIndex, low: integer, high: integer, leftTerm: OxTerm, name: char, countID: integer)
IsZero(): Bool
NewSumName(): char
Derive(dx: integer): OxTerm
Print(outStream: ostream, caseID: integer)
OxNumber*
value: char
$create(number: char)
$create(number: integer)
$create(number: double)
GetValue(): double
Purpose(): OxPURPOSE
IsZero(): Bool
IsOne(): Bool
Derive(dx: integer): OxTerm
Print(outStream: ostream, caseID: integer)
OxCall*
funcName: wxString
callId: OxCALL
argList: wxList
$create(call: OxCALL, name: char, argumentList: wxList)
Derive(dx: integer): OxTerm
Print(outStream: ostream, caseID: integer)
OxStringList*
nameList: wxStringList
$create()
$create(name: char)
Member(name: char): Bool
Delete(name: char)
Add(name: char)
Copy(): OxStringList
Print(outStream: ostream, caseID: integer)
OxArgument*
purp: OxPURPOSE
idxOrDim: integer
$create()
$create(purpose: OxPURPOSE, dx: integer)
Purpose(): OxPURPOSE
GetIndexValue(): integer
NoElements(): integer
ValidID(dx: integer): Bool
GetRange(): integer
Derive(dx: integer): OxTerm
Print(outStream: ostream, caseID: integer)
PrintCase(outStream: ostream, caseID: integer)
Reference
OxIndexedArg*
indexes: OxIndex
exprValues: integer
type: integer
$create(purpose: OxPURPOSE, idx: OxIndex)
$create(purpose: OxPURPOSE, startIdx: integer, idx: OxIndex, value: integer)
$create(purpose: OxPURPOSE, startIdx: integer, idx1: OxIndex, idx2: OxIndex,value1: integer, value2: integer, firstRow: integer, noCols: integer)
NoElements(): integer
GetIndexValue(): integer
Expand(): OxTerm
Print(outStream: ostream, caseID: integer)
OxRangedArg*
range: integer
$create(purpose: OxPURPOSE, dimension: integer, aRange: integer)
$create(purpose: OxPURPOSE, low: integer, high: integer)
$create(purpose: OxPURPOSE, startIdx: integer, lastIndex: integer, noActCols: integer, rowIncrement: integer)
NoElements(): integer
GetRange(): integer
ValidID(dx: integer): Bool
Print(outStream: ostream, caseID: integer, depends: Bool)
PrintCase(outStream: ostream, caseID: integer)
OxNamedItem*
$create()
GetType(): OxTYPE
Purpose(): OxPURPOSE
GetValue(idx: integer): char
print()
Depends(): Bool
OxConstant
OxIndex
OxVariable
OxVector
OxMatrix

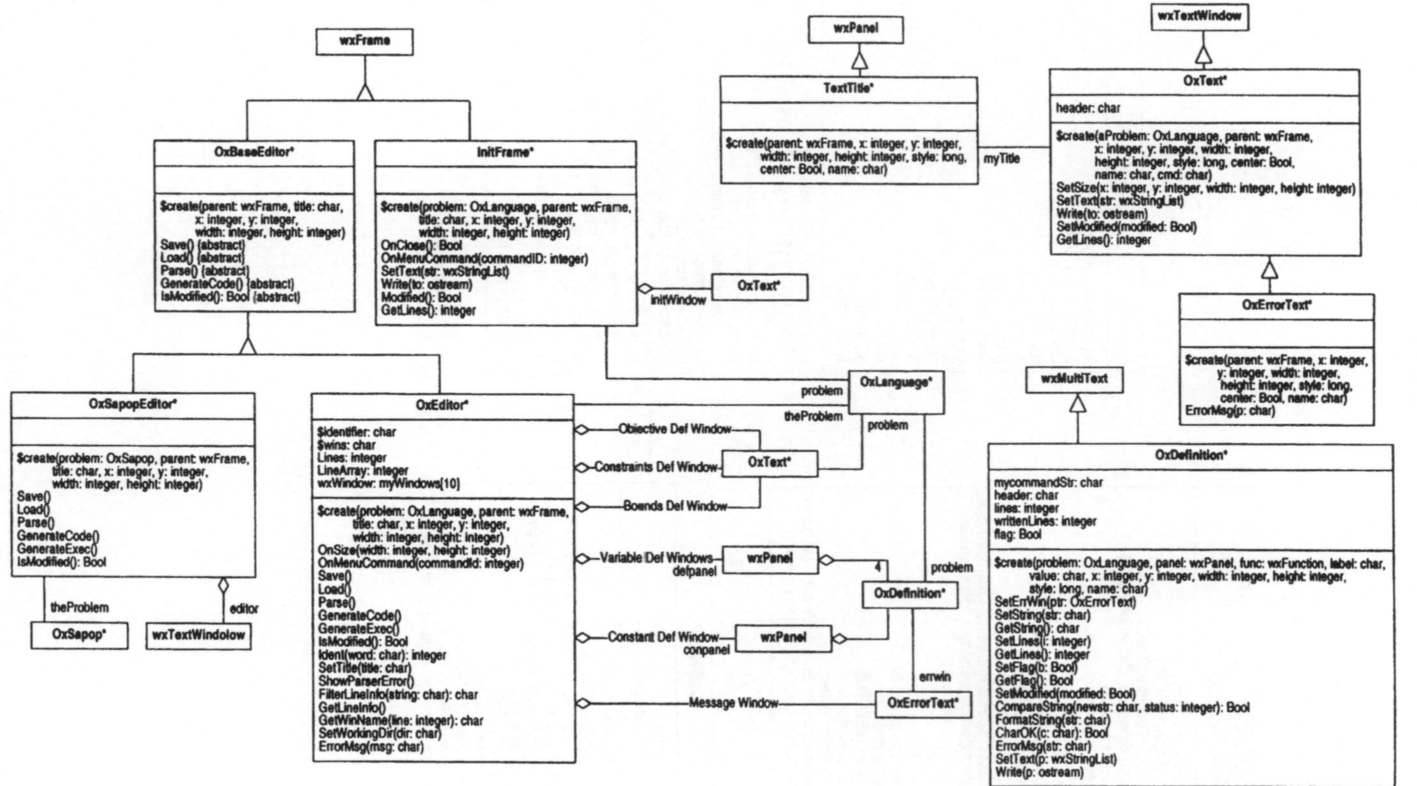
wxFrame
OxBaseEditor*
$create(parent: wxFrame, title: char,
x: integer, y: integer,
width: integer, height: integer)
Save() {abstract}
Load() {abstract}
Parse() {abstract}
GenerateCode() {abstract}
IsModified(): Bool {abstract}
InitFrame*
$create(problem: OxLanguage, parent: wxFrame,
title: char, x: integer, y: integer,
width: integer, height: integer)
OnClose(): Bool
OnMenuCommand(commandID: integer)
SetText(str: wxStringList)
Write(to: ostream)
Modified(): Bool
GetLines(): integer
initWindow
OxText*
wxPanel
TextTitle*
$create(parent: wxFrame, x: integer, y: integer,
width: integer, height: integer, style: long,
center: Bool, name: char)
myTitle
wxTextWindow
OxText*
header: char
$create(aProblem: OxLanguage, parent: wxFrame,
x: integer, y: integer, width: integer,
height: integer, style: long, center: Bool,
name: char, cmd: char)
SetSize(x: integer, y: integer, width: integer, height: integer)
SetText(str: wxStringList)
Write(to: ostream)
SetModified(modified: Bool)
GetLines(): integer
OxErrorText*
$create(parent: wxFrame, x: integer,
y: integer, width: integer,
height: integer, style: long,
center: Bool, name: char)
ErrorMsg(p: char)
OxSapopEditor*
$create(problem: OxSapop, parent: wxFrame,
title: char, x: integer, y: integer,
width: integer, height: integer)
Save()
Load()
Parse()
GenerateCode()
GenerateExec()
IsModified(): Bool
theProblem
OxSapop*
editor
wxTextWindolow
OxEditor*
$identifier: char
$wins: char
Lines: integer
LineArray: integer
wxWindow: myWindows[10]
$create(problem: OxLanguage, parent: wxFrame,
title: char, x: integer, y: integer,
width: integer, height: integer)
OnSize(width: integer, height: integer)
OnMenuCommand(commandId: integer)
Save()
Load()
Parse()
GenerateCode()
GenerateExec()
IsModified(): Bool
Ident(word: char): integer
SetTitle(title: char)
ShowParserError()
FilterLineInfo(string: char): char
GetLineInfo()
GetWinName(line: integer): char
SetWorkingDir(dir: char)
ErrorMsg(msg: char)
problem
OxLanguage*
theProblem
problem
Objective Def Window
Constraints Def Window
OxText*
Bounds Def Window
Variable Def Windows
defpanel
wxPanel
4
problem
OxDefinition*
Constant Def Window
conpanel
wxPanel
errwin
Message Window
OxErrorText*
wxMultiText
OxDefinition*
mycommandStr: char
header: char
lines: integer
writtenLines: integer
flag: Bool
$create(problem: OxLanguage, panel: wxPanel, func: wxFunction, label: char,
value: char, x: integer, y: integer, width: integer, height: integer,
style: long, name: char)
SetErrWin(ptr: OxErrorText)
SetString(str: char)
GetString(): char
SetLines(i: integer)
GetLines(): integer
SetFlag(b: Bool)
GetFlag(): Bool
SetModified(modified: Bool)
CompareString(newstr: char, status: integer): Bool
FormatString(str: char)
CharOK(c: char): Bool
ErrorMsg(str: char)
SetText(p: wxStringList)
Write(p: ostream)

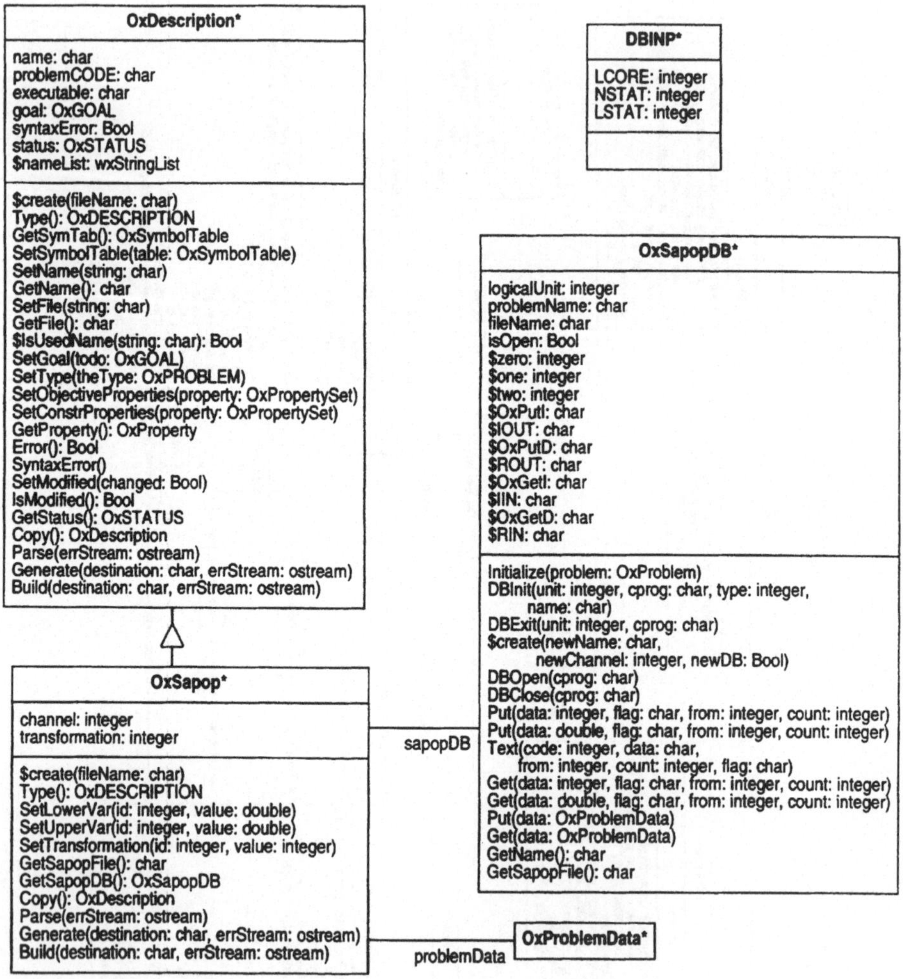

OxDescription*

name: char
problemCODE: char
executable: char
goal: OxGOAL
syntaxError: Bool
status: OxSTATUS
$nameList: wxStringList

$create(fileName: char)
Type(): OxDESCRIPTION
GetSymTab(): OxSymbolTable
SetSymbolTable(table: OxSymbolTable)
SetName(string: char)
GetName(): char
SetFile(string: char)
GetFile(): char
$IsUsedName(string: char): Bool
SetGoal(todo: OxGOAL)
SetType(theType: OxPROBLEM)
SetObjectiveProperties(property: OxPropertySet)
SetConstrProperties(property: OxPropertySet)
GetProperty(): OxProperty
Error(): Bool
SyntaxError()
SetModified(changed: Bool)
IsModified(): Bool
GetStatus(): OxSTATUS
Copy(): OxDescription
Parse(errStream: ostream)
Generate(destination: char, errStream: ostream)
Build(destination: char, errStream: ostream)

DBINP*

LCORE: integer
NSTAT: integer
LSTAT: integer

OxSapop*

channel: integer
transformation: integer

$create(fileName: char)
Type(): OxDESCRIPTION
SetLowerVar(id: integer, value: double)
SetUpperVar(id: integer, value: double)
SetTransformation(id: integer, value: integer)
GetSapopFile(): char
GetSapopDB(): OxSapopDB
Copy(): OxDescription
Parse(errStream: ostream)
Generate(destination: char, errStream: ostream)
Build(destination: char, errStream: ostream)

sapopDB

OxSapopDB*

logicalUnit: integer
problemName: char
fileName: char
isOpen: Bool
$zero: integer
$one: integer
$two: integer
$OxPutI: char
$IOUT: char
$OxPutD: char
$ROUT: char
$OxGetI: char
$IIN: char
$OxGetD: char
$RIN: char

Initialize(problem: OxProblem)
DBInit(unit: integer, cprog: char, type: integer, name: char)
DBExit(unit: integer, cprog: char)
$create(newName: char, newChannel: integer, newDB: Bool)
DBOpen(cprog: char)
DBClose(cprog: char)
Put(data: integer, flag: char, from: integer, count: integer)
Put(data: double, flag: char, from: integer, count: integer)
Text(code: integer, data: char, from: integer, count: integer, flag: char)
Get(data: integer, flag: char, from: integer, count: integer)
Get(data: double, flag: char, from: integer, count: integer)
Put(data: OxProblemData)
Get(data: OxProblemData)
GetName(): char
GetSapopFile(): char

problemData

OxProblemData*

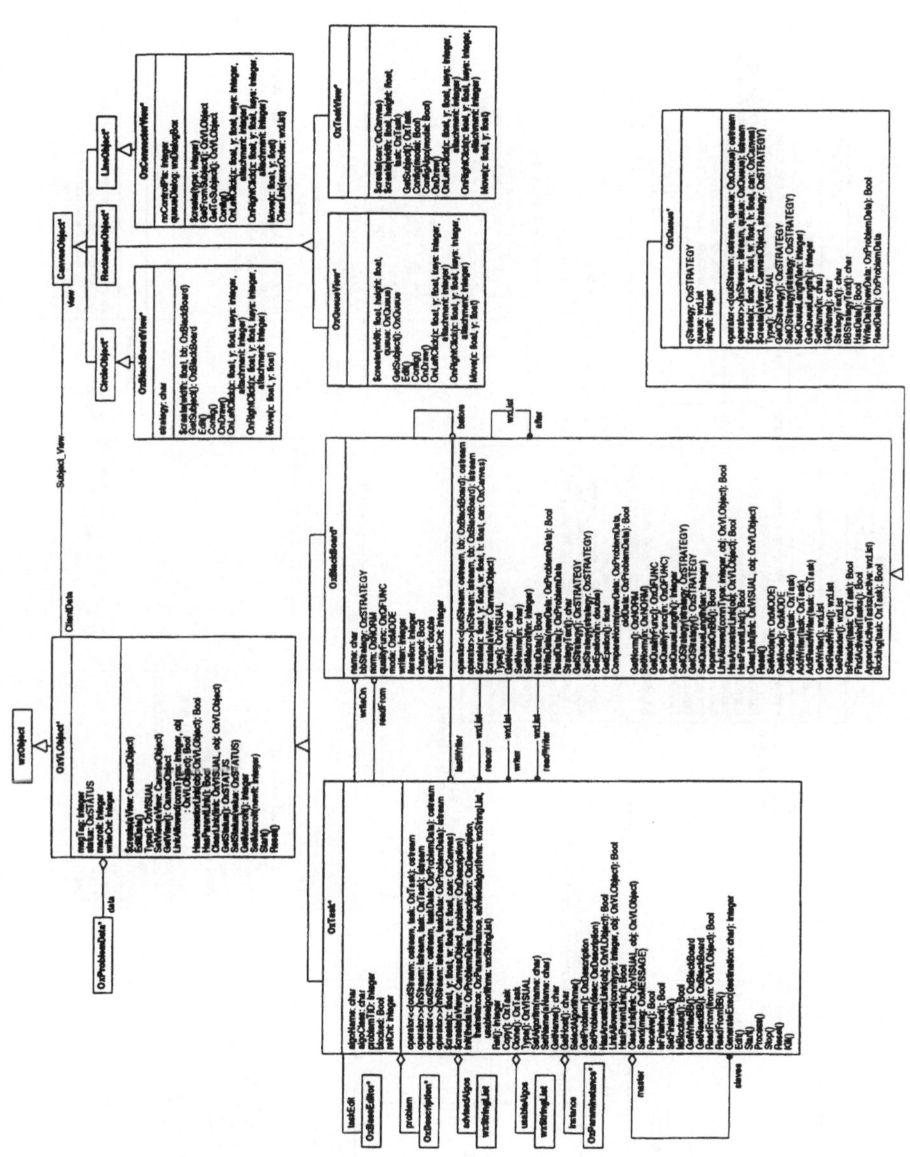
wxObject
OxVLObject*
OxProblemData*
data
ClientData
Subject_View
view
CanvasObject*
CircleObject*
RectangleObject*
LineObject*
OxBlackBoardView*
OxConnectorView*
OxQueueView*
OxTaskView*
OxTask*
OxBlackBoard*
OxQueue*
taskEdit
OxBaseEditor*
problem
OxDescription*
advisedAlgos
wxStringList
usableAlgos
instance
OxParamInstance*
master
slaves
lastWriter
reader
writer
readWriter
writeOn
readFrom
before
after
wxList

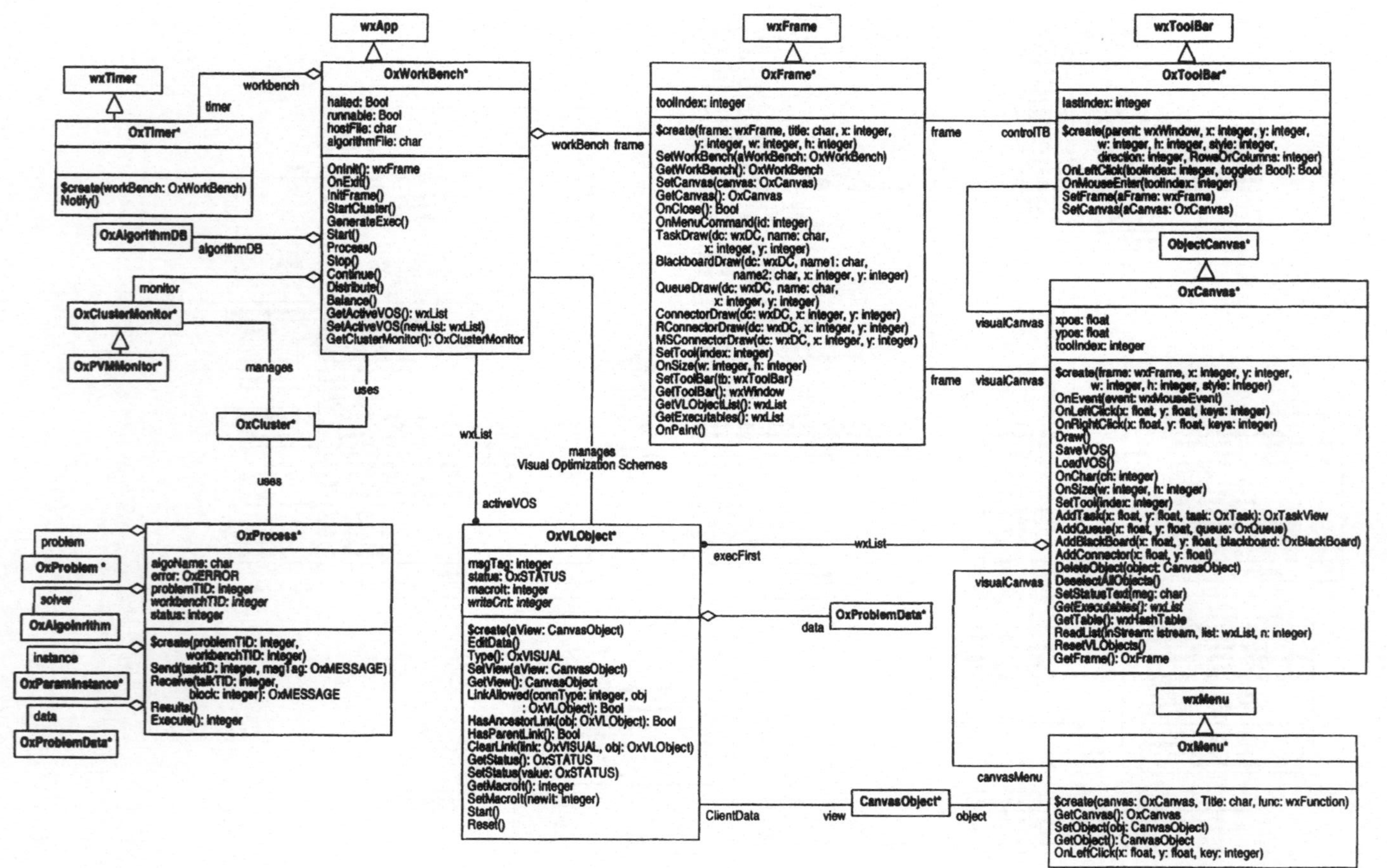
wxTimer
OxTimer*
$create(workBench: OxWorkBench)
Notify()
timer
workbench
wxApp
OxWorkBench*
halted: Bool
runnable: Bool
hostFile: char
algorithmFile: char
OnInit(): wxFrame
OnExit()
InitFrame()
StartCluster()
GenerateExec()
Start()
Process()
Stop()
Continue()
Distribute()
Balance()
GetActiveVOS(): wxList
SetActiveVOS(newList: wxList)
GetClusterMonitor(): OxClusterMonitor
OxAlgorithmDB
algorithmDB
monitor
OxClusterMonitor*
OxPVMMonitor*
manages
uses
OxCluster*
uses
workBench frame
wxFrame
OxFrame*
toolIndex: integer
$create(frame: wxFrame, title: char, x: integer, y: integer, w: integer, h: integer)
SetWorkBench(aWorkBench: OxWorkBench)
GetWorkBench(): OxWorkBench
SetCanvas(canvas: OxCanvas)
GetCanvas(): OxCanvas
OnClose(): Bool
OnMenuCommand(id: integer)
TaskDraw(dc: wxDC, name: char, x: integer, y: integer)
BlackboardDraw(dc: wxDC, name1: char, name2: char, x: integer, y: integer)
QueueDraw(dc: wxDC, name: char, x: integer, y: integer)
ConnectorDraw(dc: wxDC, x: integer, y: integer)
RConnectorDraw(dc: wxDC, x: integer, y: integer)
MSConnectorDraw(dc: wxDC, x: integer, y: integer)
SetTool(index: integer)
OnSize(w: integer, h: integer)
SetToolBar(tb: wxToolBar)
GetToolBar(): wxWindow
GetVLObjectList(): wxList
GetExecutables(): wxList
OnPaint()
frame
controlTB
wxToolBar
OxToolBar*
lastIndex: integer
$create(parent: wxWindow, x: integer, y: integer, w: integer, h: integer, style: integer, direction: integer, RowsOrColumns: integer)
OnLeftClick(toolIndex: integer, toggled: Bool): Bool
OnMouseEnter(toolIndex: integer)
SetFrame(aFrame: wxFrame)
SetCanvas(aCanvas: OxCanvas)
ObjectCanvas*
visualCanvas
frame
visualCanvas
OxCanvas*
xpos: float
ypos: float
toolIndex: integer
$create(frame: wxFrame, x: integer, y: integer, w: integer, h: integer, style: integer)
OnEvent(event: wxMouseEvent)
OnLeftClick(x: float, y: float, keys: integer)
OnRightClick(x: float, y: float, keys: integer)
Draw()
SaveVOS()
LoadVOS()
OnChar(ch: integer)
OnSize(w: integer, h: integer)
SetTool(index: integer)
AddTask(x: float, y: float, task: OxTask): OxTaskView
AddQueue(x: float, y: float, queue: OxQueue)
AddBlackBoard(x: float, y: float, blackboard: OxBlackBoard)
AddConnector(x: float, y: float)
DeleteObject(object: CanvasObject)
DeselectAllObjects()
SetStatusText(msg: char)
GetExecutables(): wxList
GetTable(): wxHashTable
ReadList(inStream: istream, list: wxList, n: integer)
ResetVLObjects()
GetFrame(): OxFrame
wxList
manages
Visual Optimization Schemes
activeVOS
problem
OxProblem *
solver
OxAlgorithm
instance
OxParamInstance*
data
OxProblemData*
OxProcess*
algoName: char
error: OxERROR
problemTID: integer
workbenchTID: integer
status: integer
$create(problemTID: integer, workbenchTID: integer)
Send(taskID: integer, msgTag: OxMESSAGE)
Receive(talkTID: integer, block: integer): OxMESSAGE
Results()
Execute(): integer
OxVLObject*
msgTag: integer
status: OxSTATUS
macroIt: integer
writeCnt: integer
$create(aView: CanvasObject)
EditData()
Type(): OxVISUAL
SetView(aView: CanvasObject)
GetView(): CanvasObject
LinkAllowed(connType: integer, obj : OxVLObject): Bool
HasAncestorLink(obj: OxVLObject): Bool
HasParentLink(): Bool
ClearLink(link: OxVISUAL, obj: OxVLObject)
GetStatus(): OxSTATUS
SetStatus(value: OxSTATUS)
GetMacroIt(): integer
SetMacroIt(newit: integer)
Start()
Reset()
execFirst
wxList
visualCanvas
data
OxProblemData*
ClientData
view
CanvasObject*
object
canvasMenu
wxMenu
OxMenu*
$create(canvas: OxCanvas, Title: char, func: wxFunction)
GetCanvas(): OxCanvas
SetObject(obj: CanvasObject)
GetObject(): CanvasObject
OnLeftClick(x: float, y: float, key: integer)

Anhang F Quelltexte zu den Beispielen

```
!!!!! ZEHNSTAB
/prep7
/pnum,node,1
/pnum,elem,1
/pnum,kp,1
/pnum,line,1
/pnum,area,1
/pnum,volu,1
/pbc,all,1
!############## Staebe ####################
et,1,8
mp,ex,1,210000.0
mp,nuxy,1,0.3
r,1,a1
r,2,a2
r,3,a3
r,4,a4
r,5,a5
r,6,a6
r,7,a7
r,8,a8
r,9,a9
r,10,a10
!############## Keypoints #################
k,1,0,360
k,2,360,360
k,3,720,360
k,4,720,0
k,5,360,0
k,6,0,0

!############## Staebe ####################
type,1
esize,,1
mat,1
real,1
l,1,2
lmesh,1
real,2
l,2,3
lmesh,2
real,3
l,3,4
lmesh,3
real,4
l,4,5
lmesh,4
real,5
l,5,6
lmesh,5
real,6
l,2,5
lmesh,6
real,7
l,2,6
lmesh,7
real,8
l,1,5
lmesh,8
real,9
l,2,4
lmesh,9
real,10
l,3,5
lmesh,10
!############## Randbedingungen ###########
nsel,S,loc,x,0
d,all,all
!############## Lasten ####################
nsel,S,loc,y,0
nsel,U,loc,x,0
f,all,fy,-10000
nsel,all
fini


!############### Loesen
####################
/solu
solve
fini
!#########################################
#
/post1
set
etable,work,ls,1
*get,s01,elem,1,etab,work
*get,s02,elem,2,etab,work
*get,s03,elem,3,etab,work
*get,s04,elem,4,etab,work
*get,s05,elem,5,etab,work
*get,s06,elem,6,etab,work
*get,s07,elem,7,etab,work
*get,s08,elem,8,etab,work
*get,s09,elem,9,etab,work
*get,s10,elem,10,etab,work
!esort,etab,work,0,0
!*get,maxsax,sort,0,max
!*get,minsax,sort,0,min
getvolu
volumen=totvolu
fini
```

Die Werte der Ansys History-Datei für den Zehnstab: „tenb.his“

```
/NOPR
*SET,A1    , 60.00000000000
*SET,A10   , 10.00000000000
*SET,A2    , 10.00000000000
*SET,A3    , 10.00000000000
*SET,A4    , 40.00000000000
*SET,A5    , 90.00000000000
*SET,A6    , 10.00000000000
*SET,A7    , 50.00000000000
*SET,A8    , 60.00000000000
*SET,A9    , 60.00000000000
/GOPR
```

Ansys Parameter-Datei: „tenb.par“

```
$HEADER
$ALGOR 00001
    1 GREGA 00100
     IPAR 3 5
$STRAN 00001
    1 ANSYS tenb
     RSTAT 1 21
$DESIGN
    1  1.000  0.0000  10000.0  0
    2  1.000  0.0000  10000.0  0
    3  1.000  0.0000  10000.0  0
    4  1.000  0.0000  10000.0  0
    5  1.000  0.0000  10000.0  0
    6  1.000  0.0000  10000.0  0
    7  1.000  0.0000  10000.0  0
    8  1.000  0.0000  10000.0  0
    9  1.000  0.0000  10000.0  0
   10  1.000  0.0000  10000.0  0
$DEFOBJ00001
    1  STATE_MIN    VOLUMEN
$LINDES00010
    1   A1     1
      (X1)   1.0
    2   A2     1
      (X2)   1.0
    3   A3     1
      (X3)   1.0
    4   A4     1
      (X4)   1.0
    5   A5     1
      (X5)   1.0
    6   A6     1
      (X6)   1.0
    7   A7     1
      (X7)   1.0
    8   A8     1
      (X8)   1.0
    9   A9     1
      (X9)   1.0
   10   A10    1
      (X10)  1.0
$DEFCON00020
    1  STATE_MAX   250.00  S01
    2  STATE_MAX   250.00  S02
    3  STATE_MAX   250.00  S03
    4  STATE_MAX   250.00  S04
    5  STATE_MAX   250.00  S05
    6  STATE_MAX   250.00  S06
    7  STATE_MAX   250.00  S07
    8  STATE_MAX   250.00  S08
    9  STATE_MAX   250.00  S09
   10  STATE_MAX   250.00  S10
   11  STATE_MIN  -250.00  S01
   12  STATE_MIN  -250.00  S02
   13  STATE_MIN  -250.00  S03
   14  STATE_MIN  -250.00  S04
   15  STATE_MIN  -250.00  S05
   16  STATE_MIN  -250.00  S06
   17  STATE_MIN  -250.00  S07
   18  STATE_MIN  -250.00  S08
   19  STATE_MIN  -250.00  S09
   20  STATE_MIN  -250.00  S10
$END
```

Ansys Steuerdatei für das Optimierungsmodell: „tenb.OPT“

```
!!!!! ZEHNSTAB
/prep7
/pnum,node,1
/pnum,elem,1
/pnum,kp,1
/pnum,line,1
/pnum,area,1
/pnum,volu,1
/pbc,all,1
!############## Staebe ####################
et,1,8
mp,ex,1,210000.0
mp,nuxy,1,0.3
r,1,a1
r,2,a2
r,3,a3
r,4,a4
r,5,a5
r,6,a6
r,7,a7
r,8,a8
r,9,a9
r,10,a10
!############## Keypoints #################
k,1,0,360
k,2,360,360
k,3,720,360
k,4,720,0
k,5,360,0
k,6,0,0
!############## Staebe ####################
type,1
esize,,1
mat,1
real,1
l,1,2
lmesh,1
real,2
l,2,3
lmesh,2
real,3
l,3,4
lmesh,3
real,4
l,4,5
lmesh,4
real,5
l,5,6
lmesh,5
real,6
l,2,5
lmesh,6
real,7
l,2,6
lmesh,7
real,8
l,1,5
lmesh,8
real,9
l,2,4
lmesh,9
real,10
l,3,5
lmesh,10
!############## Randbedingungen #########
nsel,S,loc,x,0
d,all,all
!############## Lasten ###################
nsel,S,loc,y,0
nsel,U,loc,x,0
f,all,fy,-10000
nsel,all
fini
!############### Loesen #################
/solu
solve
fini
!###########################################
/post1
set
etable,work,ls,1
*get,s01,elem,1,etab,work
*get,s02,elem,2,etab,work
*get,s03,elem,3,etab,work
*get,s04,elem,4,etab,work
*get,s05,elem,5,etab,work
*get,s06,elem,6,etab,work
*get,s07,elem,7,etab,work
*get,s08,elem,8,etab,work
*get,s09,elem,9,etab,work
*get,s10,elem,10,etab,work
!esort,etab,work,0,0
!*get,maxsax,sort,0,max
!*get,minsax,sort,0,min
getvolu
volumen=totvolu
fini
```

Die Werte der Ansys History-Datei für den Zehnstab: „tenb.his“

OpTiX-III Problembeschreibung des Zehnstabsystems

```
problem "ZEHNST":
constants
    e=210000.0; forc=10000.0;
    ro=1.0; xl=360.0;
    sigmax=250.0; sigmin=-250; sqrt2=1.4142135623730950488O;

decisionvars
realvar
    x[10];

objective
    min sum(i=1..6:ro*xl*x[i])+sum(j=7..10:ro*xl*sqrt2*x[j]);

constraints

/************
DEL10 = -forc*xl/e*(1/(sqrt2*x[2])+1/(sqrt2*x[3])+2/x[10])
DEL11 = xl/(2.0*e)*(1/x[2]+1/x[4]+1/x[6]+1/x[3])+xl*sqrt2/e*(1/x[9]+1/x[10])
DEL20 = forc*xl/e*(3/(sqrt2*x[5])+4/x[8]-1/(sqrt2*x[1]))
DEL22 = xl/(2.0*e)*(1/x[1]+1/x[5]+1/x[6])+xl*sqrt2/e*(1/x[8]+1/x[7])
DEL12 = xl/(2.0*e*x[6])
DEL21 = xl/(2.0*e*x[6])
X1 = (DEL12*DEL20/DEL22-DEL10) / (DEL11-DEL21*DEL12/DELL22)
    (xl/(2.0*e*x[6]) * (forc*xl/e*(3/(sqrt2*x[5])+4/x[8]-1/(sqrt2*x[1]))) / (xl/(2.0*e)*(1/x[1]+1/x[5]+1/
    x[6])+xl*sqrt2/e*(1/x[8]+1/x[7])) - (-forc*xl/e*(1/(sqrt2*x[2])+1/(sqrt2*x[3])+2/x[10])) ) / ((xl/(2.0*e)*(1/
    x[2]+1/x[4]+1/x[6]+1/x[3])+xl*sqrt2/e*(1/x[9]+1/x[10])) - (xl/(2.0*e*x[6])) * (xl/(2.0*e*x[6])) / (xl/
    (2.0*e)*(1/x[1]+1/x[5]+1/x[6])+xl*sqrt2/e*(1/x[8]+1/x[7])) )
X2 = - (DEL20 +  X1 * DEL21) / DEL22 -( forc*xl/e*(3/(sqrt2*x[5])+4/x[8]-1/(sqrt2*x[1])) +
    (xl/(2.0*e*x[6]) * (forc*xl/e*(3/(sqrt2*x[5])+4/x[8]-1/(sqrt2*x[1]))) / (xl/(2.0*e)*(1/x[1]+1/x[5]+1 /
    x[6])+xl*sqrt2/e*(1/x[8]+1/x[7])) - (-forc*xl/e*(1/(sqrt2*x[2])+1/(sqrt2*x[3])+2/x[10])) ) / ((xl/(2.0*e)*(1/
    x[2]+1/x[4]+1/x[6]+1/x[3])+xl*sqrt2/e*(1/x[9]+1/x[10]))- (xl/(2.0*e*x[6])) * (xl/(2.0*e*x[6])) / (xl/
    (2.0*e)*(1/x[1]+1/x[5]+1/x[6])+xl*sqrt2/e*(1/x[8]+1/x[7])) )* xl/(2.0*e*x[6])) / (xl/(2.0*e)*(1/x[1]+1/
    x[5]+1/x[6])+xl*sqrt2/e*(1/x[8]+1/x[7]))
SIGMAN(1) = (forc - X2 / sqrt2) / x[1]
SIGMAN(2) = (forc - X1 / sqrt2) / x[2]
SIGMAN(3) = (forc - X1 / sqrt2) / x[3]
SIGMAN(4) = (     - X1 / sqrt2) / x[4]
SIGMAN(5) = (-3.0 * forc - X2 / sqrt2) / x[5]
SIGMAN(6) = (-(x1 + X2) / sqrt2) / x[6]
SIGMAN(7) = (X2) / x[7]
SIGMAN(8) = (2 * sqrt2  * forc + X2)  / x[8]
SIGMAN(9) = X1 / x[9]
SIGMAN(10) = (-sqrt2 * forc + X1) / x[10]
***************/

// G(1) = SIGMAN(1) / sigmax -1.0 <= 0.0;
    ((forc - ( -( forc*xl/e*(3/(sqrt2*x[5])+4/x[8]-1/(sqrt2*x[1])) + /*X1*/ (xl/(2.0*e*x[6]) * (forc*xl/e*(3/
    (sqrt2*x[5])+4/x[8]-1/(sqrt2*x[1]))) / (xl/(2.0*e)*(1/x[1]+1/x[5]+1/x[6])+xl*sqrt2/e*(1/x[8]+1/x[7])) - (-
    forc*xl/e*(1/(sqrt2*x[2])+1/(sqrt2*x[3])+2/x[10])) ) / ((xl/(2.0*e)*(1/x[2]+1/x[4]+1/x[6]+1/x[3])+xl*sqrt2/
    e*(1/x[9]+1/x[10])) - (xl/(2.0*e*x[6])) * (xl/(2.0*e*x[6])) / (xl/(2.0*e)*(1/x[1]+1/x[5]+1/x[6])+xl*sqrt2/e*(1/
    x[8]+1/x[7])) ) * xl/(2.0*e*x[6])) / (xl/(2.0*e)*(1/x[1]+1/x[5]+1/x[6])+xl*sqrt2/e*(1/x[8]+1/x[7]))) / sqrt2 )/
    x[1])/ sigmax -1.0 <= 0.0;
```

```
// G(2) = SIGMAN(2)) / sigmax - 1.0 <= 0.0;
   ((forc - ((xl/(2.0*e*x[6]) * (forc*xl/e*(3/(sqrt2*x[5])+4/x[8]-1/(sqrt2*x[1]))) / (xl/(2.0*e)*(1/x[1]+1/x[5]+1/
   x[6])+xl*sqrt2/e*(1/x[8]+1/x[7])) - (-forc*xl/e*(1/(sqrt2*x[2])+1/(sqrt2*x[3])+2/x[10])) ) / ((xl/(2.0*e)*(1/
   x[2]+1/x[4]+1/x[6]+1/x[3])+xl*sqrt2/e*(1/x[9]+1/x[10])) - (xl/(2.0*e*x[6])) * (xl/(2.0*e*x[6])) / (xl/
   (2.0*e)*(1/x[1]+1/x[5]+1/x[6])+xl*sqrt2/e*(1/x[8]+1/x[7])) )) / sqrt2) / x[2] )/ sigmax - 1.0 <= 0.0;

// G(3) = SIGMAN(3)) / sigmax - 1.0 <= 0.0;
   ((forc - ( (xl/(2.0*e*x[6]) * (forc*xl/e*(3/(sqrt2*x[5])+4/x[8]-1/(sqrt2*x[1]))) / (xl/(2.0*e)*(1/x[1]+1/x[5]+1/
   x[6])+xl*sqrt2/e*(1/x[8]+1/x[7])) - (-forc*xl/e*(1/(sqrt2*x[2])+1/(sqrt2*x[3])+2/x[10])) ) / ((xl/(2.0*e)*(1/
   x[2]+1/x[4]+1/x[6]+1/x[3])+xl*sqrt2/e*(1/x[9]+1/x[10])) - (xl/(2.0*e*x[6])) * (xl/(2.0*e*x[6])) / (xl /
   (2.0*e)*(1/x[1]+1/x[5]+1/x[6])+xl*sqrt2/e*(1/x[8]+1/x[7])) )) / sqrt2) / x[3] ) / sigmax - 1.0 <= 0.0;

//SIGMAN(4) = ( - X1 / sqrt2) / x[4]
// G(4) = SIGMAN(4)) / sigmax - 1.0 <= 0.0;
   (( - ((xl/(2.0*e*x[6]) * (forc*xl/e*(3/(sqrt2*x[5])+4/x[8]-1/(sqrt2*x[1]))) / (xl/(2.0*e)*(1/x[1]+1/x[5]+1/
   x[6])+xl*sqrt2/e*(1/x[8]+1/x[7])) - (-forc*xl/e*(1/(sqrt2*x[2])+1/(sqrt2*x[3])+2/x[10])) ) / ((xl/(2.0*e)*(1/
   x[2]+1/x[4]+1/x[6]+1/x[3])+xl*sqrt2/e*(1/x[9]+1/x[10])) - (xl/(2.0*e*x[6])) * (xl/(2.0*e*x[6])) / (xl/
   (2.0*e)*(1/x[1]+1/x[5]+1/x[6])+xl*sqrt2/e*(1/x[8]+1/x[7])) ) ) / sqrt2) / x[4]) / sigmax - 1.0 <= 0.0;

//SIGMAN(5) = (-3.0 * forc - X2 / sqrt2) / x[5]
//G(5) = SIGMAN(5)) / sigmax - 1.0 <= 0.0;
   ((-3.0 * forc - (   -( forc*xl/e*(3/(sqrt2*x[5])+4/x[8]-1/(sqrt2*x[1])) + /*X1*/ (xl/(2.0*e*x[6]) * (forc*xl/
   e*(3/(sqrt2*x[5])+4/x[8]-1/(sqrt2*x[1]))) / (xl/(2.0*e)*(1/x[1]+1/x[5]+1/x[6])+xl*sqrt2/e*(1/x[8]+1/x[7])) - (-
   forc*xl/e*(1/(sqrt2*x[2])+1/(sqrt2*x[3])+2/x[10])) ) / ((xl/(2.0*e)*(1/x[2]+1/x[4]+1/x[6]+1 x[3])+xl*sqrt2/
   e*(1/x[9]+1/x[10])) - (xl/(2.0*e*x[6])) * (xl/(2.0*e*x[6])) / (xl/(2.0*e)*(1/x[1]+1/x[5]+1/x[6])+xl*sqrt2/e*(1/
   x[8]+1/x[7])) ) * xl/(2.0*e*x[6])) / (xl/(2.0*e)*(1/x[1]+1/x[5]+1/x[6])+xl*sqrt2/e*(1 /x[8]+1/x[7])) ) / sqrt2) /
   x[5]) / sigmax - 1.0 <= 0.0;

//SIGMAN(6) = (-(x1 + X2) / sqrt2) / x[6]
//G(6) = SIGMAN(6)) / sigmax - 1.0 <= 0.0;
   ((- (   (xl/(2.0*e*x[6]) * (forc*xl/e*(3/(sqrt2*x[5])+4/x[8]-1/(sqrt2*x[1]))) / (xl/(2.0*e)*(1/x[1]+1/x[5]+1/
   x[6])+xl*sqrt2/e*(1/x[8]+1/x[7])) - (-forc*xl/e*(1/(sqrt2*x[2])+1/(sqrt2*x[3])+2/x[10])) ) / ((xl/(2.0*e)*(1/
   x[2]+1/x[4]+1/x[6]+1/x[3])+xl*sqrt2/e*(1/x[9]+1/x[10])) - (xl/(2.0*e*x[6])) * (xl/(2.0*e*x[6])) / (xl/
   (2.0*e)*(1/x[1]+1/x[5]+1/x[6])+xl*sqrt2/e*(1/x[8]+1/x[7])) ) + ( -( forc*xl/e*(3/(sqrt2*x[5])+4/x[8]-1/
   (sqrt2*x[1])) + /*X1*/ (xl/(2.0*e*x[6]) * (forc*xl/e*(3/(sqrt2*x[5])+4/x[8]-1/(sqrt2*x[1]))) / (xl/(2.0*e)*(1/
   x[1]+1/x[5]+1/x[6])+xl*sqrt2/e*(1/x[8]+1/x[7])) - (-forc*xl/e*(1/(sqrt2*x[2])+1/(sqrt2*x[3])+2/x[10])) ) /
   ((xl/(2.0*e)*(1/x[2]+1/x[4]+1/x[6]+1/x[3])+xl*sqrt2/e*(1/x[9]+1/x[10])) - (xl/(2.0*e*x[6])) * (xl/
   (2.0*e*x[6])) / (xl/(2.0*e)*(1/x[1]+1/x[5]+1/x[6])+xl*sqrt2/e*(1/x[8]+1/x[7])) ) * xl/(2.0*e*x[6])) / (xl/
   (2.0*e)*(1/x[1]+1/x[5]+1/x[6])+xl*sqrt2/e*(1/x[8]+1/x[7]))) )/ sqrt2) / x[6]) / sigmax - 1.0 <= 0.0;

//SIGMAN(7) = (X2) / x[7]
//G(7) = SIGMAN(7)) / sigmax - 1.0 <= 0.0;
   (( -(forc*xl/e*(3/(sqrt2*x[5])+4/x[8]-1/(sqrt2*x[1])) + /*X1*/ (xl/(2.0*e*x[6]) * (forc*xl/e*(3 / (sqrt2*x[5]) +
   4/x[8]- 1/(sqrt2*x[1]))) / (xl/(2.0*e)*(1/x[1]+1/x[5]+1/x[6])+xl*sqrt2/e*(1/x[8]+1/x[7]))-(-forc*xl/e*(1/
   (sqrt2 *x[2])+1/(sqrt2*x[3])+2/x[10])) ) / ((xl/(2.0*e)*(1/x[2]+1/x[4]+1/x[6]+1/x[3])+xl*sqrt2/e*(1/x[9]+1/
   x[10]))-(xl/(2.0*e*x[6]))*(xl/(2.0*e*x[6])) / (xl/(2.0*e)*(1/x[1]+1/x[5]+1/x[6])+xl*sqrt2/e*(1/x[8]+1/x[7]) ) )
   *xl/(2.0*e*x[6]))/(xl/(2.0*e)*(1/x[1]+1/x[5]+1/x[6])+xl*sqrt2/e*(1/x[8]+1/x[7])))/x[7]) / sigmax - 1.0 <=0.0;

//SIGMAN(8) = (2 * sqrt2  * forc + X2)  / x[8]
//G(8) = SIGMAN(8)) / sigmax - 1.0 <= 0.0;
   ((2 * sqrt2  * forc + (   -( forc*xl/e*(3/(sqrt2*x[5])+4/x[8]-1/(sqrt2*x[1])) + /*X1*/ (xl/(2.0*e*x[6]) *
   (forc*xl/e*(3/(sqrt2*x[5])+4/x[8]-1/(sqrt2*x[1]))) / (xl/(2.0*e)*(1/x[1]+1/x[5]+1/x[6])+xl*sqrt2/e*(1/x[8]+1/
   x[7])) - (-forc*xl/e*(1/(sqrt2*x[2])+1/(sqrt2*x[3])+2/x[10])) ) / ((xl/(2.0*e)*(1/x[2]+1/x[4]+1/x[6]+1/
   x[3])+xl*sqrt2/e*(1/x[9]+1/x[10])) - (xl/(2.0*e*x[6])) * (xl/(2.0*e*x[6])) / (xl/(2.0*e)*(1/x[1]+1/x[5]+1/
   x[6])+xl*sqrt2/e*(1/x[8]+1/x[7])) ) * xl/(2.0*e*x[6])) / (xl/(2.0*e)*(1/x[1]+1/x[5]+1/x[6])+xl*sqrt2/e*(1/
   x[8]+1/x[7]))) )  / x[8] ) / sigmax - 1.0 <= 0.0;
```

```
//SIGMAN(9) = X1 / x[9]
//G(9) = SIGMAN(9)) / sigmax - 1.0 <= 0.0;
    ( (  (xl/(2.0*e*x[6]) * (forc*xl/e*(3/(sqrt2*x[5])+4/x[8]-1/(sqrt2*x[1]))) / (xl/(2.0*e)*(1/x[1]+1/x[5]+1/
    x[6])+xl*sqrt2/e*(1/x[8]+1/x[7])) - (-forc*xl/e*(1/(sqrt2*x[2])+1/(sqrt2*x[3])+2/x[10])) ) / ((xl/(2.0*e)*(1/
    x[2]+1/x[4]+1/x[6]+1/x[3])+xl*sqrt2/e*(1/x[9]+1/x[10])) - (xl/(2.0*e*x[6])) * (xl/(2.0*e*x[6])) / (xl/
    (2.0*e)*(1/x[1]+1/x[5]+1/x[6])+xl*sqrt2/e*(1/x[8]+1/x[7])) ) ) / x[9]) / sigmax - 1.0 <= 0.0;

//SIGMAN(10) = (-sqrt2 * forc + X1) / x[10]
//G(10)= SIGMAN(10)) / sigmax - 1.0 <= 0.0;
    ((-sqrt2 * forc + ((xl/(2.0*e*x[6]) * (forc*xl/e*(3/(sqrt2*x[5])+4/x[8]-1/(sqrt2*x[1]))) / (xl/(2.0*e)*(1/x[1]+1/
    x[5]+1/x[6])+xl*sqrt2/e*(1/x[8]+1/x[7])) - (-forc*xl/e*(1/(sqrt2*x[2])+1/(sqrt2*x[3])+2/x[10])) ) / ((xl/
    (2.0*e)*(1/x[2]+1/x[4]+1/x[6]+1/x[3])+xl*sqrt2/e*(1/x[9]+1/x[10])) - (xl/(2.0*e*x[6])) * (xl/(2.0*e*x[6])) /
    (xl/(2.0*e)*(1/x[1]+1/x[5]+1/x[6])+xl*sqrt2/e*(1/x[8]+1/x[7])) ) ))/ x[10] ) / sigmax - 1.0 <= 0.0;

/*****************************************************************************
// G(11) bis G(20) entsprechen G(I+10), i=1..10 und sigmin anstatt sigmax
*****************************************************************************/

// G(10+1) = SIGMAN(1) / sigmin -1.0 <= 0.0;
    ((forc - ( -( forc*xl/e*(3/(sqrt2*x[5])+4/x[8]-1/(sqrt2*x[1])) + /*X1*/ (xl/(2.0*e*x[6]) * (forc*xl/e*(3/
    (sqrt2*x[5])+4/x[8]-1/(sqrt2*x[1]))) / (xl/(2.0*e)*(1/x[1]+1/x[5]+1/x[6])+xl*sqrt2/e*(1/x[8]+1/x[7])) - (-
    forc*xl/e*(1/(sqrt2*x[2])+1/(sqrt2*x[3])+2/x[10])) ) / ((xl/(2.0*e)*(1/x[2]+1/x[4]+1/x[6]+1/x[3])+xl*sqrt2/
    e*(1/x[9]+1/x[10])) - (xl/(2.0*e*x[6])) * (xl/(2.0*e*x[6])) / (xl/(2.0*e)*(1/x[1]+1/x[5]+1/x[6])+xl*sqrt2/e*(1/
    x[8]+1/x[7])) ) * xl/(2.0*e*x[6])) / (xl/(2.0*e)*(1/x[1]+1/x[5]+1/x[6])+xl*sqrt2/e*(1/x[8]+1/x[7]))) / sqrt2 )/
    x[1])/ sigmin -1.0 <= 0.0;

// G(10+2) = SIGMAN(2)) / sigmin - 1.0 <= 0.0;
    ((forc - ((xl/(2.0*e*x[6]) * (forc*xl/e*(3/(sqrt2*x[5])+4/x[8]-1/(sqrt2*x[1]))) / (xl/(2.0*e)*(1/x[1]+1/x[5]+1/
    x[6])+xl*sqrt2/e*(1/x[8]+1/x[7])) - (-forc*xl/e*(1/(sqrt2*x[2])+1/(sqrt2*x[3])+2/x[10])) ) / ((xl/(2.0*e)*(1/
    x[2]+1/x[4]+1/x[6]+1/x[3])+xl*sqrt2/e*(1/x[9]+1/x[10])) - (xl/(2.0*e*x[6])) * (xl/(2.0*e*x[6])) / (xl/
    (2.0*e)*(1/x[1]+1/x[5]+1/x[6])+xl*sqrt2/e*(1/x[8]+1/x[7])) )) / sqrt2) / x[2] )/ sigmin - 1.0 <= 0.0;

// G(10+3) = SIGMAN(3)) / sigmin - 1.0 <= 0.0;
    ((forc - ( (xl/(2.0*e*x[6]) * (forc*xl/e*(3/(sqrt2*x[5])+4/x[8]-1/(sqrt2*x[1]))) / (xl/(2.0*e)*(1/x[1]+1/x[5]+1/
    x[6])+xl*sqrt2/e*(1/x[8]+1/x[7])) - (-forc*xl/e*(1/(sqrt2*x[2])+1/(sqrt2*x[3])+2/x[10])) ) / ((xl/(2.0*e)*(1/
    x[2]+1/x[4]+1/x[6]+1/x[3])+xl*sqrt2/e*(1/x[9]+1/x[10])) - (xl/(2.0*e*x[6])) * (xl/(2.0*e*x[6]))
    / (xl/(2.0*e)*(1/x[1]+1/x[5]+1/x[6])+xl*sqrt2/e*(1/x[8]+1/x[7])) )) / sqrt2) / x[3] ) / sigmin - 1.0 <= 0.0;

//SIGMAN(4) = (    - X1 / sqrt2) / x[4]
// G(10+4) = SIGMAN(4)) / sigmin - 1.0 <= 0.0;
    (( - ((xl/(2.0*e*x[6]) * (forc*xl/e*(3/(sqrt2*x[5])+4/x[8]-1/(sqrt2*x[1]))) / (xl/(2.0*e)*(1/x[1]+1/x[5]+1/
    x[6])+xl*sqrt2/e*(1/x[8]+1/x[7])) - (-forc*xl/e*(1/(sqrt2*x[2])+1/(sqrt2*x[3])+2/x[10])) ) / ((xl/(2.0*e)*(1/
    x[2]+1/x[4]+1/x[6]+1/x[3])+xl*sqrt2/e*(1/x[9]+1/x[10])) - (xl/(2.0*e*x[6])) * (xl/(2.0*e*x[6]))
    / (xl/(2.0*e)*(1/x[1]+1/x[5]+1/x[6])+xl*sqrt2/e*(1/x[8]+1/x[7])) ) ) / sqrt2) / x[4]) / sigmin - 1.0 <= 0.0;

//SIGMAN(5) = (-3.0 * forc - X2 / sqrt2) / x[5]
//G(10+5) = SIGMAN(5)) / sigmin - 1.0 <= 0.0;
    ((-3.0 * forc - ( -( forc*xl/e*(3/(sqrt2*x[5])+4/x[8]-1/(sqrt2*x[1])) + /*X1*/ (xl/(2.0*e*x[6]) * (forc*xl/e*(3/
    (sqrt2*x[5])+4/x[8]-1/(sqrt2*x[1]))) / (xl/(2.0*e)*(1/x[1]+1/x[5]+1/x[6])+xl*sqrt2/e*(1/x[8]+1/x[7])) - (-
    forc*xl/e*(1/(sqrt2*x[2])+1/(sqrt2*x[3])+2/x[10])) ) / ((xl/(2.0*e)*(1/x[2]+1/x[4]+1/x[6]+1/x[3])+xl*sqrt2/
    e*(1/x[9]+1/x[10])) - (xl/(2.0*e*x[6])) * (xl/(2.0*e*x[6])) / (xl/(2.0*e)*(1/x[1]+1/x[5]+1/x[6])+xl*sqrt2/e*(1/
    x[8]+1/x[7])) ) * xl/(2.0*e*x[6])) / (xl/(2.0*e)*(1/x[1]+1/x[5]+1/x[6])+xl*sqrt2/e*(1/x[8]+1/x[7])) )/ sqrt2) /
    x[5]) / sigmin - 1.0 <= 0.0;
```

```
//SIGMAN(6) = (-(x1 + X2) / sqrt2) / x[6]
//G(10+6) = SIGMAN(6)) / sigmin - 1.0 <= 0.0;
   ((- (  (xl/(2.0*e*x[6]) * (forc*xl/e*(3/(sqrt2*x[5])+4/x[8]-1/(sqrt2*x[1]))) / (xl/(2.0*e)*(1/x[1]+1/x[5]+1/
   x[6])+xl*sqrt2/e*(1/x[8]+1/x[7])) - (-forc*xl/e*(1/(sqrt2*x[2])+1/(sqrt2*x[3])+2/x[10])) ) / ((xl/(2.0*e)*(1/
   x[2]+1/x[4]+1/x[6]+1/x[3])+xl*sqrt2/e*(1/x[9]+1/x[10])) - (xl/(2.0*e*x[6])) * (xl/(2.0*e*x[6])) / (xl/
   (2.0*e)*(1/x[1]+1/x[5]+1/x[6])+xl*sqrt2/e*(1/x[8]+1/x[7])) ) + ( -( forc*xl/e*(3/(sqrt2*x[5])+4/x[8]-1/
   (sqrt2*x[1])) + /*X1*/ (xl/(2.0*e*x[6]) * (forc*xl/e*(3/(sqrt2*x[5])+4/x[8]-1/(sqrt2*x[1]))) / (xl/(2.0*e)*(1/
   x[1]+1/x[5]+1/x[6])+xl*sqrt2/e*(1/x[8]+1/x[7])) - (-forc*xl/e*(1/(sqrt2*x[2])+1/(sqrt2*x[3])+2/x[10])) )
  / ((xl/(2.0*e)*(1/x[2]+1/x[4]+1/x[6]+1/x[3])+xl*sqrt2/e*(1/x[9]+1/x[10])) - (xl/(2.0*e*x[6])) * (xl/
   (2.0*e*x[6])) / (xl/(2.0*e)*(1/x[1]+1/x[5]+1/x[6])+xl*sqrt2/e*(1/x[8]+1/x[7])) ) * xl/(2.0*e*x[6])) / (xl/
   (2.0*e)*(1/x[1]+1/x[5]+1/x[6])+xl*sqrt2/e*(1/x[8]+1/x[7])))) )/ sqrt2) / x[6]) / sigmin - 1.0 <= 0.0;

//SIGMAN(7) = (X2) / x[7]
//G(10+7) = SIGMAN(7)) / sigmin - 1.0 <= 0.0;
   ((-(forc*xl/e*(3/(sqrt2*x[5])+4/x[8]-1/(sqrt2*x[1])) + /*X1*/ (xl/(2.0*e*x[6]) * (forc*xl/e*(3/(sqrt2*x[5]) +4/
   x[8] -1/(sqrt2*x[1]))) / (xl/(2.0*e)*(1/x[1]+1/x[5]+1/x[6])+xl*sqrt2/e*(1/x[8]+1/x[7]))-(-forc*xl/e*(1/(sqrt2 *
   x[2])+1/(sqrt2*x[3])+2/x[10])) ) / ((xl/(2.0*e)*(1/x[2]+1/x[4]+1/x[6]+1/x[3])+xl*sqrt2/e*(1/x[9]+1/x[10])) -
   (xl/(2.0*e*x[6])) * (xl/(2.0*e*x[6])) / (xl/(2.0*e)*(1/x[1]+1/x[5]+1/x[6])+xl*sqrt2/e*(1/x[8]+1/x[7])) )* xl/
   (2.0*e*x[6])) / (xl/(2.0*e)*(1/x[1]+1/x[5]+1/x[6])+xl*sqrt2/e*(1/x[8]+1/x[7])) ) / x[7]) / sigmin - 1.0 <= 0.0;

//SIGMAN(8) = (2 * sqrt2  * forc + X2)  / x[8]
//G(10+8) = SIGMAN(8)) / sigmin - 1.0 <= 0.0;
   ((2 * sqrt2  * forc + (   -( forc*xl/e*(3/(sqrt2*x[5])+4/x[8]-1/(sqrt2*x[1])) + /*X1*/ (xl/(2.0*e*x[6]) *
   (forc*xl/e*(3/(sqrt2*x[5])+4/x[8]-1/(sqrt2*x[1]))) / (xl/(2.0*e)*(1/x[1]+1/x[5]+1/x[6])+xl*sqrt2/e*(1/x[8]+1/
   x[7])) - (-forc*xl/e*(1/(sqrt2*x[2])+1/(sqrt2*x[3])+2/x[10])) ) / ((xl/(2.0*e)*(1/x[2]+1/x[4]+1/x[6]+1 /
   x[3])+xl*sqrt2/e*(1/x[9]+1/x[10])) - (xl/(2.0*e*x[6])) * (xl/(2.0*e*x[6])) / (xl/(2.0*e)*(1/x[1]+1/x[5]+1/
   x[6])+xl*sqrt2/e*(1/x[8]+1/x[7])) ) * xl/(2.0*e*x[6])) / (xl/(2.0*e)*(1/x[1]+1/x[5]+1/x[6])+xl*sqrt2/e*(1/
   x[8]+1/x[7]))) )  / x[8] ) / sigmin - 1.0 <= 0.0;

//SIGMAN(9) = X1 / x[9]
//G(10+9) = SIGMAN(9)) / sigmin - 1.0 <= 0.0;
   ( (  (xl/(2.0*e*x[6]) * (forc*xl/e*(3/(sqrt2*x[5])+4/x[8]-1/(sqrt2*x[1]))) / (xl/(2.0*e)*(1/x[1]+1/x[5]+1
   x[6])+xl*sqrt2/e*(1/x[8]+1/x[7])) - (-forc*xl/e*(1/(sqrt2*x[2])+1/(sqrt2*x[3])+2/x[10])) ) / ((xl/(2.0*e)*(1/
   x[2]+1/x[4]+1/x[6]+1/x[3])+xl*sqrt2/e*(1/x[9]+1/x[10])) - (xl/(2.0*e*x[6])) * (xl/(2.0*e*x[6])) / (xl/
   (2.0*e)*(1/x[1]+1/x[5]+1/x[6])+xl*sqrt2/e*(1/x[8]+1/x[7])) )) / x[9]) / sigmin - 1.0 <= 0.0;

//SIGMAN(10) = (-sqrt2 * forc + X1) / x[10]
//G(10+10)= SIGMAN(10)) / sigmin - 1.0 <= 0.0;
   ((-sqrt2 * forc + ((xl/(2.0*e*x[6]) * (forc*xl/e*(3/(sqrt2*x[5])+4/x[8]-1/(sqrt2*x[1]))) / (xl/(2.0*e)*(1/x[1]+1/
   x[5]+1/x[6])+xl*sqrt2/e*(1/x[8]+1/x[7])) - (-forc*xl/e*(1/(sqrt2*x[2])+1/(sqrt2*x[3])+2/x[10])) ) / ((xl/
   (2.0*e)*(1/x[2]+1/x[4]+1/x[6]+1/x[3])+xl*sqrt2/e*(1/x[9]+1/x[10])) - (xl/(2.0*e*x[6])) * (xl/(2.0*e*x[6]))
  / (xl/(2.0*e)*(1/x[1]+1/x[5]+1/x[6])+xl*sqrt2/e*(1/x[8]+1/x[7])) ) ))/ x[10] ) / sigmin - 1.0 <= 0.0;


bounds
   1.0 <= x <=10000.0;

initialvalues
   x[1]=60; x[2]=10; x[3]=10; x[4]=40; x[5]=90; x[6]=10;
   x[7]=50; x[8]=60; x[9]=60; x[10]=10;
```

OpTiX-III Problembeschreibung des dekomponierten Getriebes

```
problem "Reduziergetriebe_Manager_C":
decisionvars
realvar     x1, x2, x3;
coordinationvars
realvar     x4, x5, x6, x7, f;
objective
f = min -1.508*x1*sqr(x6) + 7.477*x6^3 + 0.7854*x4*sqr(x6) -1.508*x1*sqr(x7)
        + 7.477*x7^3 + 0.7854*x5*x7^2;
constraints
    /* g1 */  27/x1/sqr(x2)/x3 <= 1;
    /* g2 */  397.5/x1/sqr(x2)/sqr(x3) <= 1;
    /* g7 */  x2*x3 <= 40;
    /* g8 */  x1/x2 >= 5;
    /* g9 */  x1/x2 <= 12;
bounds
    /* g10,g11 */ 2.6 <= x1 <= 3.6;
    /* g12,g13 */ 0.7 <= x2 <= 0.8;
    /* g14,g15 */ 17 <= x3 <= 28;
initialvalues
    x1 = 2.7; x2 = 0.75; x3 = 20; x4 = 7.5; x5 = 7.4; x6 = 3.0; x7 = 5.1;

problem "Reduziergetriebe_Worker_1":
decisionvars
realvar     x4, x6;
coordinationvars
realvar     f, x1, x2, x3;
objective
f = min -1.508*x1*sqr(x6) + 7.477*x6^3 + 0.7854*(x4*sqr(x6));
constraints
    /* g3 */  1.93/x2/x3*x4^3/x6^4 <= 1;
    /* g5 */  sqrt(sqr(745*x4/x2/x3)+16.9E6)/0.1/x6^3 <= 1100;
    /* g24 */ (1.5*x6+1.9)/x4 <= 1;
bounds
    /* g16,g17 */ 7.3 <= x4 <= 8.3;
    /* g20,g21 */ 2.9 <= x6 <= 3.9;

problem "Reduziergetriebe_Worker_2":
decisionvars
realvar     x5, x7;
coordinationvars
realvar     x1, x2, x3, f;
objective
    f = min -1.508*x1*sqr(x7) + 7.477*x7^3 + 0.7854*x5*x7^2;
constraints
    /* g4 */  1.93/x2/x3*x5^3/x7^4 <= 1;
    /* g6 */  sqrt(sqr(745*x5/x2/x3)+157.5E6)/0.1/x7^3 <= 850;
    /* g25 */ (1.1*x7+1.9)/x5 <= 1;
bounds
    /* g18,g19 */ 7.3 <= x5 <= 8.5;
    /* g22,g23 */ 5.0 <= x7 <= 5.5;
```

OpTiX-III Problembeschreibung des Managers für das dekomponierte Rosenbrock 100 Problem mit sieben Workern

```
problem „Rosenbrock_100_Manager“:
decisionvars realvar
    x40, x61, x72, x83, x91, x97;
coordinationvars
    realvar w1[39], w2[20], w3[10], w4[10], w5[7], w6[5], w7[3], f;
objective
    f= min sum(i1=1..38: 100*sqr(w1[i1+1]-sqr(w1[i1]))+sqr(w1[i1]-1.0))
    + 100*sqr(x40-sqr(w1[39]))+sqr(w1[39]-1.0) + 100*sqr(w2[1]-sqr(x40))+sqr(x40-1.0)
    + sum(i2=1..19: 100*sqr(w2[i2+1]-sqr(w2[i2]))+sqr(w2[i2]-1.0))
    + 100*sqr(x61-sqr(w2[20]))+sqr(w2[20]-1.0) + 100*sqr(w3[1]-sqr(x61))+sqr(x61-1.0)
    + sum(i3=1..9: 100*sqr(w3[i3+1]-sqr(w3[i3]))+sqr(w3[i3]-1.0))
    + 100*sqr(x72-sqr(w3[10]))+sqr(w3[10]-1.0) + 100*sqr(w4[1]-sqr(x72))+sqr(x72-1.0)
    + sum(i4=1..9: 100*sqr(w4[i4+1]-sqr(w4[i4]))+sqr(w4[i4]-1.0))
    + 100*sqr(x83-sqr(w4[10]))+sqr(w4[10]-1.0) + 100*sqr(w5[1]-sqr(x83))+sqr(x83-1.0)
    + sum(i5=1..6: 100*sqr(w5[i5+1]-sqr(w5[i5]))+sqr(w5[i5]-1.0))
    +100*sqr(x91-sqr(w5[7]))+sqr(w5[7]-1.0) + 100*sqr(w6[1]-sqr(x91))+sqr(x91-1.0)
    + sum(i6=1..4: 100*sqr(w6[i6+1]-sqr(w6[i6]))+sqr(w6[i6]-1.0))
    + 100*sqr(x97-sqr(w6[5]))+sqr(w6[5]-1.0) + 100*sqr(w7[1]-sqr(x97))+sqr(x97-1.0)
    + sum(i7=1..2: 100*sqr(w7[i7+1]-sqr(w7[i7]))+sqr(w7[i7]-1.0));
bounds
    -3.0 <= x40 <= 3.0; -3.0 <= x61 <= 3.0; -3.0 <= x72 <= 3.0; -3.0 <= x83 <= 3.0; -3.0 <= x91 <= 3.0;
    -3.0 <= x97 <= 3.0; -3.0 <= w1 <= 3.0; -3.0 <= w2 <= 3.0; -3.0 <= w3 <= 3.0; -3.0 <= w4 <= 3.0;
    -3.0 <= w5 <= 3.0; -3.0 <= w6 <= 3.0; -3.0 <= w7 <= 3.0;
initialvalues
    w1=1.2; w2=1.2; w3=1.2; w4=1.2; w5=1.2; w6=1.2; w7=1.2;
    w1[2]=-1.2; w1[4]=-1.2; w1[6]=-1.2; w1[8]=-1.2; w1[10]=-1.2; w1[12]=-1.2; w1[14]=-1.2; w1[16]=-1.2;
    w1[18]=-1.2; w1[20]=-1.2; w1[22]=-1.2; w1[24]=-1.2; w1[26]=-1.2; w1[28]=-1.2; w1[30]=-1.2;
    w1[32]=-1.2; w1[34]=-1.2; w1[36]=-1.2; w1[38]=-1.2; w2[2]=-1.2; w2[4]=-1.2; w2[6]=-1.2; w2[8]=-1.2;
    w2[10]=-1.2; w2[12]=-1.2; w2[14]=-1.2; w2[16]=-1.2; w2[18]=-1.2; w3[1]=-1.2; w3[3]=-1.2; w3[5]=-1.2;
    w3[7]=-1.2; w4[1]=-1.2; w4[3]=-1.2; w4[5]=-1.2; w4[7]=-1.2; w5[1]=-1.2; w5[3]=-1.2; w5[5]=-1.2;
    w6[1]=-1.2; w6[3]=-1.2; w6[5]=-1.2; w7[1]=-1.2; w7[3]=-1.2;
    x40=-1.2; x61= 1.2; x72=-1.2; x83= 1.2; x91= 1.2; x97= 1.2;
```

OpTiX-III Problembeschreibung der sieben Worker für das dekomponierte Rosenbrock 100 Problem

```
problem „Rosenbrock_Worker_1“:
decisionvars
    realvar worker1_x[39];
coordinationvars
    realvar f1, x40;
objective
    f1 = min sum(i=1..38: 100*sqr(worker1_x[i+1]-sqr(worker1_x[i]))+sqr(worker1_x[i]-1.0))
            + 100*sqr(x40-sqr(worker1_x[39]))+sqr(worker1_x[39]-1.0);
bounds
    -3.0 <= worker1_x <= 3.0;

problem „Rosenbrock_Worker_2“:
decisionvars
    realvar worker2_x[20];
coordinationvars
    realvar f2, x40, x61;
```